JN064051

カリキュラム・学校・統治の理論

Theory on Curriculum, School and Educational Governance
How Reflexive Modernity Functions at its Globalization Stage

ポストグローバル化時代の教育の枠組み

広瀬裕子▶編
石井英真
大桃敏行
苅谷剛彦
北村友人
小玉重夫
清田夏代
長嶺宏作

世織書房

カリキュラム・学校・統治の理論 ● 目次

9章 ■ 広瀬裕子

近代公教育の統治形態を論じるための論理枠の構築について　207
──宗像誠也を持田栄一で展開する黒崎勲の設計図

カリキュラム・学校・統治の理論

序章 成熟した近代社会が経験する避けられない理論的課題

広瀬裕子 ◀

1．現状の追跡把握から理論的把握へ

　グローバル化問題を論じるには、現状を追跡把握する作業に、それらを理論的に把握する作業を並行させなければならない。グローバル化社会を理論的に把握する作業は、拡大発展しつつある近代社会を理論的に把握する作業と同義である。ただ、再帰的（reflexive）（Beck, Giddens, Lash 1994）に変容しながら増殖するメカニズムを自らに組み込んでいる近代社会の、その変化に理論把握を同時並行させることは容易ではない。形は常に流動しているからだ。近代という「大きな物語」（リオタール 1989）で社会を語りえなくなったとしてポストモダンが論じられるようになった段階は、近代の「終焉」というよりは、近代社会が再帰的に変容増殖する段階である。変容増殖している近代も近代なのだとすると、グローバル化社会の教育を論ずる視角は、「大きな物語」に代わる新しい物語ではなく、その変容増殖した段階も語れる「大きな物語」を持っていなければならないことになる。本書はこの「大きな物語」探しの課題を視野に入れている。

　英国BBCの年に一度のリース・レクチャーを1999年に担当したギデンズ（Anthony Giddens）は、一連のレクチャーに「Runaway World（暴走する世界）」というタイトルをつけた。グローバル化する社会を把握するフレーズである。かつて文化人類学者のエドモンド・リーチはこのフレーズに「?」をつけた。リーチの「?」は文明を悲観する反語的趣旨も含んでいたが、ギデンズはレクチャー・タイトルからその「?」を外した（Giddens 1999 : xi）。良くも悪くも、各地で社会がその方向で動いていることがあまりに明白になっているからだ。

　グローバル化は人・物・金が大規模に国境を越える現象ではあるが、そうした越境如何の事柄に限られるものではなく、しかもまた巷間でいわれるようなアメリカ一人勝ちの現象でもない。先のリース・レクチャーでギデンズは、グローバル化が社会にもたらすインパクトを、リスク、伝統、家族、そして民主主義という四つの切り口で把握しようとしている。近代社会が享受した未来への可能性を意味する変化は未知へのリスクと表裏であり、家族という個人的領域に及ぶ劇的変化は日常を巻き込んで進む逃れようのないものになっている。価値観の拠り所となっていた「伝統」は壊されながら更新され続け、それに伴って民主主義の解釈も民主主義を機能させる手法も、そしてアクター間のパワー・バランスも変わらざるをえない。変化は、近代社会が拡大した先で増殖しながら規模を大きくして起こっているのである。

　近代社会が進展したがゆえの混迷と試練に、アメリカを含めて各国がさらされて葛藤している。日本は自分を欠如として性格づける認識の習性（くせ）（苅谷第3章）から抜け出せずに議論を空回りさせ、イギリスは世界の覇者であった大英帝国時代には予想もしなかった凋落に直面し（清田第6章）、アメリカは国内の安定を危機にさらしている（広瀬第8章）。

2．新自由主義的手法の採用と新しい形の国家関与

　グローバル化がもたらした諸課題に対応する処方として、広く採用されるようになったのが新自由主義的手法である。新自由主義、あるいはネオ・リベリラリズム、ニュー・パブリック・マネジメント（NPM）手法ともいわれる、民間セクターを「活用」する形の対応処方だ。オイルショック以後の、各国が小さな政府に向かおうとしたその時期に、財政的理由においても機動性においても、民間セクターの活用には蓋然性があった。民の官への参入でもあるこの手法によって、必然的に国家の位置付けと役割、統治のメカニズムと形態も変わることになる。小さな政府段階に見合う国家形態として福祉国家に代わって浮上してきたのは、評価国家（Neave 1998）といわれる形態の国家だ。政策実施のプロセスにではなく、結果に関心を持つ形の国家形態である。この、新しいタイプの国家形態は、さらには、品質保証のメカニズ

ムをも備えて、品質保証国家（大田 2010）と称される統治形態へと進化してきている。福祉国家体制からの脱却、そして国家の再定義が進んでいるのである。

　新自由主義的手法による個別問題への対処と品質保証国家による統治を両輪としてすすむ改革の、具体像とその効果および副作用の実相は各国で異なる。いったい、このような形で進む変化とそれへの対応は、近代社会の枠の中で起こっているものなのか、それとも枠を超えたところで起こっているものなのか。この問いは、グローバル化問題に理論的にアプローチする場合には避けて通れない問いである。

　多くの研究者が論じているように、グローバル化は近代の延長上にあるとみるべきだろう。先のギデンズは、グローバル化した社会を「ハイモダニティ（high modernity）」あるいは「後期近代（late modernity）」と捉え、ベック（Ulrich Beck）は、「再帰的近代（reflecxive Modernsierung）」あるいは「第2の近代（second modernity）」と把握し、バウマン（Zygmunt Bauman）は「リキッド・モダニティ（liquid modernity）」という概念で論じている（中村 2014）。近代化の先にグローバル化を想定するこうした認識の仕方は、マクロな把握として妥当である。教育におけるグローバル化問題も、そういう意味では近代教育が展開した先に登場している問題ということになる。

　とはいうものの、グローバル化段階の諸問題への対処として教育領域でものされた格闘は、近代社会の原則と必ずしも整合しているわけではない。むしろ近代原則と矛盾するとしかいえないものもある。主体が自律しない現実の顕在化や、品質保証国家が採用している強力な介入対応などは、近代教育が原則としていた基本原理とのすり合わせを要する現象だ。

3．理論と現実の整合的解釈の必要

　原則とそれに矛盾する現象を整合的に説明しようとする場合、理論検証の方向には二通りある。一つは、原則に矛盾する事象は近代教育の枠外に生じたものだと帰結させる方向である。グローバル化はすでに近代社会を壊したところで起こっていると解釈する方法である。この場合、それではグローバ

ル化と近代社会の相違点は何なのかを明確にしなければならないという課題
が付随する。もう一つの方向は、矛盾は矛盾ではなかったという帰結に導く
方向である。矛盾とみえた現象は実は原則と齟齬するものではないのだ、と
解釈する方向である。グローバル化が顕在化させた矛盾的現象は、少なくと
も現時点では近代社会の枠組みの中にある、と理解する方向である。この場
合、われわれが目撃してしまっている矛盾的現象の存在それ自体は否定しえ
ないものであるわけだから、それでは矛盾にみえたものは何なのか、なぜ矛
盾にみえたのかを含めて、現状を矛盾体のごとく表出させた近代原則それ自
体の再定位作業が伴わなければならないことになる。

　本書は後者の立場をとって若干の試論を展開している（広瀬第8章、第9
章）。試論においては、観察された矛盾的事象として先にもふれた二種類の
現象に注目している。第一の現象は、アクターの自律性を重視する（はず
の）小さい政府の一形態である品質保証国家が、質保証のために自らの強制
的介入という語義矛盾のような手法を具備したことである。国家が主導して
教育のスタンダードを設定することはほぼ想定内であるとしても、スタンダ
ードが期待する質を維持するために、当の国家が積極的、時に強力な関与を
することと近代教育が依拠してきた公私二元論原則との関係については、一
考が必要になるはずだ。本書では国家関与を強める事例としてアメリカの
「どの子どもも落ちこぼさない法（No Child Left Behind Act of 2001）」に始ま
る一連の連邦政府による政策対応（長嶺第7章）と、イギリスの性教育義務
化政策と地方教育行政の再建政策（広瀬第8章）が取りあげられている。国
家関与が失敗したのであれば、この現象に関しての近代枠組みにおける理論
的位置づけの検討を省略することができるが、効果をあげている場合には政
策の正当性の検証も含めて検討は避けられない。イギリスの事例がこれにあ
たる。

　第二の現象は、自律性が重視される近代社会のメインストリームで、アク
ターが自律的でいられるわけではないということそれ自体である。近代社会
が前提としている自律的な人間像の妥当性ないしは有効性の再検討が求めら
れるはずである。グローバル化の流れが従来に増して人々の自律性を必要と
していることは大桃（第2章）も指摘し、自律的な政治主体の育成が重要な

課題となることは小玉（第5章）も指摘している。その一方で、現実社会では成熟した近代社会において人々が必ずしも自律性を具備できない事象も顕在化している（広瀬第8章）。近代原則が掲げる自律的個人という人間像と現実のリアリティとのすり合わせ作業が求められるのである。自律的人間像を掲げる近代原則が有効性を保持しているのかどうかの検証だといってもよい。自律性を具備できない主体が顕在化する事例としてはアメリカやイギリスの困窮する白人男性労働者の問題や、性教育（＝価値教育）ができない親のケースが紹介されている（広瀬第8章）。この第一と第二の、原則とそれに矛盾する事象との関係に関する理論的検討は、第8章の論考に組み込まれている。

　関連して第9章は、理論と現実の整合的把握という課題文脈で日本の理論状況を論じている。国民の教育権論の総括とそれに代わる理論枠の構築についての考察である。国民の教育権論が、裁判論理として駆使されながら、戦後教育における主流言説の主要な部分を形作ったことは周知のことである。この立場が、公私二元論を土台に置いて、教育への国家関与を強く牽制する理論構成をとったことも周知だ。この理論が次第にその分析力を失ってくる1990年代以降、しかしそれに代わるグランド・セオリーが不在だという認識のもとに、グランド・セオリー構築のための試論が展開されている。

　第8章と第9章の試論的な理論考察も含めて、すべての章はそれぞれ独立した論文として書かれており、どの章もそれぞれ扱っている題材はその章にユニークなものである。

4．グローバル化が顕在化させる諸問題

　各章ではそれぞれに、グローバル化の流れで観察された教育各領域の問題を扱いながらそれらに対する気鋭の考察が行われている。

　石井論文（第1章）は、米国における社会的効率主義のカリキュラム改造運動の歴史的な展開とそれをめぐる議論を整理したうえで、現在、主に先進諸国で遂行されている「新自由主義」教育改革が、コンピテンシー・ベース、スタンダード・ベース、エビデンス・ベースの三つの改革の複合体として展開している構造的背景と時代的特殊性を読み解いている。そして、それら三

つの柱をそれぞれに再定義する試みと改革のリデザインに向けたヴィジョン
を提起している。

大桃論文（第2章）は、ガバナンスの縦と横の改革で求められる人間像の
共振、具体的には国際機関や国内政策で求められている人間像と地方レベル
でのガバナンス論の人間像が親和していることについて注目した。そのうえ
で、臨教審後の教職に関わる政府答申における教職の専門職性に関する用語
の使用状況の検討から、現在の教職像がかつての専門職像と大きく異なって
きていることを指摘し、ガバナンス改革と教職の専門職性との関係を論じて
いる。

苅谷論文（第3章）は、日本には、日本を西欧先進国からの遅れや偏差、
あるいは欠如として特徴づけて認識して問題構築する習性（クセ）があり、
それは戦後の主流（進歩）派教育学においても同様であること、そしてその
特性ゆえに、グローバル化をめぐる教育政策の言説が空回りせざるをえなく
なっていることを指摘している。そうした習性を引きずりながら作られた戦
後の日本社会と教育の自己像の捉え直しを迫る趣旨である。

苅谷論文が日本について指摘したのとは別の形で、グローバル化を背景に
自らの「欠如」性を認識せざるをえなくなったのがイギリスである。清田論
文（第6章）は、産業革命が教育水準の低い労働者によって支えられていた
経緯から、イギリスの教育には学校教育を必ずしも産業の発展とは結びつけ
ては考えない伝統があり、それによってイギリスはグローバル化の波の中で
対外競争力を失い凋落したことを指摘している。この経験が圧力となってイ
ギリスでは教育改革が本格化し、1980年代以降の新自由主義的手法を駆使
した政策が進むという経緯である。

イギリスが、教育改革の中で子どもたちを産業の担い手として育てるだけ
でなく、政治的主体としても育てるべくシティズンシップ教育を先行させた
ことは知られている。この政治的主体を育てる教育に焦点をあてて、日本の
文脈で論じているのは小玉論文（第5章）である。日本の戦後教育は、冷戦
体制下のイデオロギー対立の影響で生きた政治を扱うことをタブーとし、学
校は子どもたちを政治的主体として育てることに消極的な「虚構としての学
校」になったと小玉論文は分析している。これからの学校は、現実社会にも

浸透しうる「可能世界としての学校」になるべく、再政治化をしていかなければならないというのが小玉論文の主張である。

　グローバル化にあって政治的主体の教育を必要としているのは先進諸国だけではない。アジアの国々もそれぞれに政治的主体の教育を重視して模索している。北村論文（第4章）は、急速な経済成長を見せて21世紀前半の成長のセンターになると見なされているアジアが、政治・経済・社会・文化の諸側面における多様性を背景にして、どのような教育環境の変動を経験しているかを論じている。各国それぞれの、「持続可能な開発のための教育（Education for Sustainable Development : ESD）」の政策化と実践の様子が概観されている。

　アメリカを扱った長嶺論文（第7章）は、アメリカにおける保守主義、自由主義、社会主義（福祉自由主義）の概念整理をしたうえで、教育における新自由主義的改革として学校選択制と連邦政府のラディカルな介入政策を取りあげている。学力不振学区および学力不振校の是正を課題としながら進められた連邦政府の介入政策は、しかし政治的な信任が不安定なままに進められたために厳しく批判され、行き詰まったと分析されている。

　広瀬論文（第8章）は、アメリカとイギリス両国で社会のメインストリームの構成員が自律性を持ちえていない事例に注目しながら、イギリスの中央政府にみられる、自律的であるはずのアクターが機能不全を起こした場合にその自律性を修復する政府の政策に検討を付している。自律性の重篤な機能不全を修復するために、強力な介入を行う中央政府の政策の位置づけについては、公私二元論の再解釈および国家論の検討を通して理論問題としても論じられており、国家の介入策は、近代公教育制度の枠内に整合的に存在しているという理解が展開されている。

　広瀬論文（第9章）は、第8章とは異なった観点から理論問題を扱っている。第8章で言及した理論問題、すなわち成熟した近代社会が出現させた、近代原則と齟齬するかにみえる現象が、齟齬ではなく近代社会の枠内に想定されるものだとすると、しかし、現象をそのように包括的に把握しうる理論枠、すなわち教育のガバナンスに関するグランド・セオリーが存在しないという問題である。戦後日本の主流言説の中心にあった国民の教育権論に代わ

るグランド・セオリーの構築の可能性を、国民の教育権論を相対化する視角から精力的な理論活動を行った黒崎勲の構想を足掛かりにして持田栄一の近代公教育論を展開させる方向で探っている。

5.「大きな物語」の更新

　グローバル化問題が提起する理論問題は、近代社会がその発展形において顕在化させた近代社会に宿命的な理論問題である。近代社会が持つ性格ゆえに生まれた課題、あるいは当初から近代社会に内包されていた課題が皮肉にも社会が成熟したことによって顕在化した課題だと考えるべきである。

　本書では、グローバル化をキーワードとして近代社会が拡大成熟した段階の教育状況を考察しているわけだが、グローバル化問題を理論的に検証するということは、そうした成熟段階の近代社会そのものを理論的に総括するという意味を持つ。久しくポストモダンを論じる理論が、近代社会の枠組みに批判的に、その変革を視野に入れた終焉的過渡的時期について論じてきたが、少なくとも教育においては「大きな物語」は「終焉」したというよりは再帰的に更新され続けているといったほうが正確である。

　再帰的（reflexive）に変容しながら増殖するメカニズムを自らに組み込んでいる近代社会は、内包している問題を顕在化させてはそれを修復し続ける。そういう意味では、変化の事象がグローバル化段階で近代原則と矛盾をきたすという場合、その原則というは増殖過程で変容的に新たに出現したものというよりは「大きな物語」の中にオリジナルにあった原則だといった方が誤解はない。矛盾を出現させる元凶であるそのオリジナルの原則——たとえば公私二元論——は、時効にならずに通時的に原則のベースを成し続けていることは否定できないのである。中山道子のロックの再解釈（第8章）あるいは持田の近代公教育の理論に依拠して国民の教育権論とは異なる形態で近代公教育を再定位する作業（第9章）は、そのベースの問い直し作業でもある。

〈引用・参考文献〉
大田直子（2010）『現代イギリス「品質保証国家」の教育改革』世織書房。

中村高康（2014）「後期近代の理論と教育社会学―― A. Giddensのハイ・モダニテ
　ィ論を中心として」『教育社会学研究第94集』。
リオタール，ジャン＝フランソワ（1989）『ポスト・モダンの条件――知・社会・
　言語ゲーム』水声社。
　　　＊

Beck, Giddens, Lash（1994）*Reflexive Modernization : Politics, Tradition and Aesthetics in the Modern Social Order*, Polity.

Giddens（1999）*Runaway World : How globalisation is reshaping our lives*, Profile Books Ltd.

Neave, Guy（1998）The Evaluative State Reconsidered, *European Journal of Education*, Vol. 33, No. 3.

1章

カリキュラムと評価の改革の世界的標準化と対抗軸の模索

石井英真 ◀

はじめに

　AIの進化に伴う技術革新やメディア革命、それらを背景にしたグローバル資本主義や知識経済の進展など、個別化・流動化が加速しポスト近代社会とも呼ばれる現在、学校に期待される役割や学校をめぐる諸関係についても、変革が求められている。その中で、国家による福祉・公共サービスの縮小（小さな政府、民営化）と市場主義を特徴とする、いわゆる「新自由主義」の発想に基づいて教育改革も構想され、それが世界的な広まりをみせている。具体的には、教育の規制緩和を進め、各地域や学校の創意工夫を促す一方で、目標内容と達成水準（スタンダード）を明確化し、学力テストなどで成果を検証したり、アカウンタビリティ（説明責任）を果たさせたりしながら、学校教育の質保証を図るわけである。こうした改革手法については、テスト準備教育をもたらすものであり、教育を単純作業化・規格化し、教育の市場化と競争主義と格差拡大を助長するものといった批判がなされてきた。

　「新自由主義」教育改革は、カリキュラムの内容・形式、教育統治（ガバナンス）のシステム、教育研究のレトリックに及ぶものであり、その実体は三つの柱で捉えることができる。一つ目は、「コンピテンシー・ベース（competency-based）」という発想で、カリキュラムの内容面において、学問性・文化性と知識内容以上に実用性・有能性と行為能力（スキル）を重視するものであり、企業社会に適応する職業訓練へと教育の営みを矮小化しがちである。二つ目は、「スタンダード・ベース（standards-based）」、もしくは「アウトカム・ベース（outcome-based）」という発想で、カリキュラムの形式面において、目標・方法・評価の一貫性を重視することで目的合理性・技術性

を追求するものであり、テスト成績などのみえやすい成果をめざす機械的な学習をもたらしがちである。また、教育統治の次元においては、共通のスタンダードの設定と結果責任による質保証を重視するものであり、それは教育に標準化と成果主義をもたらし、学校現場の下請け化や政策への主体的従属を進行させがちである。三つ目は、「エビデンス・ベース（evidence-based）」という発想で、一般市民に対する透明性の要求を背景にしながら、現場の専門職の臨床的・質的判断以上に、実証的・統計的手続きにより効果が数量的に確かめられた介入方法を重視するものであり、明証性を持って政策や実践を選択・実行していくことを志向するものである。そしてそれは、教育研究の自然科学化ともいうべき実証主義的傾向の強化と、人文学的方法論（規範論や思弁的・歴史的・解釈的研究）の弱体化をもたらしがちである。

　上記のような教育における経済の論理や効率性を追求する動きは、歴史的に繰り返し起こってきた。その典型は米国における社会的効率主義のカリキュラム改造運動に見出すことができる。それは第一次世界大戦前後に生じ、1960年代、そして1990年代以降と、形を変えて高まりをみせてきた。今日の「新自由主義」教育改革は、社会的効率主義のカリキュラム改革の現代的形態とみることができ、それをめぐる論点も共通する部分が多い。社会的効率主義のカリキュラム改革については、非教育的なものとして全面的に退ける議論もみられる。しかし、そうした効率性を追求する改革が起こる背景には、それぞれの時代における社会変動とそれに伴う学校の機能や役割の問い直しという、時代的要請が存在する。また、有用性や合理性や明証性を求めることは、すべての子どもたちを対象にし、その成長・発達を目的とした意図的な働きかけを公的に制度化した、近代公教育制度に内在する志向性でもあった。さらに行論において明らかになるように、それぞれの時代において、社会的効率主義の提起する経済原理に基づく改革のヴィジョンや教育システムについて、その時代的要請を受け止めつつ、市民性や文化性や人間性の観点から別の形を構想する営みも積みあげられてきた。そして、そうした教育的価値と社会効率との狭間で思考してきたカリキュラム開発論の系譜をふまえて現在をみることで、「新自由主義」教育改革のオルタナティブを模索する取り組みの存在とその輪郭が明確となる。

　本章では、米国における社会的効率主義のカリキュラム改造運動の歴史的な展開とそれをめぐる議論を整理する。そのうえで、現在、主に先進諸国で遂行されている「新自由主義」教育改革が、コンピテンシー・ベース、スタンダード・ベース、エビデンス・ベースの三つの改革の複合体として展開している構造的背景と時代的特殊性を読み解くとともに、それに対抗しそれら三つの柱をそれぞれに再定義する試みと改革のリデザインに向けたヴィジョンを提起する。

1. アメリカにおける社会的効率主義の カリキュラム改造運動の歴史的展開

(1) 社会的効率主義のカリキュラム改造運動の成立

　産業主義に基づいて学校教育の効率化と科学化を志向する社会的効率主義のカリキュラム改造運動は、1900年代に職業教育を基盤に発展し、1910年代、特に第一次世界大戦後に体系化され、1920～30年代の大恐慌までの好景気の時代に学校教育に大きな影響を与えた[1]。

　19世紀半ばから20世紀初頭にかけて、工業化・都市化の進行と中等教育の大衆化を背景に、公立ハイスクールで教えるべき内容が議論される中で、カレッジ向けの古典的カリキュラム（ギリシャ語、ラテン語、数学など学問性重視）を、社会的有用性や実用性の観点から問い直す動きが生まれた。教養教育と職業教育のどちらを優先し、カリキュラム全体の中でそれらをどう位置づけるかという形で、教育内容論レベルでの議論が起こったのである。さらに、学校の浪費の克服を主題として、12年制の普通教育の年限短縮の問題等を議論した全米教育協会「時間経済委員会（Committee on Economy of Time）」は、2年短縮案を支持するとともに、普通教育のミニマム・エッセンシャルズを追求した。そして、中等教育改造委員会の報告書『中等教育の基本原理（*Cardinal Principles of Secondary Education*）』（1918年）で、社会的

1　社会的効率主義のカリキュラム改造運動の展開とそれをめぐる議論については、キャラハン 1997／倉沢 1985／佐藤 1990／ラヴィッチ 2008などを参照。

効率（social efficiency）主義が提起されるに至った。

　このような、教育における効率や能率を重視する科学的なカリキュラム研究を促した背景の一つとして、スペンサー（H. Spencer）の教育論をあげることができる。19世紀中頃、スペンサーは、どんな知識が最も価値があるかを合理的な方法で科学的に決定することの重要性を提起した。彼は、完全な生活への効用という点から「教材の比較的価値」を決定すべきとし、人間の生活を構成している主要な活動の種類をその重要度から分類した。

　スペンサーの所論は、伝統的な人文学・言語中心のカリキュラムから近代的な実学・科学中心のカリキュラムへの転換を提起するものであるとともに、教育の科学的研究を励ますものでもあった。最少の浪費で最大効果を収めようとする能率追求の動きは、経験的・思弁的思考に代えて科学的根拠に基づく改革を信頼する風潮を生みだし、教育効果の客観的で精密な測定の道具の発展を促した。たとえば、ソーンダイク（E. L. Thorndike）は、教育の諸問題に統計的方法や数量的研究の方法を適用して、人間の精神作用や教育効果を測定する数々の客観テストを開発し、1902年にはコロンビア大学で初めて教育測定の講義を行うなど、教育測定運動の展開を準備した。

　こうして、1910年代には、ボビット（F. J. Bobbitt）やチャーターズ（W. W. Charters）、スネッデン（D. Snedden）らによって、カリキュラムの科学的作成と目的合理的経営の運動が生みだされた。たとえば、ボビットは、近代的労務管理の方法を定式化したテイラー（F. W. Taylor）に学び、技術者である教師が子どもという素材を加工し完成した製品（理想の大人）にしていくという具合に、工場での生産工程とのアナロジーで教育過程を捉え、その合理化・効率化を追求しようとした。そして、成人の社会的活動の実証的調査と客観的分析に基づいて実用性の高い教育目標を決定し、それに基づいてカリキュラムの作成を進めていくことの重要性を提起した（活動分析法）。

　ボビットは、人間経験の広大な領域を主要な分野（言語活動、健康活動、市民活動、一般社会活動、娯楽活動、精神衛生活動、宗教活動、両親活動、職業外の実際活動、職業活動）に分類し、それぞれの分野についてさらに小さい単位に分け、具体的な活動に達するまで分析することを提起した。こうした活動分析の手法は、職業カリキュラムの構成とより親和性が高く、チャータ

ーズは、職能分析（job analysis）の方法を提起するに至った（例：クレジット
の申し込み受付担当者を育てるなら、親しみやすさ、問い合わせを要約する能力、
書き写す技術などが目標となる）。

　こうした社会的効率主義のカリキュラム改造運動は、産業社会の急速な進
展に伴う情報と技術の膨張に対して、カリキュラムを削減・リニューアルす
る方法を提起するものであった。一方でそれは、カリキュラムの決定要因を
既存の大人の社会生活（社会の要求）に求め、しかもそれを完成体として所
与のものとしてみるものであり、現状への批判意識や変化に対応する柔軟
性・一般性を欠いたものとなりがちであった。さらにそれは、社会ダーウィ
ニズムを背景に、また、個性尊重の名の下に、すべての子どもたちに共通の
内容を保障する志向性を断念し、選択科目の増大とカリキュラムの差別化を
推進することとなった。

　また、社会的効率主義のカリキュラム改造運動は、統計的分析と階層化に
よる教育目標の科学的決定の手法により、カリキュラム作成の科学化と専門
化をもたらし、カリキュラム研究という専門の学問領域を成立させた。一方
で、行動主義（behaviorism）の心理学などを背景として、カリキュラム開発
の科学性・合理性の追求は、何百もの断片的で膨大な目標群を生みだすとと
もに、教育哲学に基づきつつ教育を通じて真に実現すべき全体的・究極的な
価値内容を議論することよりも、訓練や測定がしやすいものに教育の対象を
限定することにつながりがちであった。そして、カリキュラム作成の主体が、
教師からカリキュラム専門家とされる教育行政官と専門的研究者に移行する
こととなった。

　スペンサーの教育論や社会的効率主義のカリキュラム改造運動をめぐる論
争を通じて、学問性を実用性との関連において問い直し、すべての子どもた
ちへの知性の教育を志向する「一般教育（general education）」の考え方も成
熟してくることとなる。また、社会的効率主義とは異なるカリキュラム論の
流れとして、社会ダーウィニズムや自由放任ではなく、マルクス主義の思想
に基づきながら、学習権の平等な保障や教育における公正の追求や既存の社
会の批判的検討といった観点も自覚化され、社会改造主義や後の批判的教育
学につながる潮流も生まれてきた。さらに、子どもを操作対象とする要素還

元的な作業として教育を捉えるのではなく、デューイ（J. Dewey）の教育思想に依拠しながら、子どもの生活経験から出発し、全体的で有機的な経験の再構成として教育を捉える子ども中心主義のカリキュラム論も展開されることとなった。

(2) 目標・評価論における教育的価値と社会効率との相克の中で

　未来の社会を創造しうる人間形成の営みを、既存の社会への適応に閉じがちな人材育成に矮小化し、教育の科学化の名の下に、目に見えやすい成果のみを追求し、不確実性に満ちた教室の価値追求的で創造的な実践を、管理可能で機械的な作業（技能訓練）へと矮小化する傾向に対して、目標・評価関係を軸にした合理的なカリキュラム設計を志向する立場の中からも、問題点を内在的に是正していく動きが生じてくることになる[2]。

　たとえばタイラー（R. W. Tyler）は、カリキュラムや授業を計画する主体が答えなければならない問いとして以下の四つをあげる。①「学校はどのような教育目的を達成するように努めるべきか」、②「どのような教育的経験を用意すれば、これらの目標は達成できるか」、③「これらの教育的経験は、どのようにすれば効果的に組織できるか」、④「これらの目標が達成されているかどうかは、どのようにすれば判定できるか」。またタイラーは、各学校が教育目的・目標を選択する際の源泉として、学習者についての研究、学校外の現代生活の研究、教科専門家からの示唆の三つをあげる。三つの源泉から選択された目的・目標は、一貫性に欠け相互に矛盾している場合がある。そこで、選択された目的・目標は、各学校のコミットする教育哲学と学習心理学の知見に照らしてふるいにかけられる必要がある。

　このタイラーが定式化した一連のプロセスで注目すべきは、「教育目標（educational objectives）」の設定がカリキュラムや授業の計画の最初になされ、教材や学習経験の選択と組織化の規準として、また実践されたカリキュラムや授業の評価の規準として機能するものと位置づけられている点である。さ

2　タイラー、ブルームらの教育目標・評価論の展開とそれをめぐる議論については、田中 2008／石井 2017a などを参照。

らにタイラーは、学習経験の選択や組織化、および、評価方法の選択や評価
規準の設定において役に立つような効果的な目標の叙述形式を提案した。教
育の目的は、子どもの行動様式に意義ある変化をもたらすことであるから、
教育目標は、子どもの中に生じる行動様式の変化として叙述されるべきであ
る、とタイラーは主張する。そして、たとえば、「三平方の定理を現実場面
に応用することができる」という具合に、何を教えるのかを示す内容的局面
と、教えた内容を子どもがどう学んだかを示す行動的局面を含む形で教育目
標を叙述する方法を提起した（「行動目標（behavioral objectives）」論）。こう
したタイラーの定式化したカリキュラム設計の方法論は、「タイラー原理
（Tyler rationale）」と呼ばれ、カリキュラム研究の支配的パラダイムを形成
することになった。

　タイラーの所論は、ボビットやチャーターズらの社会的効率主義のカリキ
ュラム構成論を精緻化するものとみられがちであるが、教育における経済合
理性や科学性の追求を問い直す視点も内包している。「8年研究（The Eight-
Year Study：1933-41年）」において指導的役割を担った際、タイラーは、教
育測定運動が、評価の信頼性や客観性を優先し、測定目的と測定対象につい
ての問いを欠落して、測定の自己目的化に陥っている点に批判意識を持って
いた。これに対してタイラーは、測定の対象と基準を教育目標と結び付けて
問うことで、実践改善へのフィードバック情報を得るための契機として教育
測定を位置づけ直すことを提案した。そして彼は、「教育測定（measure-
ment）」に代わって「教育評価（evaluation）」という概念を導入し、目標と
評価との不可分な関係を提起したのである。

　このタイラーの教育測定運動批判にみられるように、タイラーは、教育的
価値に関する議論を欠きがちな教育の科学化を問い直す志向性を有している。
タイラーは、「教育目標の選択は学校に対して責任のある人々による熟慮さ
れた価値判断でなければならない」（Tyler 1949：4）と述べ、意思決定のた
めの理性的基礎として、調査や文献資料からの情報の活用が有効であるにし
ても、包括的な教育哲学がベースになければならないと指摘している。その
際、生活や社会の実用主義的な要求を他の要求や哲学的思考をくぐらせて相
対化することが提起されている。

　また、行動主義心理学と異なり、学習における一般化や転移を重視するタイラーにおいて、「行動（behavior）」とは、観察可能な外的行動のみならず、思考や感情といった内面的なものを含む広い意味で用いられている。こうして、高次の精神過程や情意領域など測定困難であるが教育的に価値ある成果を評価対象にすることをめざすとともに、より一般的な目標叙述が志向されている。これらからは、機械的な工場モデルを超えた創造的な教育活動への志向性や、職業準備に閉じない一般教育への志向性を読み取ることができる。

　さらにタイラーは、それぞれの問いへの解答を示すことはせず、学校や教師がそれぞれの状況や考え方に応じて自分たちなりの答えをだすための手引きを示すことに徹している。こうして、教育的・政治的立場において中立性が志向されていることからは、各学校や教師の自律性を尊重するタイラーの基本的スタンスが見て取れる。ボビットらの社会的効率主義のカリキュラム構成論が、教師たちを「カリキュラム実行者（curriculum implementer）」の位置に置きがちであったのに対して、タイラーの所論には、教師たちを「カリキュラム作成者（curriculum maker）」として尊重するベクトルが内包されている。

　タイラーの行動目標論は、1956年、彼の教え子のブルーム（B. S. Bloom）らの「教育目標の分類学（taxonomy of educational objectives）」（「ブルーム・タキソノミー（Bloom's Taxonomy）」）の開発に結実した。ブルーム・タキソノミーは、目標の行動的局面の内実を構成する一般的で内面的な心理過程を分析的かつ構造的に捉える枠組みである。たとえば、「オームの法則を理解する」というのは、「公式を覚えている」ということなのか、「電流、電圧、抵抗の相互関係を説明できる」ということなのか、あるいは、「オームの法則を生活場面で生かせる」ということなのか。それぞれの学びの深さに「知識」「理解」「応用」といったカテゴリーをあて、カテゴリー間の関係を階層構造（低次のカテゴリーはより高次のそれの必要条件になっている）として描いたのである。

　さらに1960年代には、補償教育運動の高まりを背景に、ブルームは、正規分布曲線を批判し、規準準拠評価（criterion-referenced evaluation）に依拠しながら、「形成的評価（formative evaluation）」（最終的な教育活動の成果を判

定するためになされる「総括的評価（summative evaluation）」とは異なり、教師の指導上の意思決定のためのフィードバック情報を提供するものとして、指導改善を目的とし指導の過程で行われる評価）を生かした授業方式（「マスタリー・ラーニング（mastery learning）」）を提唱した。教育目標を明確化・系統化したうえで、目標準拠の形成的評価（形成的テスト）を実施し、その結果に応じて回復学習と発展学習を組織するというわけである。

　こうしたブルームの仕事は、確かにタイラーに比べれば、教育の科学化や心理主義化の傾向が強い。だが、ブルームの仕事は、タイラーの教育目標・評価論の構想を継承発展させるとともに、特にカリキュラム論ではなく授業論のレベルでそれを精緻化するものであった。

　ブルームの教育目標・評価論は、1950〜60年代の科学的・合理的なカリキュラム開発の展開を支えることになる。1950年代末、米国では、スプートニク・ショックをきっかけに、連邦政府主導で各専門領域の科学者を主な担い手として、学問中心主義の新カリキュラム運動（現代の科学・技術・文化の達成を反映させて学校の教科の内容を作りかえる）が展開した。それは、科学・技術の未曾有の発展と知識爆発という、知識の位置づけや社会の構造変容を背景とした先進諸国に共通する傾向であった。またそれは、教育を経済発展や国際競争力向上のための投資としてみる人的資本論の展開も背景としていた。

　こうして、各教科で教科書、補助教材、教具、実験装置などの教材のパッケージやプログラムが開発され、成果の検証と改善を伴って研究が展開された。また、授業研究のレベルでは、プログラム学習に代表される、教授方法や学級経営の効率化をめざす実証的研究が隆盛をみせていた。そして、教育プログラムや教授方法の効果測定の前提として、行動目標などの形で教育目標を明確化することが重要な役割を担うようになった。だが、その内実は、タイラーが提起し、ブルームにおいても少なからず継承されていた社会的効率主義を問い直すベクトル（より一般的で包括的な学習成果や教育活動の創造性を志向し、評価において科学的であることだけでなく教育的であることを志向する）を欠落させがちであった。ブルーム・タキソノミーの階層性の提起は、要素還元主義的でスモール・ステップの学習過程として読み替えられ、行動

目標とマスタリー・ラーニングは、課題分析とプログラム学習（断片的な目標細目の訓練と点検の作業）に事実上矮小化されることとなった。

(3) 社会的効率主義のカリキュラム論への批判

　上記のような新カリキュラム運動の展開に対して、タイラー、ブルームらの理論を入り口にしながら、ボビットの所論やプログラム学習等も含めて、それまでの社会的効率主義のカリキュラム構成論をひとくくりにして根本から批判する動きが生まれてくる。タイラー原理や行動目標論に対して、たとえば、アイスナー（E. W. Eisner）は、人間の行動の要素（下位目標）を効率的に訓練して画一的な最終目標を達成する工場モデルだと批判した。授業過程での相互作用は複雑で偶発性に富むため、学習者に生じる変化のすべてをあらかじめ行動目標の形で明確にすることはできない。行動目標は特定の操作や行動の獲得に限定して用いられるべきで、むしろ行動目標では捉えきれない学習の質こそ教育的に意味がある。ところが、行動目標の使用は、その形式になじむ学習成果のみを重視する傾向を生みだし、結果、より創造的で価値ある学習経験を生みだす道を閉ざしてしまうというのである。

　また、ジャクソン（P. Jackson）による「ヒドゥン・カリキュラム（hidden curriculum）」の発見などにより、教師の意図と子どもが実際に学んでいることとのずれ、特に学校カリキュラムの政治的・社会的機能が明らかになった。このジャクソンの研究を嚆矢に、カリキュラム研究において、教育活動の計画よりも学習経験（学びの履歴としてのカリキュラム）の記述・解釈に重点が置かれるようになった。

　以上のような、目標・計画を重視するカリキュラム論や行動目標論に対する批判において、目標・評価論の系譜の複数性は看過されていた。その結果、教育的価値と社会効率との狭間でより教育的な目標・評価の形を模索しようとした試みとその蓄積は光をあてられることがなく、その固有性が歴史的に位置づけられることもなかった。だが行論において明らかになるように、その系譜は、1990年代以降の競争主義的なスタンダードに基づく教育改革の展開に対するオルタナティブの構想を下支えしていくことになる。

2.「新自由主義」教育改革の展開とオルタナティブの模索

(1) スタンダードに基づくエビデンス重視の教育改革の展開

　1980年代以降、英米をはじめ先進諸国においては、スタンダードに基づく教育改革が展開している[3]。たとえば米国では、1983年、連邦教育省長官の諮問委員会によって発表された報告書『危機に立つ国家 (*A Nation at Risk*)』により、学力向上への機運が高まり、州レベルでスタンダードを設定する動きが広まった (スタンダード運動)。スタンダード運動は、標準テストの使用とセットになって展開し、各学区、学校の子どもたちの学業達成や教師たちの実践が標準テストの結果で点検されるようにもなった。

　連邦、州政府主導のスタンダード運動に対しては、各地域、各学校、各教師の実践の自律性と創造性を阻害するものとの批判もなされた。一方で、共通カリキュラムの必要性というスタンダード運動の提起は、70年代の人間化カリキュラムの下で極度に多様化の進んだ米国の学校カリキュラムの現状や、そうした状況下で知的教科の学習が軽視されがちであったことへのアンチテーゼとしての意味を持っていた。また、アウトカムにおいて教育の成功を捉えようとする視点は、結果の平等の追求と学力保障につながりうる視点を持っていた。しかし実際には、特に2002年の「どの子も置き去りにしない法 (No Child Left Behind：NCLB)」法以降、標準テストに基づく厳格な結果責任を求め、学校や教師への制裁を伴う競争的なアカウンタビリティ・システムと結びつく中で、スタンダード運動は、「テスト (結果の出やすいもの・評価しやすいもの) のための教育」に矮小化されていった。

　スタンダードに基づく教育改革の展開は、グローバル化の進展と福祉国家の縮小を背景とした、公教育の新たなガバナンスの形の模索という、先進諸国に共通する課題と関連している。社会の成熟段階において、国家が福祉国家のコストを担うことが財政的に困難となっており、しかも変化が激しく

3　米国を中心としたスタンダードに基づく教育改革やエビデンスに基づく教育の展開とそれをめぐる議論については、松尾 2010／石井 2015b／石井 2015cなどを参照。

　人々のニーズも多様化する現代社会では、各地域の固有の状況に応じる柔軟性が公共部門でも重要になってきている。その結果、これまで国家が画一的な形で担ってきた公共領域を、さまざまなエージェントが分担して担っていくことが求められるようになる。その際、市場に委ねるか（新自由主義的方向性）、市民社会に委ねるか（社会民主主義的方向性）という点が、そして、局所的で多様な取り組みの質をどう保証するかという点が問われるようになってきている。

　また、低成長時代、人口減少社会においては、国や地方の財政状況が厳しくなる。その中で、教育分野への財政支出を増やすにしても削減するにしても、財政支出に見合った実践や政策の効果を、教育を専門としない人々も含め、誰もが納得できる根拠に基づいて説明することが求められるようになっている。そして、説明責任の要求に応える一つの方法として、スタンダードに基づく教育改革はエビデンスに基づく教育を強調する傾向にある。

　実際、米国においてNCLBは、「教育科学改革法（the Education Sciences Reform Act of 2002）」とともに展開しており、「何が有効か（what works）」をキーワードに、効果が科学的・実証的に確かめられた教育方法が重視される傾向にある。そしてOECDも、PISAをはじめとする「教育インディケーター事業（Indicators of Education Systems）」や「教育研究革新センター（Centre for Educational Research and Innovation：CERI）」による「エビデンスに基づく教育政策研究（Evidence-based Policy Research in Education）」プロジェクトを通して、各国の教育システムを同一基準により比較し、教育改革を方向付けるようになってきている。こうして、エビデンスに基づく教育との結びつきを深めながら、スタンダードに基づく教育改革という改革手法のパッケージ化・標準化が加速している。

　より教育的に有効な意思決定であると同時に、誰にでもわかりやすく透明性の高い意思決定過程であることが求められている。教育の科学化の一形態であるエビデンスに基づく教育の現代的特殊性はこの点に起因する。しかも、高まり続ける能力開発への要求を背景にした、教育という営みへの過度な期待と、学校という組織や教育専門職に対する不信が同居する現状では、透明性を高める論理が優位に立ちやすい。結果、一見因果関係や意味が見出され

にくい専門的な判断よりも、目的・手段関係としてわかりやすい直接的で短絡的な方法が優先され、教育専門職の「脱専門職化（de-professionalization）」が進むわけである。

(2) スタンダードに基づくエビデンス重視の教育改革への対抗軸

　ハイステイクスな標準テストを軸にしたトップダウンのスタンダードに基づく教育改革において、「評価」は、子ども、教師、学校を序列化しそれを管理する道具として機能している。これに対して、「評価」を、学校を改善し教育の質と平等を実現していくための道具として位置づけ直していこうという草の根の取り組みや研究も進められてきた[4]。

　たとえば、教育評価研究においては、1980年代末に標準テスト批判が起こり、多肢選択式など、伝統的な評価のあり方を問い直す議論へと発展した。標準テストが測っているのは、断片的な知識の有無という評価しやすい部分に限定されがちであるのに対し、創造的な教育実践が生みだす価値ある成果の内実をより広く捉えるべく、「パフォーマンス評価（performance assessment）」をはじめとする新しい評価の考え方や技術が誕生した。

　パフォーマンス評価は、思考する必然性のある現実的な文脈で生みだされる学習者の振る舞いや作品（パフォーマンス）を手掛かりに、概念理解の深さや知識・技能の総合的な活用力を質的に評価する方法である。パフォーマンス評価は「真正の評価（authentic assessment）」とも呼ばれる（Wiggins, 1993）。そこには学校学習の文脈を現実生活のリアルな文脈に近づけ、「真正の学習（authentic learning）」（学校外や将来の生活で遭遇する本物の、あるいは本物のエッセンスを保持した活動）をめざしていく志向性、および、そうした真正の学習の質を評価するうえで、専門職としての教師の判断とそれを軸にした「教室における評価（classroom assessment）」を信頼していく志向性が込められている。

　パフォーマンス評価は、先述の行動目標に基づく評価とは異なり、ドリル

4　石井 2015bの補論、付論Ⅰ、田中 2016の第1章（NYPSCについては第2節の遠藤貴広論文）、Hargreaves and Shirley 2012などを参照。イギリスについては阿部 2007を参照。

（機械的な作業）ではなくゲーム（思考を伴う実践）を単位に目標・評価論を構想するものである。従来の行動目標、特にプログラム学習論のそれは、最終的なゴールを、ドリルで機械的に訓練できる要素に分解し、それぞれについて「できた・できない」を点検することになりがちであった。しかし、そうやって目標を細分化しても、要素の総和に解消されない最終的なゴール（ゲーム）自体の成功イメージは必ずしも明確にならない。最終的で全体的なゴールの内実を検討する際に重要なのは、個別的な技能の何をどう組み合わせるかに関する実践的思考の過程である。部分的行動の総和に解消されない全体的パフォーマンスを質的に判断する評価、要素還元主義的ではない全体論的アプローチによる評価が、パフォーマンス評価なのである。

　パフォーマンス評価や「真正の評価」と並んで、草の根の教育評価改革を導いてきたキーワードとして、「学習のための評価（assessment for learning）」をあげることができる。州レベルで内容スタンダードが開発され始めた1990年代には、スタンダードの中身やその達成を測る評価方法をめぐる議論を通して、スタンダードに基づく教育改革の想定している学力観・教育観が問われた。そうした背景の下で、教育評価の理論と実践においては、「真正の評価」が改革のスローガンとなった。しかし、NCLB法制定後、州レベルで内容スタンダードやそれに基づくテストが整備され、教育現場へのアカウンタビリティの要求が強まる中で、教育評価改革において、形成的評価や「学習のための評価」により多くの視線が注がれるようになってきている（Stiggins 2005）。教室外からの成果要求と、教室での学習の充実とのギャップを埋め、評価を実質的な学力向上や学校改善につなげていくうえで、形成的評価は有効であるとの認識が広まったことが一因である（Black and Wiliam 1998）。特に、「学習のための評価」という言葉には、学力向上政策と結び付くことで形成的評価がテスト準備のための中間評価に矮小化されたことへの批判意識も含まれており、教師が行う、教室での実践に根ざした質的判断を軸に、評価のあり方を問い直すことが志向されている。

　たとえば、アメリカのテスト政策に対して批判意識を持つ保護者、教師、生徒たちが1985年に結成した、草の根の非営利団体である「フェアテスト（Fair Test）」の基本的な主張は、「真正の評価」や形成的評価の重視であり、

教室における教師の評価をアカウンタビリティ・システムの中心に据えるというものであった。また、連邦、州政府主導のテスト政策に代わるアカウンタビリティ・システムをめざすニューヨーク・パフォーマンス・スタンダード・コンソーシアム（New York Performance Standards Consortium：NYPSC）の試みにおいては、パフォーマンス評価とモデレーション（評価基準の対話的共有と調整）を通したボトムアップのスタンダードの創出と質保証が志向されている。

　「学習のための評価」論は、標準テストに依存しない独自の評価システム（「学校ベースで教師主導の評価報告システム（School-based, Teacher-led, Assessment Reporting System：STARS）」）を構築して全米の注目を集めた、ネブラスカ州の評価改革の理論的基盤であった。さらに、「学習のための評価」というキーワードは、スコットランドやウェールズやカナダなどでの、教室での実践を尊重し応答責任と学校改善を軸にした評価システムへの改革を導く概念としても用いられてきた。

　「スタンダードに基づく教育改革」は、競争原理と結果至上主義の文脈に置かれる時、「テストのための教育」に矮小化される。そうした状態を「スタンダードに基づく教育改革」の一つの形とみて、別の形を構想するというアプローチも模索されているわけである。すなわち、子どもたちの教室での学習経験と学力の表現（パフォーマンス）を評価する「真正の評価」を中心に据える。これにより、断片的な知識・技能の有無に関する点数や評定値ではなく、より包括的な学習と学力の質に関する教師の専門的判断を信頼し、それを家庭や地域に提示する。さらには、ポートフォリオを基にした「学習発表会（exhibition）」や学校運営協議会などへの保護者や地域住民の参加を促す。ただしそれは保護者や地域住民への説明やそこからの承認を際限なく求め続けることではなく、相互評価（ピアレビュー）や学校視察など、第一義的には専門家集団による自律的な質保証を信頼し、専門家集団と民衆との対話と双方の認識の再構成を組織化することを意味する。

　こうして地域・学校共同体に根差したローカルな意思決定を尊重する一方で、教育行政は改革指針の提示、条件整備、指導助言などを通して支援的介入を行う。子どもの学びの事実をめぐって、教師、保護者、地域住民、

教育行政担当者が、それぞれに固有の役割と責任を分有しながら、学力保障と持続的な学校改善をめざした対話と実践を進めていくというわけである（「相補的アカウンタビリティ（reciprocal accountability）」）。

このローカルな文脈への関係者の参加・協働を軸とするアカウンタビリティ・システムの構想は、エビデンスに基づく教育を問い直す視点も有している。説明責任という文脈において、専門職の仕事の透明性を担保することが、エビデンスに基づく教育が求められる一つの背景であった。そして、そこでの「透明性」は、本来不確実で多義的な実践過程を、数値や実証によって抽象化・簡略化・科学化することによって担保されるものと考えられていた。しかし、説明責任の根本にあるのは、クライアントにとっての「納得可能性」であり、米国でのオルタナティブの模索にもみられるように、量的データと同様に、時にはそれ以上に、子どもたちの学習や教育活動の具体を描きだす事例やナラティブは、教師の解釈・判断も伴うことで、クライアントにとって透明で納得できるものになりうる。エビデンスとしての強弱は、納得可能性の強弱と必ずしも一致しない。

主に教室の外の行政、研究機関、民間企業が提供する数値やデータに依拠した、匿名のアカウンタビリティは、個別の学校や教師を超えて、学校という機関そのものへの一般的信頼を調達するうえで重要だが、教育行政や市場による教育現場の遠隔操作と、それによる教師の脱専門職化を進めかねない。他方、教室の実践に即して生みだされる事例に依拠した固有名のアカウンタビリティは、具体的な子どもや学校の事実に即して、そこに参加するクライアントの、目の前の学校や教師に対する納得と信頼を構築するものである。それは必ずしも学校という機関それ自体への一般的信頼を構築するものではないが、専門職である教師の自律性に保護者・住民の参加を組み込んだ、ローカルで民主主義的な教育ガバナンスにつながりうる。ローカルな固有名のアカウンタビリティを基軸としながら、よりマクロな行政レベルが、現場を励ます方向で匿名のアカウンタビリティを活用する。そうして、規制緩和・地方分権改革を、市場原理の導入やポピュリズムではなく、市民社会・公共世界の構築や成熟した民主主義の実現へと接続していくことが求められるのである。

（3）コンピテンシー・ベースのカリキュラム改革の展開

　2000年代を超えたあたりから、社会の変化に伴う学校への能力要求の変化を背景に、先進諸国の教育目標において、内容知識と相対的に独自なものとして、教科固有、あるいは教科横断的な、知的・社会的能力を明確化する動きがみられるようになった[5]。そこでは、批判的思考、意思決定、問題解決、自己調整といった認知的スキルに加え、非認知的な要素、すなわち、コミュニケーションと協働等の社会的スキル、自律性、協調性、責任感等の人格特性・態度もあげられている。汎用的スキルをカリキュラム全体を覆うアンブレラ、あるいは教科をクロスする要素として機能させていこうというわけである。そしてそれは、初等・中等教育から高等教育、職業教育にわたって、共通にみられる傾向である。

　OECD の DeSeCo プロジェクトが示した「キー・コンピテンシー（key competency）」は、①相互作用的に道具を用いる力、②社会的に異質な集団で交流する力、③自律的に活動する力の三つで構成されている。また、米国で提起された「21世紀型スキル（21st century skills）」では、各教科の内容知識に加えて、学習とイノベーションのスキル（創造性とイノベーション、批判的思考と問題解決、コミュニケーションと協働）、情報・メディア・テクノロジースキル、生活とキャリアのスキルがあげられている。

　米国で2010年に発表された「州共通コアスタンダード（Common Core State Standards）」も、まさに教科のスタンダードの上位に置かれた「大学とキャリアへのレディネス（college and career readiness）」という学校教育の包括的なゴール（出口）に向けて、K-16の教育の内容・方法・システムを一貫させようとしている。日本でも、初等・中等教育においては、2004年のPISA ショック以降、PISA リテラシーを意識して、知識・技能を活用して課題を解決する思考力・判断力・表現力等の育成に重点が置かれるようになった。また、高等教育でも、「学士力」や「社会人基礎力」といった形で、汎

5　コンピテンシー・ベースのカリキュラム改革の展開とそれをめぐる議論については、松下 2010／松尾 2015／石井 2015a などを参照。

用的スキルの重要性が提起された。そして2017年改訂の学習指導要領で内容のみならず教科横断的な資質・能力の育成が強調されるなど、教育課程編成とその評価において、内容ベースからコンピテンシー・ベース、資質・能力ベースへとシフトする動きが本格的に進もうとしている。

このように、今や書字文化と結びついた「リテラシー」概念に代わり、社会の能力（実力）要求をストレートに表明する「コンピテンシー」概念がキーワードとなり、より包括的かつ汎用的な能力の育成に注目が集まっている。生活世界が書字文化とのつながりを強める中で、リテラシー（文字の文化：教養）概念は、客観的な文化内容を軸にした識字能力から、社会への参加に必要な機能的あるいは批判的リテラシーへと拡張され、一方、労働や社会の知性化・流動化の中で、コンピテンシー（職業的スキル：実力）概念は、それぞれの職業に固有な実務能力から汎用的なスキル（ポスト近代型能力）へと展開しているのである。

価値観やライフスタイルの多様化、社会の流動化・不確実性の高まりを前にすると、どのような社会でも対応できる一般的な「○○力」という目標を立てたくなる。だが、「○○力」自体を直接的に教育・訓練することは、学習活動の形式化・空洞化に陥る危険性をはらみ、教育に無限責任を負わせることになりかねない。さらに、資質・能力の重視が、アクティブで社交的であること等、特定の性向を強制したり、日々の振る舞いすべてを評価・評定の対象にしたりすることにつながるなら、学校生活に不自由さや息苦しさをもたらしかねない。

他方、コンピテンシー・ベースのカリキュラム改革は、内容項目を列挙する形での教育課程の枠組み、および、各学問分野・文化領域の論理が過度に重視され、生きることとの関連性や総合性を欠いて分立している各教科の内容や形式を、現代社会をよりよく生きていくうえで何を学ぶ必要があるのか（市民的教養）という観点から問い直していく機会とも取れる。先述の危険性を回避し、コンピテンシー・ベースのカリキュラムの可能性の側面を追求するうえで、公教育としての学校でできること・すべきこと（「学力」）という観点から、社会からの能力要求にふるいをかけ、学校カリキュラム全体をどうデザインするかが問われている。

（4）コンピテンシー・ベースのカリキュラム改革を問い直す視座

　コンピテンシー・ベースの改革に対しては、既存の社会に適応的な労働者を育てることに視野が限定されており、汎用的であることをうたいながらも、功利性・実用性を追求する限りは、即戦力的で特定の文脈でしか生きて働かないスキルの訓練に止まるのではないかという批判がなされている（中野2016）。ヨーロッパ諸国、特にフランスやドイツでは、コンピテンシー・ベースの改革について、キー・コンピテンシーなどにみられる、汎用性への志向性や全体論的な側面が捨象され、実質的にそれは、行動主義心理学やプログラム学習と親和性のある要素的で特殊技能的な行動目標論の枠内で理解されがちであり、標準化や量的エビデンス偏重と結びついたテスト文化とパラレルに展開している。

　こうしたコンピテンシー・ベースの改革への対抗軸として、たとえば、イギリスでは力強い知識（powerful knowledge）概念が、フランスでは教養（culture）やエスプリ（esprit）概念が、ドイツではビルドゥング（Bildung）概念が提起されるなど、教養や知識の意味を再評価する動向もみられる[6]。歴史的に見て、実用性・専門性が追究される時、文化・教養（調和の取れた全面発達や鳥瞰的視野や知の普遍性）の重要性が提起されてきた。その際、自由教育（liberal education）を、保守主義的でエリート主義的なリベラル・アーツ（liberal arts）の教育として展開するか、市民として共有すべき共通の知識の統合的な学びを志向する一般教育（general education）として展開するかは論点となる（吉田2013／佐藤1996）。そして、保守主義的な伝統的価値や基礎学力重視のアプローチは、市場主義的なテスト政策を補完する役割を果たしがちである。

　能力概念を軸にカリキュラムを構造化する動きに対して、内容知識を軸としつつ能力概念も適切に位置づけながら、汎用的で全人的な育ちと一般教育の実現につなげていこうとする動きもみられる。たとえば、エリクソン（H.

6　田中2016の第2章（フランスについては第3節の細尾萌子論文、ドイツについては第4節の伊藤実歩子論文）などを参照。イギリスについてはヤング2017を、IBと一般教育との関係については、次橋2017などを参照。

L. Erickson 1998）は、1990年代中頃、「知識の構造（structure of knowledge）」という知識を類型化した目標分類の枠組み（タキソノミー）を軸に、「概念に基づくカリキュラム設計（concept-based design）」を提起した。知識が抽象的で一般的なものであるほど、それを習得するにはより高度で複雑な認知過程が求められるのであり、「概念」への着目は認知過程の質を引き上げる。さらに、エリクソンらは、「概念」が、教科カリキュラムはもちろん、学際的で総合的なカリキュラムの組織化にも役立つ点を強調している。エリクソンは、教科に固有の概念を「ミクロ概念（microconcepts）」、教科を横断する包括的な概念を「マクロ概念（macroconcepts）」と名づける。たとえば、「システムは相互依存的である」というマクロ概念が、科学や数学などの各教科においては、「有機体は変化する環境に適応する」や「自然数、分数、小数を含む有理数は、標準的な表記法や科学的な表記法の同じ形式で表現される」といったミクロ概念として具体化されるというように、マクロ概念とミクロ概念は入れ子構造をなし、教科横断的な学びを構想する基盤となるのである。

　また、「真正の評価」論の提唱者であるウィギンズ（G. Wiggins）らは、エリクソンの所論にも学びながら、内容の「理解（understanding）」の深化に即したカリキュラム設計の方法論を提起している（ウィギンズ・マクタイ2012）。すなわち、教室を超えて価値が認められる一般的なもので、学問の中核に位置するような「重大な観念（big ideas）」を精選する。それに焦点づけられた「本質的な問い（essential questions）」を問い続け自ずと永続的な理解に至る探究的な活動として、パフォーマンス課題を設計するわけである。さらにウィギンズらは、本質的な問いの入れ子構造によりカリキュラムを構想することを提案する。

　エリクソンやウィギンズらのカリキュラム設計論は、汎用的なスキルやプロセスの直接的な指導というよりは、概念と問いによる知識の総合化を通して能力の一般性や全人的な学びを実現していこうとするものである。そしてそれは、国際バカロレア（International Baccalaureate：IB）の中心的なプログラムであり、学際的な観点から個々の学問分野の知識体系を吟味し、統合する「知識の理論（Theory of Knowledge：TOK）」などにも影響を与えている。

ウィギンズらのカリキュラム設計論は、エッセンシャル・スクール連盟（the Coalition of Essential Schools）による1980年代の米国の高校改革運動を、また、IBは、1960年代の英国の後期中等教育（シックス・フォーム）改革を背景にしており、それらはともに一般教育を志向する点において共通している。なお、こうした概念や理解の重要性の指摘を受け止める形で、2001年に刊行されたブルーム・タキソノミーを改訂する試みにおいては、知識と認知過程の二次元でタキソノミーが再構成されるとともに、「概念的知識」というカテゴリーも枠組みの中に位置づけられている。

　実用主義の傾向を強めつつ、「リテラシー」を超えてなされる学校教育への能力要求に対して、人間形成という営みの保守性や不確実性、そして、その固有の時間や論理を再確認することが肝要である。これにより、学校教育が、職業スキル訓練や教化（indoctrination）に矮小化されることを防ぐとともに、文化遺産（議論の厚みのある知）の獲得・再創造の過程を通じた総合的な知性の発達（一般教育や人間教育）を展望していくことが求められよう。

おわりに

　20世紀初頭の社会的効率主義のカリキュラム改造運動においては、具体的な内容項目（指導すべき知識・技能）のレベルで、まさにカリキュラムの中身（スコープとシーケンス）が議論の対象となり、学問性と実用性、社会適応と社会改造といった価値対立が顕在化していた。また、1960年代の新カリキュラム運動期においては、カリキュラムの枠付けや授業の進め方といった形式レベルで議論が展開し、科学（測定論）と価値（目的論）、技術性（確実性）と創造性（不確実性）といった論点が問われた。そして、そうした論争を通じて、人間形成や新たな社会の創造につながる知やカリキュラムのあり方、人間を対象とする技（アート）の固有性に即した目的意識的な働きかけの体系とシステムの形が模索されてきた。

　これに対し、1990年代以降の「新自由主義」教育改革では、教育をめぐるガバナンスとレトリックのレベルでの変革も争点となっている。たしかに、ここまで述べてきたように、「真正の評価」論、「学習のための評価」論、新

しいタキソノミーなど、タイラーの系譜の延長線上にある、いわばポスト・ブルームの教育目標・評価論の展開とも結びつきながら、カリキュラムの内容面と形式面におけるオルタナティブの模索もなされてきた。その一方で、そもそも教育という営みに関する人々の観念やそれを語るレトリックや対話・議論の場自体がゆらぎ、より教育的で文化的で人間的な教育や社会のあり方（対抗軸）を構想する足場を形成すること自体が困難となってきているように思われる。教育的なるもの文化的なるもの人間的なるものの危機が進行している状況を注視せねばならない。

　レトリックのレベルでの変革をふまえると、社会的効率主義をめぐって問われてきた内容面や形式面の議論にも現代に固有の様相を看取できる。コンピテンシー・ベースの改革は、社会機能法や活動分析法の現代的形態とみることができるが、現在のコンピテンシー・ベースの改革においては、経済界の要求を市民形成という観点で相対化するといった、社会の要求の内部で議論はなされても、その価値対立は抽象的な能力概念によって形式的合意へと導かれ、大人社会で求められるとされる形式化された能力が無媒介に学校教育に持ち込まれることになっている。大学とキャリアへのレディネスにおいては、学問的教育と職業教育が、キー・コンピテンシーにおいては、雇用可能性（employability）と市民性（citizenship）が、抽象的な能力概念の導入により、汎用性の下に融合されるようになってきている。そこでは、レディネスやスキルやコンピテンシーといった能力概念によって、価値対立を回避し客観的に共通カリキュラムを構築していくことができるかのようにみえる。だが、「能力」概念は、社会像や人間像に関わる立場の違いを捨象し、最大公約数的な特徴を中性的で心理的な言葉で整理するものである点に注意が必要である。

　ビースタ（G. J. J. Biesta. 2016）が教育の学習化（learnihcation）という言葉で指摘しているように、今や教育の言語は学習の言語（個人主義的でプロセスに関わる言語）で置き換えられ、教育という営みの関係的な性格、および方向性や価値に関わる問いが消失してしまったかのようにみえる。教育の学習化は、エビデンス・ベースの教育や「行為遂行性（performativity）」の文化（手段が目的それ自体になり、質の達成目標とその尺度が質それ自体と取り違

えられる文化）を下支えし、よい教育への規範的な問いを空洞化させている。そのような状況下で、今や学習科学（learning science）は、教育方法の効果に関わる手段的位置づけのみならず、規範論を欠いたまま、教育目的論レベルの議論を規定する言説にもなっており、その中性的で自然科学的で技術主義的な言説は、経済界の手法やレトリックを教育の領域に流入させる機能を果たしている（Taubman 2009）。

　また現在の状況は、教育の内容と形式における経済性を追求する段階を超えて、教育という営み自体が市場化され経済活動そのものとなりつつある。知識経済において大学は経済界の有力なプレーヤーであり、私学や塾や教育産業の拡大はもとより、公立学校の民営化や仕事の外部委託など、プライベートセクターへの公費の流れも拡大している。そして、AIの進歩は、これまでの教育の科学化・システム化のレベルを超えて、教育という仕事の機械による代替につながる可能性をもっている。公共部門の経費の節減、教育への参入障壁を下げたい教育システム外部の社会システム（特に経済システム）の動きをふまえるなら、機械化可能なものに教育の営みが矮小化される傾向が危惧されるのである。

　後期近代における「能力」概念や「学習」概念の隆盛の背景には、新自由主義と進歩主義の邂逅（澤田 2017）、あるいは、社会的効率主義と学習者中心主義の結合ともいえる言説状況があり、それが規範的な問いや教育的価値や教育的なるものの空洞化を進行させている。他方、これを批判する社会改造主義においても、批判的思考力や市民性といった、スキルや性向の重要性は提起されても、批判性や自律的判断の基盤となる軸（枠組みや思想）を形づくる内容知識の位置づけについては、十分に議論されているとはいえない。グローバル資本主義と新自由主義に適応的な社会的効率主義のカリキュラム改革論も、それに批判的な社会改造主義のカリキュラム改革論も、教育内容論を欠落させている点において共通している。

　授業論や学習論と相対的に独自な、教育課程論・教育計画論としてのカリキュラム研究を再評価すること、いわば社会改造主義と学問中心主義との対話を仕組みながら、教育内容論レベルで学問分野や基本概念に内在する価値対立を顕在化させ、教え学ぶ価値のある内容をめぐる議論を組織していくこ

とが重要である。それは、文化を介した教師と子ども、子どもと子どものコミュニケーションという、教授・学習過程の基底的な構造に立ち戻って考えるということである。心理主義化・中性化された「能力」概念や「学習」概念を、また、操作化・形式化された「教育」概念を、近代学校教育の特殊性をふまえて歴史的・文化的な概念として規定し、人間的な営みとして捉え直すことが必要だろう。そして、価値論を空洞化させがちなビジネス的あるいは自然科学的な言語とは異なる形で、教育学や教育システムに閉じず、学問領域や社会システムを越境し、一般市民にも届くような、教育について語る言葉と論理を構築していくことが求められよう。

〈引用・参考文献〉
阿部菜穂子（2007）『イギリス「教育改革」の教訓』岩波書店。
石井英真（2015a）『今求められる学力と学びとは』日本標準。
石井英真（2015b）『増補版・現代アメリカにおける学力形成論の展開』東信堂。
石井英真（2015c）「教育実践の論理から『エビデンスに基づく教育』を問い直す──教育の市場化・標準化の中で」『教育学研究』Vol. 82, No. 2、pp.216-228。
石井英真（2017a）「学校改革とカリキュラム変革の系譜」『岩波講座　教育　第五巻　学びとカリキュラム』岩波書店。
石井英真（2017b）「資質・能力ベースのカリキュラム改革をめぐる理論的諸問題──教育的価値を追求するカリキュラムと授業の構想に向けて」『国立教育政策研究所紀要』第146集、pp.109-121。
ウィギンズ, G. マクタイ, J.（西岡加名恵訳）（2012）『理解をもたらすカリキュラム設計』日本標準。
キャラハン, R. E.（中谷彪・中谷愛訳）（1997）『教育と能率の崇拝』教育開発研究所。
倉沢剛（1985）『米国カリキュラム研究史』風間書房。
佐藤学（1990）『米国カリキュラム改造史研究』東京大学出版会。
佐藤学（1996）「カリキュラムの公共性」『カリキュラムの批評』世織書房。
佐貫浩、世取山洋介編（2008）『新自由主義教育改革──その理論・実態と対抗軸』大月書店。
澤田稔（2017）「批判的教育学とその今日的意義──新学習指導要領批判への示唆」日本カリキュラム学会第28回大会、於岡山大学、当日配布資料。
田中耕治（2008）『教育評価』岩波書店。
田中耕治編（2016）『グローバル化時代の教育評価改革』日本標準。

次橋秀樹（2017）「A. D. C. ピーターソンのカリキュラム構想に見る一般教育観
　　──シックス・フォーム改革案から国際バカロレアへの連続性に注目して」
　　『カリキュラム研究』第26号、pp.1-13。
中野和光（2016）「グローバル化の中の学校カリキュラムへの一視点」『カリキュ
　　ラム研究』第25号、pp.117-123。
ビースタ, G. J. J.（藤井啓之・玉木博章訳）（2016）『よい教育とはなにか』白澤社。
松尾知明（2010）『アメリカの現代教育改革』東信堂。
松尾知明（2015）『21世紀型スキルとは何か』明石書店。
松下佳代編著（2010）『〈新しい能力〉は教育を変えるか』ミネルヴァ書房。
ヤング, M.（菅尾英代）（2017）「『力あふれる知識』はすべての児童・生徒にとっ
　　ての学校カリキュラムの基盤となりうるか」『カリキュラム研究』第26号、
　　pp.91-100。
吉田文（2013）『大学と教養教育』岩波書店。
ラヴィッチ, D.（末藤美津子・宮本健市郎・佐藤隆之訳）（2008）『学校改革抗争の
　　100年』東信堂。
　　　　＊
Black, P. and Wiliam, D.（1998）"Inside the Black Box : Raising Standards
　　through Classroom Assessment," *Phi Delta Kappan*, Vol.80, No. 2, pp.139-148.
Erickson, H. L.（1998）*Concept-based Curriculum and Instruction : Teaching
　　Beyond the Facts*, Thousand Oaks, CA : Corwin Press.
Hargreaves, A. and Shirley, D.（2012）*The Global Forth Way : The Quest for
　　Educational Excellence*, Thousand Oaks, CA : Corwin Press.
Stiggins, R. J.（2005）"From Formative Assessment to Assessment FOR
　　Learning : A Path to Success in Standards-based Schools," *Phi Delta Kappan*,
　　Vol.85, No.4, pp.324-328.
Taubman, P. M.（2009）*Teaching by Numbers : Deconstructing the Discourse of
　　Standards and Accountability in Education*, New York : Routledge.
Tyler, R. W.（1949）*Basic Principles of Curriculum and Instruction*, Chicago :
　　The University of Chicago Press.
Wiggins, G.（1993）*Assessing Student Performance : Exploring the Purpose and
　　Limits of Testing*, San Francisco, CA : Jossey-Bass.

2章 ガバナンス改革と教職の専門職性

大桃敏行 ◀

はじめに

　ガバナンス改革が政策イシュー化して久しい。ガバナンスという言葉は多様に用いられてきたが、ここでは民間アクターとの関係を含めた統治構造の改革をガバナンス改革と呼ぶこととする。このガバナンス改革は教職の在り方にも影響を与えてきた。本稿は臨時教育審議会（以下、「臨教審」と略す）後の教職改革をガバナンス改革との関係において考察しようとするものである。

　宮川公男はガバナンスについて問われていることとして、「ガバナンスの主体、例えば政府の統治能力」の低下と、「ガバナンスの客体である社会の統治可能性」の低下あるいは「統治不可能性」の上昇を指摘していた。後者は「社会における多様性、複雑性および動態性が増大しているために統治の困難性が増している」ことであり、前者は「そのような社会的変化に対して伝統的な統治方法に頼る統治主体の適応性が問われている」ことである（宮川 2009：4）。1990年代以降の改革を振り返ってみると、「戦後型行政システム」の制度疲労や価値観の多様化などの社会の大きな変化は、政府文書においても指摘されているところであった（大桃 2004：458-460）。

　宮川はまたガバナンス論の隆盛化の背景の一つとして、ガバナンスの新しい源の認識を指摘していた。「伝統的な国家、政府中心のガバナンスは、政府の役割の中核的重要性を否定することはできないにせよ、水平的および垂直的に源の拡散したかたちのガバナンスへとパターンを変えつつある」とされる。水平的とは「国家と利益集団やNGO、NPOなどの諸組織との相互作用」、垂直的は「国際機関やEUのような地域的超国家機関、そして地方政

府などの下位政府との関係」であり、「一方的な統治・被統治の関係から、国家および政府と国際社会も含めた社会との相互作用関係」へとガバナンスが変化してきているとされるのである（宮川 2009：7）。

　本稿の関心との関係でいえば、「垂直的」については国際機関などの影響がここに含まれており、グローバル化の進展と呼応するものである。「水平的」についてはローカル・ガバナンスにおける多様なアクターの連携や協働などの関係設定や相互関係の変容が該当する。

　本稿では、まずガバナンスの縦と横の改革で求められる人間像に似た側面があること、具体的には国際機関や国内政策で求められている人間像と地方レベルでのガバナンス論の人間像とが親和性を有することを示す。続いて、臨教審後の教職に関わる政府答申における教職の専門職性に関する用語の使用状況の検討から、現在の教職像がかつての専門職像と大きく異なってきていることを指摘し、それに基づきガバナンス改革と教職の専門職性との関係について考察する。

1．ガバナンス改革と求められる人間像

（1）ガバナンスのグローバル化と国際機関の影響

　ガバナンスの源の縦の広がりと関わって、国際機関の諸施策で教育の分野において強い影響力を有してきたものの代表格が、経済協力開発機構（OECD）のキー・コンピテンシーの概念やそれに基づく PISA（Programme for International Student Assessment）であることは間違いない。メイヤー（Heinz-Dieter Meyer）らは OECD の担当者への公開書簡のなかで、PISA の結果が多くの国の教育実践に深く影響を与え始めてきているとし、「PISA の結果として、諸国はそのランキングを改善しようと教育制度の全面的な見直しを行っており、PISA で成績の上昇がみられないのは多くの国において危機の宣言や「PISA ショック」につながっている」と記していた（Meyer et al. 2014）。PISA に参加する国や地域は増え、2015年の調査では72の国と地域の参加があり、OECD の非加盟国や地域にも広がりをみせている（国立教育政策研究所 2016：5）。PISA の影響をあまり受けていないと思われるアメリカ合衆国

でも、連邦政策などへの影響が指摘されている（黒田 2016）。日本においても、PISAの順位や平均点の低下が教育の国際的卓越性の低下として受け止められ、当時の学力低下論争と結びついて、「ゆとり教育」の見直しや全国学力・学習状況調査の実施につながった。

　OECDの諸施策がこのように大きな影響力を持つようになった要因についても、研究が進められてきた。ここでは、ガバナンスと専門性の両方に関わるマーテンズ（Kerstin Martens）の「比較によるガバナンス（governance by comparison）」を取りあげたい。マーテンズは「比較によるガバナンス」、特に「順位づけと査定」による比較は「互いに強制しあう力」の要素を内包していると指摘している。彼女によれば、「ガバナンスの一形態としての比較」は「政治的意思決定への科学的アプローチを含意している」。最も効果的あるいは最も適切な決定は「客観的な基準と評価」を通してなされるべきものとされ、評価される当事者は「比較のそれぞれの枠組みの具体的な基準にそって最善とみなされる実践や組織形態や行動に収斂する、暗黙裏のプレッシャーを受ける」のである（Martens 2007：40-42）。

　これをガバナンスの観点からみると、権限というものは「伝統的な規制的活動」だけでなく「ソフトな比較による順位づけと査定」によってももたらされることになる。「このようなソフトな形態のガバナンスが国境を越えた次元で出現し、基準を作りだし「ベストプラクティス」を設定することによって、国家レベルで創設され制度化された実践に影響を及ぼす可能性」が生まれてくるのである（Martens 2007：42-43）。

　ここにはまた専門性の原理が介在することになる。OECDのような国際機関は「比較によるガバナンス」という手法を与えられるとき、スタッフの「専門的知識技術を通じて影響力のある立場を得ることになる」。マーテンズによれば、専門化された知識が国際的な「順位づけと査定」の開発と実施に必要であり、「国際的な指標づくりの任務が一旦委ねられると、その人たちの役割は議論の余地がないものとなる」。OECDは国家ベースの意思決定を導くような情報を生みだす仕事を与えられているに過ぎない場合でも、その仕事を実際に遂行する指示は国家の手の外でなされる。「機関としてのOECD、そして実装者としてのそのスタッフは、教育において順位づけと査

定のために自ら作成した目的と目標を適用する権限を得ることになる」のであり、このようにして「OECDは教育政策の領域で重要な影響力を獲得し、特にスタンダードの設定を担当する専門家委員会の運営において、OECDは共有された信念体系をもたらす専門家の認識共同体（epistemic communities）を作り出す」のである（Martens 2007：43）。

（2）国際機関の影響と日本の教育課題

しかし、「順位づけと査定」による「ソフトな形態のガバナンス」という分析は説得力があるが、それだけでOECDのキー・コンピテンシーやPISAの日本への影響を説明することは困難であろう。2008、2009年の学習指導要領改訂の基本的な考え方を示した2008年1月の中央教育審議会（以下、「中教審」と略す）の答申は、OECDのキー・コンピテンシーに言及するにあたって、OECDが「1997年から2003年にかけて、多くの国々の認知科学や評価の専門家、教育関係者などの協力を得て、「知識基盤社会」の時代を担う子どもたちに必要な能力を、「主要能力（キーコンピテンシー）」として定義付け、国際的に比較する調査を開始している」こと、そして「このような動きを受け、各国においては、学校の教育課程の国際的な通用性がこれまで以上に強く意識されるようになっている」ことを指摘していた（9頁）。このような指摘は「比較によるガバナンス」への対応のようにも読める。しかしながら、同答申の意図はむしろグローバル化、知識基盤社会への移行の中での「生きる力」の正当化であり、その先駆性の指摘であった。

同答申は「知識基盤社会化やグローバル化は、アイディアなどの知識そのものや人材をめぐる国際競争を加速させるとともに、異なる文化・文明との共存や国際協力の必要性を増大させている」と記している。「競争」の観点から、「自己責任を果たし、他者と切磋琢磨しつつ一定の役割を果たすためには、基礎的・基本的な知識・技能の習得やそれらを活用して課題を見いだし、解決するための思考力・判断力・表現力等が必要」であり、しかも「知識・技能は、陳腐化しないよう常に更新する必要がある」ことから、「生涯にわたって学ぶことが求められており、学校教育はそのための重要な基盤である」とされた。一方、「共存・協力」の観点からは、「自己との対話を重ね

つつ、他者や社会、自然や環境と共に生きる、積極的な「開かれた個」であることが求められる」こと、「グローバル化の中で、自分とは異なる文化や歴史に立脚する人々と共存していくためには、自らの国や地域の伝統や文化についての理解を深め、尊重する態度を身に付けることが重要になっている」とされた（8-9頁）。

　そして、このような社会の変化の中で「次代を担う子どもたちに必要な力を一言で示すとすれば」、それは「「生きる力」にほかならない」とされ、「生きる力」は「その内容のみならず、社会において子どもたちに必要となる力をまず明確にし、そこから教育の在り方を改善するという考え方において、この主要能力（キーコンピテンシー）という考え方を先取りしていたと言ってもよい」（括弧内は原文）とされたのである（9-10頁）。

　「生きる力」は認知的能力だけでなく非認知的能力を含む広い能力概念に基づいている。「生きる力」の育成が求められた背景には、それまでの日本の教育への反省があった。「生きる力」を打ちだした1996年7月の中教審答申「21世紀を展望した我が国の教育の在り方について」は、過度の受験競争が「受験のための知識を詰め込むことに偏らせる傾向を招いている」とし、「［生きる力］の育成を基本とし、知識を一方的に教え込むことになりがちであった教育から、子供たちが、自ら学び、自ら考える教育への転換を目指す」べきことを提言していた。また、同答申は「いじめ・登校拒否の問題」にも言及し、「同質志向を排除して、個を大切にし、個性を尊重する態度やその基礎となる新しい価値観を、社会全体が一体となって育てる」ことの重要性を指摘していた（24-27、31頁）。

　しかしまた、同答申はこのような戦後の教育や日本社会の問題に関する認識とともに、大きな社会変動への認識を示していた。国際化や情報化の進展であり、科学技術の発展であり、環境問題やエネルギー問題など地球規模で取り組むべき問題の顕在化等である。そして、このような社会変動の中で「いかなる場面でも他人と協調しつつ自律的に社会生活を送っていくために必要となる、人間としての実践的な力」の育成が求められたのである（17-22頁）。このような国際規模で共有される変動への認識を背景としている点で、「生きる力」はOECDのキー・コンピテンシーとも呼応する要素を

もちうるものであったといえよう。そして、「生きる力」やOECDのキー・コンピテンシーに示された広い能力概念は、今日のガバナンス論の描く人間像とも親和性を有することになる。

(3) 協働的ガバナンス論と新しい能力概念との親和性

　日本のガバナンス改革に強い影響を及ぼしたものにニュー・パブリック・マネジメント（New Public Management. 以下、「NPM」と略す）の理論がある。NPMの定義は一律ではないが、その原理として成果志向や顧客志向、市場機構の活用、分権化やヒエラルヒーの簡素化などがあげられてきた。市場機構の活用は行政内部および外部との関係を問わず競争を導入しようとするものであり、公共サービスの供給における多様なアクターの参入を導くものとなる。また、分権化も政策の企画・立案と執行を分離するエージェンシー化を含むものと説明されてきた（山本 2002：122-125／大住 2002：12）。

　政府文書においても、2001年6月に閣議決定された「骨太の方針」（「今後の経済財政運営及び経済社会の構造改革に関する基本方針」）は、「革新的な行政運営の考え方」としてNPMを取りあげ、公共サービスの提供における市場メカニズムの活用のために、「「民間でできることは、できるだけ民間に委ねる」という原則の下に、公共サービスの属性に応じて、民営化、民間委託、PFIの活用、独立行政法人化等の方策の活用に関する検討を進める」ことを求めていた（「骨太の方針」2001：29）。NPM改革においては、顧客である国民や住民の満足度の向上がめざされ、公共サービスの供給への多様な民の参入と供給主体間への競争原理の導入が進められた。

　しかし、公共サービスの供給に多様な民が参入しても、その活動が行政から一方的に規制されるなら、先述の宮川のいうガバナンスの源の水平的広がりとは異なるものとなる。また、住民が顧客とされ行政サービスの受け手としてのみ位置づけられ続けるなら、それも行政と住民との従来の関係に根本的な変革をもたらすものではない。伊藤修一郎と近藤康史はローカル・ガバナンスについて論じるにあたって、公共サービスを担う多数の主体の登場も「それらの主体がエージェントとして単に行政から委託を受け一方的に統制されるだけなら、ヒエラルキーの外延が広がっただけである」とするとと

に、それらが「地方政府の決定や行動に利害関係を有する、ステイクホルダーとしての側面を有する点」も指摘していた。つまり、「各主体は福祉などの行政分野のエージェントとしてサービス供給の一端を担う」と同時に、「ステイクホルダーとして地方政府など他のエージェントに対してアドボカシー活動なども行う」のである（伊藤・近藤 2010：30）。

　新川達郎がNPM改革を経験した後の新しい公的ガバナンス論について、「市民や市民活動団体、民間企業などが行政と並んで多元的な参加者としてガバナンスの担い手となっていく」と述べているのも、伊藤と近藤の指摘につながるものであろう。新川によれば、この新しいガバナンス論では政府の統治手段や政策手法でも変化がみられ、それは「単なる民営化や民間委託ではなく、協調的で調整的な行動を、政府部門だけではなく民間営利部門や市民社会セクターを通じて実践することで、政策目標の実現をしていこうという手法」と説明されている（新川 2011：47、49）。

　この新しい公的ガバナンス論では市民の位置づけも変わってくる。新川によれば、従来型の統治機構では「市民は政府との関係で主権者であるが、行政との関係では行政はサービスの生産者であり、これに対して市民はそのサービスの対象であり、市民自身はサービスを受ける権利をもつものとされてきた」。しかし、新しいガバナンスでは「市民は自主的自律的な行為主体であり、サービスの受け手に留まらず、サービス生産・供給・享受の担い手であり、行政との関係は対等な協力によってサービスを提供する担い手であるとともに、市民自治を自ら担う権能をもつ」のである（新川 2011：48）。

　そして、新川は新しいガバナンスを担うアクターに求められる資質や能力についても言及し、「公的ガバナンスが機能するうえで、その問題処理能力には様々な視点がありうるが、少なくともそのガバナンスにかかわる諸アクターにコミュニケーション能力やネットワーク能力、協調能力や学習能力がある場合には、当該ガバナンスの潜在能力は高く、問題処理能力も高いといえよう」と指摘していた（新川 2011：51）。これらのコミュニケーション能力やネットワーク能力、協調能力などは「生きる力」やキー・コンピテンシーと重なるものであり、先述の2008年の中教審答申でも「身近な地域社会の課題の解決にその一員として主体的に参画し、地域社会の発展に貢献しよ

うとする意識や態度をはぐくむこともますます必要となっている」とされていた（中教審 2008：9）。

　それでは、知識や技能の単なる獲得ではなく、それらを活用する能力、課題解決能力、コミュニケーション能力や協調性、協働性の育成が課題とされる中で、その教育を担う教師はそれにふさわしい状況に置かれているのであろうか。ガバナンス改革はそのような状況を生みだしてきているのだろうか。1970年代には、伝統的な専門職を理念型に教職の専門職化が求められた。そこでは高度の知識技術とともに、個々人の職務遂行においても職業集団としても自律性が重視された。ガバナンス改革を経る中で、そして育成すべき能力の変容や転換が指摘される中で、教職はどのように位置づけられてきたのか。

2．政府答申における教職の専門職性に関する用語の使用法

（1）対象とする答申

　まず、臨教審以後の教職に関わる政府答申で教職の専門職性に関する用語がどのように使われてきたのか、用語の使用状況の検討から始めたい[1]。対象とした答申は、教育職員養成審議会（以下、「教養審」と略す）の「教員の資質能力の向上方策等について」（1987年12月／以下、「87年答申」と略す。以下、当該年答申は「○○年答申」と記す）と「養成と採用・研修との連携の円滑化について（第3次答申）」（1999年12月）、中教審の「今後の教員免許制度の在り方について」（2002年2月）、「今後の教員養成・免許制度の在り方について」（2006年7月）、「教職生活の全体を通じた教員の資質能力の総合的な向上方策について」（2012年8月）、および「これからの学校教育を担う教員の資質能力の向上について〜学び合い、高め合う教員育成コミュニティの構築に向けて〜」（2015年12月）の6つの答申である[2]。

　「87年答申」は臨教審の最終答申（1987年8月）のすぐ後に教養審からださ

1　本節は大桃（2017）に基づいており、「専門職大学院」「高度専門職業人」「専門的」「専門家」「主体性」などの用語も含めて、検索結果については詳しくは本拙稿を参照されたい。

れた答申であり、普通免許状の種類の改革、特別免許状や特別非常勤講師制度の創設、教職特別課程の設置、初任者研修制度の創設などの重要な提案がなされた。普通免許状の改革はそれまでの一級免許状と二級免許状を廃止し、普通免許状の種類を「標準免許状」「専修免許状」「初級免許状」に改めようとするものであり、1988年の法改正により「専修免許状」「一種免許状」「二種免許状」となった。特別免許状や特別非常勤講師制度、教職特別課程はいずれも免許制度の規制緩和・弾力化に位置づけることができるものである。初任者研修は1988年の教育公務員特例法の改正によって制度化された。「99年答申」は、教養審の最後の答申であり、「教員に求められる資質能力」「採用の改善」「研修の見直し」「大学と教育委員会等との連携方策の充実」「教職課程の充実と教員養成に携わる大学教員の指導力の向上」と内容が多岐にわたっている。

　2001年の省庁再編に伴う審議会の整理統合により、教養審は廃止されその役割は中教審に含められることになった。「02年答申」は改組後の中教審の教職に関する最初の答申であり、(1)「教員免許状の総合化・弾力化」、(2)「教員免許更新制の可能性」、(3)「特別免許状の活用促進」が柱になっている。(1) では相当免許状主義と総合化・弾力化が検討され、具体的な方策として「中学校免許状等による小学校専科担任の拡大」などが示された(I-4)。(2) の免許更新制については、「①適格性の確保又は②専門性の向上のいずれの目的を達する上においても、導入には、なお慎重にならざるを得ないとの結論に至った」とされた (Ⅱ-4)。(3) については「社会人活用の必要性」が説かれ、特別免許状の活用促進などの方策が示された (Ⅲ-1, 4)。「06年答申」も教職実践演習（仮称）の新設・必修化や教職大学院制度の創設、教員免許更新制の導入など極めて重要な提案を含むものであり、それぞ

2　「87年答申」は文部省『教育委員会月報』（昭和63年1月号）掲載のものを、「12年答申」と「15年答申」は文部科学省のホームページに掲載されているPDF版のものを用い、引用にあたってはそれぞれの頁を記した。「99年答申」「02年答申」「06年答申」は文部科学省のホームページ上のものを用い、引用にあたってはそれが記載されている章節番号（I、Ⅱなど）を示した。各答申の検索では報告書本体だけを対象とし、参考資料などは含めていない。

れ制度化に至った。免許更新制については「02年答申」の慎重な姿勢とは異なり、「教員免許状に一定の有効期限を付し、その時々で求められる教員として必要な資質能力が確実に保持されるよう、必要な刷新（リニューアル）を行うことが必要であり、このため、教員免許更新制を導入することが必要である」（2-3）とされたのである。

　「12年答申」も「15年答申」も広範な内容になっている。まず「12年答申」では「教員になる前の教育は大学、教員になった後の研修は教育委員会という、断絶した役割分担から脱却し、教育委員会と大学との連携・協働により教職生活全体を通じた一体的な改革、学び続ける教員を支援する仕組みを構築する必要性がある」（5頁）とされ、教員養成の修士レベル化や「一般免許状（仮称）」「基礎免許状（仮称）」「専門免許状（仮称）」の創設、教育委員会・大学等の関係機関の連携・協働などが示された。「15年答申」では教員の養成、採用、研修に関するそれぞれの、またそれらを通じた課題が検討され、養成については「教職課程における科目の大くくり化及び教科と教職の統合」などが、採用は「円滑な入職のための取組の推進」などが、研修は「継続的な研修の推進」「研修実施体制の整備・充実」などが示された。加えて、教育委員会と大学などによる「教員育成協議会」（仮称）の設置と同協議会での「教員育成指標」の協議なども提起された。

　(2) 「専門職」「専門職性」「専門職化」「専門職団体」「専門性」「専門化」
　まず、「専門職」という用語そのものについて検索を行うと、ヒットの回数は「87年答申」2回、「99年答申」1回、「02年答申」0回、「06年答申」3回、「12年答申」3回（「高度専門職」を含む）、「15年答申」3回と少なく、「専門職性」「専門職化」「専門職団体」については6つの答申のいずれでも1回も使われていない。
　使用例についてみると、「87年答申」は冒頭で「学校教育の直接の担い手である教員の活動は、人間の心身の発達にかかわるものであり、幼児・児童・生徒の人格形成に大きな影響を及ぼすものである」とし、「このような専門職としての教員の職責にかんがみ、教員については、教育者としての使命感、人間の成長・発達についての深い理解、幼児・児童・生徒に対する教

育的愛情、教科等に関する専門的知識、広く豊かな教養、そしてこれらを基盤とした実践的指導力が必要である」と指摘していた（136頁）。教職の意義や教師の資質・能力への言及である。「87年答申」の2回目の使用でも「専門職としての教員の職責の重要性」（146頁）が指摘され、「99年答申」も「87年答申」の指摘を受けてほぼ同じ説明を行っている（2-1）。

　「06年答申」になると、「専門職としての新しい教員像」の確立の必要性が提起される。「多くの国民が教員や教員免許状に対して抱いているイメージ」の「刷新」の必要性が述べられ、「国、課程認定大学、各教育委員会、学校、教員等の関係者は、新しい教員養成・免許制度の実現と、教員像の確立に向けて、努力していくことが必要である」とされたのである（2-6）。「06年答申」では前述のように教職大学院制度の創設と教員免許更新制の導入が答申の重要な柱になっており、新しい教員養成・免許制度の実現と新しい教員像の確立がセットで示された。加えて、優れた人材の確保の観点から、給与等の処遇や教職員配置、学校の施設、設備・教材などの教育条件の整備の必要性が示され（2-6）、この教育条件面の改善の必要性は「12年答申」（26頁）でも言及されている。

　「専門職」の使用が少なかったのに対して、「専門性」という用語は「87年答申」1回、「99年答申」14回、「02年答申」70回、「06年答申」31回、「12年答申」18回、「15年答申」34回と多く使われている。ただし、「専門化」については、前述の「専門職化」と同じように6つの答申のいずれにおいても使用されていない。「専門性」は教員や教職の専門性一般について用いられる一方で、教科指導や生徒指導、特別支援などのそれぞれの領域の専門性や、学校種別の固有の専門性に対しても用いられている。前者については、「02年答申」の「教員の専門性向上を目的とした更新制の導入」（II-3）や、「教員について相当免許状主義が採られている趣旨は、教職の専門性に由来する」（I-1）がその例となる。後者について同じく「02年答申」を例にとると、「障害児教育に関する基本的な専門性を構築しながら、各障害種別に対応した専門性を確保しつつ、多様な障害へ対応することが可能となる総合的な専門性が求められている」（I-2）、「教科に関する専門性の高い教員が担当できるよう免許制度上の措置を講じることが重要である」（I-3）、「教科

指導、生徒指導等における専門性の向上」（Ⅱ-1）、「幼稚園・小学校・中学校・高等学校の教員に共通の部分及び固有の専門性を有する部分の分析が不可欠である」（I-3）などの記述がみられる。

　日本の教員免許制度は相当免許状主義をとっており、各免許状の専門性が指摘される一方で、特別免許状については一般の教員とは別の専門性の意義が指摘されている。たとえば、「15年答申」の「学校における教育課題が多様化する中、多様な専門性を持つ教員を採用していくことが重要であり、特別免許状の活用等による学校外の人材の採用を推進する必要がある」（29頁）の指摘がそうである。そして、この「多様な専門性」の主張は「チーム学校」構想へと展開していく。「15年答申」には「教員が多様な専門性を持つ人材等と連携・分担してチームとして職務を担うことにより、学校の教育力・組織力を向上させることが必要であるが、その役割の中心を担う教員一人一人がスキルアップを図り、組織の一員としてその役割に応じて活躍することができるようにすることとそのための環境整備を図ることが極めて重要である」（8頁）の指摘がある。同答申では「新たな教育課題も枚挙にいとまがなく、一人の教員がかつてのように、得意科目などについて学校現場で問われる高度な専門性を持ちつつ、これら全ての課題に対応することが困難であることも事実である」（10頁）とする認識が示されていた。

（3）「自律性（的）」「自主性（的）」

　それでは、従来の専門職論においてキーワードの一つとされてきた「自律性」はどのように用いられているのか。「自律性」という用語の使用も「87年答申」0回、「99年答申」1回、「02年答申」1回、「06年答申」0回、「12年答申」0回、「15年答申」8回と少なく、「自律的」を検索しても「87年答申」0回、「99年答申」1回、「02年答申」0回、「06年答申」0回、「12年答申」0回、「15年答申」5回である。「自律」だけの表現は6つの答申のいずれにもみられない。

　さらにその主体についてみると、「99年答申」の「自律性」と「自律的」、「02年答申」の「自律性」の主語はいずれも学校であり、「校長のリーダーシップの下、学校がより自主性・自律性を持ち、組織的・機動的に運営され、

子どもや地域の実情に応じた特色ある学校づくりを展開できるよう、学校評議員制度の導入、校長の裁量権限の拡大、校長及び教頭の資格要件の緩和等が図られている」（「02年答申」「はじめに」）などとして用いられている。また、「15年答申」の8回の「自律性」はいずれも「教員育成協議会」（仮称）の創設に関わりその構成主体などの自律性を示すもので、教員の自律性ではない（45、48、49頁）。

　「15年答申」で教員の「自律的」活動を示す表現が5回みられるが、これらは自律的に学んでいく姿勢や研修と関わるものであり、教員の日常の職務遂行上の自律性や職業集団としての自律性を示すものではない。「これまで教員として不易とされてきた資質能力に加え、自律的に学ぶ姿勢を持ち、時代の変化や自らのキャリアステージに応じて求められる資質能力を生涯にわたって高めていくことのできる力や、情報を適切に収集し、選択し、活用する能力や知識を有機的に結びつけ構造化する力などが必要である」（9頁）、あるいは「学校内においては、校長のリーダーシップの下、研修リーダー等を校内に設け、校内研修の実施計画を整備し、当該計画に則して各教員の自律的、主体的な学習意欲を尊重しながら、研修チームを設けるなどして組織的・継続的な研修が行われることが期待される」（21頁）などがそうである。

　この「自律性」「自律的」と関わって、「自主性」「自主的」についても検索してみると同じような傾向がみられる。「15年答申」を除けば、「自律性（的）」とは異なり、「自主性（的）」は教員の活動に対して多く用いられているが、そのほとんどが研修に関するものであり、「自律性（的）」の場合と同様に教員の日常の職務遂行上の自主性や職業集団としての自主性を示すものではない。「99年答申」の「都道府県、市町村においては、教育センターを中心に勤務時間外の研修機会の提供、研修に関する情報提供、指導者の派遣等により教員の自主的・主体的研修活動を奨励・支援するよう努めることが必要である」（4-3）がその例となる。教員育成協議会（仮称）の設置を提起した「15年答申」では、前述の「自律性」と同じように同協議会と関わって用いられる場合が多く、教員については「このため教員は、校内研修、校外研修など様々な研修の機会を活用したり自主的な学習を積み重ねたりしながら、学校作りのチームの一員として組織的・協働的に諸課題の解決のため

に取り組む専門的な力についても醸成していくことが求められる」(10頁)の1回だけであり、研修や自主的な学びが対象である。「主体性」「主体的」について検索を行っても、「自律性」「自律的」や「自主性」「自主的」とほぼ同じ傾向がみられ、教員については自らの学びや研修に関して用いられている。

3. ガバナンス改革と教職の専門職性

(1) 伝統的な専門職像からの離脱

　従来の教職の専門職化をめぐる議論において、しばしば引用されたのがリーバーマン（Myron Lieberman）の専門職に関する定義である。そこでは、範囲が明確で不可欠な社会的業務への独占的従事、職務の遂行における高度の知的技能、長期にわたる専門的教育、施業者個人としてまた職業集団としての広範な自律性、専門的自律性の範囲内で行われる判断や行為に対する広範な責任など、8項目があげられていた（Lieberman 1956：1-6)。前述のように、高度の知的技能の保持などとともに、個々人のまた職業集団としての高度の自律性が要件として示されていた。

　臨教審後の教養審や中教審の答申でも、以上の検索結果が示すように教職の専門職としての位置づけがみられた。しかし、それはリーバーマンのあげる専門職の定義とはかなり異なるものになっている。教師の職務の重要性が指摘され、教師の専門的な知識技術の向上が求められ、それが養成期間の長期化（＝修士レベル化）の要請につながり、教職の専門職大学院の設置の論拠となっていった。このような職務の意義づけ、高度の知識技術の保持、養成期間の長期化はリーバーマンの定義に沿うものである。また、給与等の処遇の改善、勤務条件と関わる教育条件の改善が求められていることも、従来の専門職化論に沿うものといえよう。

　しかし、「専門職」という用語は、教職の意義や教師の「専門性」、つまり専門的な知識や技能と関わって使われているが、教師個々の職務遂行上の自律性や職業集団として自律性の文脈では用いられていない。「自律性（的)」や「自主性（的)」は教員についてはおもに研修と関わって用いられていた。

教育公務員特例法は、教育公務員は職責の遂行のために「絶えず研究と修養に努めなければならない」とし、あわせて「研修を受ける機会が与えられなければならない」と定めている（第21条第1項、第22条第1項）。研修への参加や自己研鑽に励むために自律性や自主性の動員が求められているともいえる。「02年答申」では「教員には、教育公務員特例法により研修に関する努力義務が課されており、個々の教員が自らの力量を高めていくためには、職務命令による研修だけではなく、このような教員自らの自主研修を奨励することが重要であることは言うまでもない」（Ⅱ-4）とされ、「12年答申」でも「校内研修や自主研修の活性化」（23頁）が求められていた。

　丸山和昭は1980年代以降の教員政策には「専門職化」と「脱専門職化」の二面性が同居していることを指摘していた。丸山が専門職化の例としてあげているのが養成段階の高学歴化であり、脱専門職化の例とするのが採用段階での社会人の登用に向けた免許制度の開放施策や、待遇面での優遇措置の見直しであった。研修については初任者研修・10年研修の制度化や免許更新制の導入、教員管理面では指導不適切教員の転職措置の制度化を取りあげ、これらの施策が「自立的な資格」や「独自の倫理綱領」に基づくものではなく、「教育委員会にその運営が大きく委ねられる点からするならば、外部干渉の増大という点において“脱専門職化”施策として評価することができる」としている（丸山 2006：183、186-189）。

　丸山のいう「脱専門職化」とは従来の専門職像を前提とし、そこからの離脱を意味するものであり、それは答申が示す専門職像とは異なるものである。それでは、このような教職像の変容はガバナンス改革との関係でどのように捉えることができるのか。

（2）NPM型ガバナンス改革と教職の脱専門職化

　従来のガバメントによるガバナンスでは、専門職論はガバメントの支配からの自律性の確保の論拠として用いられる一方で、その職業集団はガバメントと組むことによって自らの立場を特権化し、自職への他者の参入を妨げてきた。養成期間の長期化や国家資格化による参入制限がその例であり、それによって社会の特定の業務への排他的な従事をはかってきた。しかし、ガバ

ナンスの源が広がり、多様なアクターがガバナンスに関わるようになると、専門職の在り方もまた再検討が求められることになる。

　NPM改革は民間の経営手法の導入や民間委託などが重要な柱となるが、それによって行政を刷新しようとするものであって、ガバメントの活動を否定するものではない。政策の企画立案と実施執行の分離に示されるように、NPM改革では特に企画立案機能は政府の重要な役割となる（西岡 2006：4-7）。学校教育の領域では民営化は進まず、政府答申では地方や学校が実施主体として位置づけられた。2005年の中教審答申「新しい時代の義務教育を創造する」の「国の責任によるインプット（目標設定とその実現のための基盤整備）を土台にして、プロセス（実施過程）は市区町村や学校が担い、アウトカム（教育の結果）を国の責任で検証し、質を保証する教育システムへの転換」（括弧内は原文）がその例となる。同答申はこれを「義務教育の構造改革」と呼んでいた（5頁）。

　NPMの原理の一つが前述のように成果志向であり、成果の検証に向けて評価制度の整備がはかられるとともに、民間のマネジメント・サイクルの導入が進められた。教育の領域でも各種の評価制度が整えられるとともに、数値化されたエビデンスを重視する検証改善サイクルの確立が求められてきた。このような成果志向やマネジメント・サイクルの導入について、教師の専門的自律性を制約する契機が指摘されてきた（大桃 2016：112-114、116-117）。

　成果重視の観点は、主体性の動員が求められた前述の研修でも示されている。「15年答申」の「教員が学び続けるモチベーションを維持するため、教員の主体的な学びが適正に評価され、学びによって得られた能力や専門性の成果が見える形で実感できる取組や制度構築を進めることが必要である」（12頁）や、「モチベーションの維持のためには、研修時間を確保した上で教員の主体的な「学び」が自他共に適正に認められ、その「学び」によって得られた能力や専門性といった成果が、子供たちの学びの質を向上させることにつながるなど見える形で実感できるような取組やそのための制度構築を進めていく必要がある」（14頁）がそうである。初任者研修や10年研修の制度化、免許更新制の導入を丸山が外部干渉の増大の観点から脱専門職化の文脈で捉えていたのは前述のとおりであるが、自主的な研修についても評価によ

る成果の可視化、そのための制度構築が求められているのである。

　同じくNPMの原理の一つとされる分権化は、サービスの現場に権限と責任を委譲して柔軟性を確保し、それにより顧客ニーズに対応しようとするものと説明されていた（山本 2002：124-125）。教育の領域でも地方分権化や学校分権化（学校の自主性・自律性の確立）が改革の方向性として示されてきた。しかし、実際の分権改革においては、成果志向と同じように教師の専門的自律性を制約する契機が指摘されてきた。たとえば勝野正章は自治体が作成する授業スタンダードを取りあげ、それが「授業・指導の規格化・標準化を促進する」と述べるとともに、「スタンダードによる授業の規格化・標準化は、子どものニーズの個別性と多様性への理解と対応が求められている指導の複雑性から教師を解放する一方、教師の授業をデザインする力と目の前で生じている子ども（たち）の学習の過程と質を判断する力を衰弱させ得る」と指摘している（勝野 2016：99-100）。

　教師の職務遂行上の自律性の要請は、従来のガバメント中心のガバナンスにおいてと同じ様に、このようなNPMの管理手法にも地方での標準化・規格化に対してもなしうるものであり、特に新しい能力概念に基づく幅広い能力の育成が課題となる場合は、その有効性が主張できよう。広い能力観に立ち、知識の獲得だけでなくその活用能力、課題解決能力、さらにはコミュニケーション能力や自己を支える力の育成まで踏み込んでいけば、教育の場面は個別性や偶然性が高まり、教師の専門的な判断が一層求められることになろう。教育の質保証のためのNPMの検証サイクルや標準化・規格化が、教師の自律的な活動の幅を狭め、逆に質の高い教育の保証を損ないかねないのである（大桃 2016：116-117）。

　丸山は前述のように社会人の登用に向けた免許制度改革も脱専門職化の施策に位置づけていた。正規の養成課程を経ていない者の参入は専門職としての教職の資格を曖昧にし、範囲が明確で不可欠な社会的業務への独占的従事という伝統的な専門職像を崩すことにもなる。この免許制度改革と社会人の積極的登用に向けた採用制度の改革要請も、広く解すれば参入規制の緩和による供給主体の多様化というNPM改革に位置づけることができるかもしれない。しかし、ここで留意しなければならないのは、特別免許状の活用など

56

による学校外の人材の採用の推進が、答申では前述のように多様な専門性の確保の観点から正当化されていたことである。初任者研修や免許更新制の導入でも、教師の専門性の向上が正当化の論拠とされていた。専門職としての自律性と、専門性の向上や多様な専門性の確保が切り離されて論じられ、「チーム学校」構想においては他の専門職者、さらには学校を取り囲む多様なアクターとの連携や協働が求められるに至るのである。このようなアクター間の連携や協働は、NPM理論よりもむしろ新しい公的ガバナンス論との関係において教職を捉え直すことを求めるものとなる。

(3) 協働型ガバナンス改革と教職の専門職性

「政府なきガバナンス」を説くネットワーク型のガバナンス論とは異なり、新しい公的ガバナンス論も政府の活動を前提としている。しかし、この公的ガバナンス論では前述のように政府と社会の他のアクターとの関係はより相互的になり、多様なアクター間の連携や協働が求められている。多様なアクターの対等性を前提とすると、専門職の自律性の主張による特権的な地位の確保は難しくなり、自職の管理も国家からの自由では済まなくなる。さらには、国民や住民が公共サービスの単なる受け手ではなくその担い手ともなると、国民や住民との関係設定もまた難しくなる。

公的ガバナンス論の実践事例に近いものとして、自治体で進められているNPOなどとの協働事業提案制度をあげることができよう。同制度には、自治体と多様なアクターとの対等な関係を前提に、協働によって共通の目的の実現をめざすものがある（大桃 2015a）。学校教育の改革はそこまでは至っていないが、それでも多様なアクターとの連携や協働が改革のキーワードになっている。「15年答申」と同日にだされた中教審答申「チームとしての学校の在り方と今後の改善方策について」では、「コミュニティ・スクール（学校運営協議会制度）や様々な地域人材等との連携・協働を通して、保護者や地域の人々を巻き込み教育活動を充実させていくことも求められている」や、「生徒指導や特別支援教育等を充実していくために、学校や教員が心理や福祉等の専門家（専門スタッフ）や専門機関と連携・分担する体制を整備し、学校の機能を強化していくことが重要である」といった指摘がなされている

（3頁）。

　このような公的ガバナンスを担うアクター像と、グローバル化の中で国際機関でも国内政策においても育成が求められている人材像との間に共通点がみられるのは、先に検討したとおりである。さらに、参加協働型のガバナンスは子どもを多様な関係性に開くことによって、新しい能力概念に適合的な教育の機会を生みだす可能性も有している（大桃 2015b）。「チーム学校」構想でも、「学校という場において子供が成長していく上で、教員に加えて、多様な価値観や経験を持った大人と接したり、議論したりすることは、より厚みのある経験を積むことができ、本当の意味での「生きる力」を定着させることにつながる」との指摘がなされていた（中教審 2015b：2）。この場合、教師には担当教科や子ども理解に関する専門性とともに、「同僚とチームで対応する力、地域や社会の多様な組織等と連携・協力できる力」（「12年答申」3頁）や、「多様な専門性を持つ人材等と連携・分担してチームとして職務を担う」（「15年答申」6頁）力が求められることになる。

　福嶋尚子は教職の専門的力量（専門性）に関する研究動向の分析で、野平（2008）の「対話を基礎とした非権威主義的な教職の専門性」や、木村（2011）のケアリングを重視する「相互作用的専門職」に言及し、従来の「技術的熟達者」からの教師の専門的力量概念の変容を指摘している（福嶋 2013：109）。前述の丸山は1980年代以降の教員政策とともにそれへの教員集団の対応も分析し、日教組は「専門職の特権維持というよりも、学校経営を保護者や多職種に開放することによる、“学校の維持”戦略を採用しているように考えられる」と指摘していた（丸山 2006：192）。このような教職像の変容や教師集団の動向は参加と協働のガバナンス改革に適合的な側面を有するものといえよう。

　しかしまた、このような協働型のガバナンスには、参加する保護者や住民の代表性の問題や、保護者・住民間に内在する権力構造の問題、教師の専門性と住民の民主性との衝突の問題、異なる専門家間の専門性の調整の問題など多くの問題がつきまとい、協働が瓦解ないしは形骸化し、教師の専門的判断の自律性が危機に瀕する契機も想定される。その防止機能を学校経営に組み込むこともできよう。「チーム学校」答申は連携や協働の前提として、

58

「個々の教員が個別に教育活動に取り組むのではなく、校長のリーダーシップの下、学校のマネジメントを強化し、組織として教育活動に取り組む体制を創り上げるとともに、必要な指導体制を整備すること」の必要性を指摘していた（3頁）。この構想が新たな階統制の枠内に教師の自律性を埋没させるのでなく、その専門性の発現を醸成するよう機能しうるのか、「チーム学校」の真価が問われることになる。

おわりに

　先の新川はマルチ・レベル・ガバナンスとマルチ・クロス・セクター・ガバナンスの両者に、公的ガバナンス論を定位させるべきことを指摘していた。前者はグローバル、ナショナル、ローカルといった各レベル間の重層的ガバナンス、後者は従来のセクターを跨いだガバナンスである（新川 2011：45,48）。教育の領域でも、これまで検討してきたようにグローバル化の進行の中で、国際機関の施策が国の政策や地方での実践に強い影響を与えるようになってきており、それはグローバル、ナショナル、ローカルの各レベルを重層的に捉えるべきことを示すものである。また、「チーム学校」の分析には以上のように従来の公と民を跨いだ視点が必要となる。

　しかし、各レベルのガバナンスに公的ガバナンス論が貫徹しているわけではなく、すでにみたように、国レベルではNPMの成果管理の手法が強く残り、地方レベルでは標準化・規格化の動きが指摘されていた。NPMの管理手法も標準化・規格化機能も学校段階での協働型ガバナンスを枠づけ、その機能不全を妨げるメタ・ガバナンスの役割を担うことも想定できよう。しかし、NPMの管理手法や標準化・規格化はそれ自体に教師の専門的自律性を制約する契機があり、グローバル・レベルや国内政策で求められている広い能力概念に基づく人間の育成にそぐわない側面を有していた。

　このようなガバナンス構造の中で、新たな能力概念に基づく教育を担う教師の専門性は、職務遂行における自律性から切り離して論じることは難しく、その論理構築とそれを支えるメタ・ガバナンスの仕組みの開発が焦眉の課題となっているのである。

〈参考文献〉

石井英真（2015）「教育実践の論理から「エビデンスに基づく教育」を問い直す
　　　──教育の標準化・市場化の中で──」日本教育学会『教育学研究』第82巻
　　　第2号。

伊藤修一郎・近藤康史（2010）「ガバナンス論の展開と地方政府・市民社会──理
　　　論的検討と実証に向けた操作化──」辻中豊・伊藤修一郎編著『ローカル・
　　　ガバナンス──地方政府と市民社会──』木鐸社。

大住荘四郎（2002）『パブリック・マネジメント──戦略行政への理論と実践
　　　──』日本評論社。

大桃敏行（2004）「教育行政改革と教育行政研究」藤田英典ほか編『教育学の最前
　　　線』（教育学年報第10号）世織書房。

大桃敏行（2015a）「子ども・青少年育成活動における協働事業提案制度の意義と
　　　課題──相模原市を事例に──」宮腰英一（研究代表者）『子ども・青少年育
　　　成活動における自治体行政とNPOの協働に関する日英比較研究』（平成24〜
　　　26年度科学研究費補助金基盤研究（B）研究成果報告書）。

大桃敏行（2015b）「地方発のカリキュラム改革の可能性と課題」東京大学教育学
　　　部カリキュラム・イノベーション研究会編『カリキュラム・イノベーション
　　　──新しい学びの創造に向けて──』東京大学出版会。

大桃敏行（2016）「ガバナンス改革と教育の質保証」小玉重夫編著『学校のポリテ
　　　ィクス』岩波書店。

大桃敏行（2017）「臨教審後の政府答申における教職の専門職性に関する用語の使
　　　用状況」大桃敏行（研究代表者）『ガバナンス改革と教育の質保証に関する理
　　　論的実証的研究』（平成26〜28年度科学研究費補助金基盤研究（A）平成28年
　　　度報告書）。

勝野正章（2014）「教育のガバナンス改革と教職の専門職性」『日本教育法学会年
　　　報』第43号。

勝野正章（2016）「自治体教育政策が教育実践に及ぼす影響──授業スタンダード
　　　を事例として──」『日本教育政策学会年報』第23号。

木村優（2011）「ポスト・モダン時代における"相互作用的専門職"としての教
　　　職──教師の専門職性におけるケアリングと情動的次元の探究──」福井大
　　　学大学院教育学研究科教職開発専攻（教職大学院）『教師教育研究』第4号。

教育職員養成審議会（1987）「教員の資質能力の向上方策等について（答申）」
　　　（1987年12月18日）。

教育職員養成審議会（1999）「養成と採用・研修との連携の円滑化について（第3
　　　次答申）」（1999年12月10日）。

黒田友紀（2016）「米国における「PISAの影響」――教育企業と教育内容・評価をめぐる問題――」（課題研究Ⅳ PISAの批判的再検討）発表資料、日本カリキュラム学会第27回研究大会、2016年7月3日、香川大学。

国立教育政策研究所（2016）「OECD 生徒の学習到達度調査〜2015年調査国際結果の要約〜」。

首相官邸（2001）「今後の経済財政運営及び経済社会の構造改革に関する基本方針」（2001年6月26日）。

中央教育審議会（1996）「21世紀を展望した我が国の教育の在り方について（第1次答申）」『文部時報』平成8年8月臨時増刊号。

中央教育審議会（2002）「今後の教員免許制度の在り方について（答申）」（2002年2月21日）。

中央教育審議会（2005）「新しい時代の義務教育を創造する（答申）」（2005年10月26日）。

中央教育審議会（2006）「今後の教員養成・免許制度の在り方について（答申）」（2006年7月11日）。

中央教育審議会（2008）「幼稚園、小学校、中学校、高等学校及び特別支援学校の学習指導要領等の改善について（答申）」（2008年1月17日）。

中央教育審議会（2012）「教職生活の全体を通じた教員の資質能力の総合的な向上方策について（答申）」（2012年8月28日）。

中央教育審議会（2015a）「これからの学校教育を担う教員の資質能力の向上について〜学び合い、高め合う教員育成コミュニティの構築に向けて〜（答申）」（2015年12月21日）。

中央教育審議会（2015b）「チームとしての学校の在り方と今後の改善方策について（答申）」（2015年12月21日）。

新川達郎（2011）「公的ガバナンス論の展開と課題」岩崎正洋編著『ガバナンス論の現在――国家をめぐる公共性と民主主義――』勁草書房。

西岡晋（2006）「パブリック・ガバナンス論の系譜」岩崎正洋・田中信弘編『公私領域のガバナンス』東海大学出版会。

野澤慎太朗（2016）「NPMからポストNPMへの学術的変遷」Institute of Statistical Research, *ECO-FORUM*, Vol. 31, No. 4.

野平慎二（2008）「学校教育の公共性と教職の専門性――対話による基礎づけの試み――」日本教育学会『教育学研究』第75巻第4号。

ハーグリーブス、アンディ（佐久間亜紀訳）（2012）「教職の専門性と教員研修の四類型」苅谷剛彦・志水宏吉・小玉重夫編訳『グローバル化・社会変動と教育2　文化と不平等の教育社会学』東京大学出版会。

福嶋尚子（2013）「教職の専門職性の再検討という課題――1980年代以降の研究

動向を中心に——」『東京大学大学院教育学研究科教育行政学論叢』第33号。

丸山和昭（2006）「日本における教師の"脱専門職化"過程に関する一考察——80年代以降の教員政策の変容と教員集団の対応を中心に——」『東北大学大学院教育学研究科年報』第55集第1号。

宮川公男（2009）「ガバナンス改革とNPM」宮川公男・山本清編著『行政サービス供給の多様化』多賀出版。

山本清（2002）「二一世紀のガバナンス」宮川公男・山本清編著『パブリック・ガバナンス——改革と戦略』日本経済評論社。

　　　＊

Lieberman, Myron（1956）*Education As A Profession*, Prentice-Hall, Inc.

Martens, Kerstin（2007）"How to Become an Influential Actor —— The 'Comparative Turn' in OECD Education Policy," in Kerstin Martens, Alessandra Rusconi and Kathrin Leuze eds., *New Areas of Education Governance : The Impact of International Organizations and Markets on Educational Policy Making*, Palgrave Macmillan.

Meyer, Heinz-Dieter, and Katie Zahedi, and signatories（2014）"An Open Letter : To Andreas Schleicher, OECD, Paris," 〈http://www.globalpolicyjournal.com/blog/05/05/2014/open-letter-andreas-schleicher-oecd-paris〉（2017年7月3日アクセス）.

3章　グローバル化という幻影と
　　　追いつき型近代化の陰影
　　　──教育における〈欠如〉言説の分析

苅谷剛彦 ◀

1．テーマの設定

　「グローバル化」という、「あまりにも曖昧な概念」（広田 2016：17）が教育や教育政策をめぐる言説に浸透してしばらく経つ。日本では、「グローバル人材」の育成や、教育の「グローバル化」への対応といった文脈で用いられることがしばしばである。そして、教育の課題として教育改革の文脈で語られるときには、日本の教育のグローバル化対応の遅れが問題とされる。

　一例をあげよう。その後、「スーパーグローバル大学支援事業」政策へと実を結んだ、内閣府・教育再生実行会議の提言には、次の一節がある。

> 　大学のグローバル化の遅れは危機的状況にあります。大学は、知の蓄積を基としつつ、未踏の地への挑戦により新たな知を創造し、社会を変革していく中核となっていくことが期待されています。我が国の大学を絶えざる挑戦と創造の場へと再生することは、日本が再び世界の中で競争力を高め、輝きを取り戻す「日本再生」のための大きな柱の一つです（内閣府・教育再生実行会議 2013：1）。

　「危機的状況」とまでいわれるほどの「グローバル化の遅れ」──それを挽回することが、「日本が再び世界の中で競争力を高め、輝きを取り戻す「日本再生」のための大きな柱の一つ」となる。このような問題の認識、あるいは問題の構築が、「スーパーグローバル大学支援事業」といった具体的政策へとつながり、多くの大学を巻き込んで日本の大学にグローバル化への対応を迫った。

　ここで引いたのは第二次安倍政権下での政策言説であるが、その前の民主党政権下においても同様の問題構築が行われていたことを確認しておこう。次に引用するのは、内閣府のグローバル人材育成推進会議の「審議まとめ」（2012年6月4日）である。報告書のうち、「１．基本的な問題認識について」というタイトルがついた箇所には次の表現がある。

　　　　産業・経済の急速な高度化・グローバル化の中で、我が国がこのまま極東の小国へと転落してしまう道を回避するためには、あらためて海外に目を向けて「世界の中の日本」を明確に意識するとともに、自らのアイデンティティーを見つめ直すことが不可欠なのではないか。（中略）
　　　　今こそ、社会全体のシステムをグローバル化時代に相応しいものに構築し直し、個々人の人生設計を柔軟かつ多様に支援する複線型の社会システムへと変革しなければならない。そしてその第一歩であり眼目とも言えるのが、国家戦略の一環としての「グローバル人材」の育成にほかならない（内閣府・グローバル人材育成推進会議 2012：3）。

　ここでは、「我が国がこのまま極東の小国へと転落してしまう」ことへの危機感が語られた後に、教育を含め、「社会全体のシステムをグローバル化時代に相応しいものに構築し直」すという目標が示される。そして「その第一歩であり眼目とも言えるのが、国家戦略の一環としての「グローバル人材」の育成」だという課題が提示される。これらの引用から明らかとなるのは、政党を問わず、ときの政権が日本社会の課題として「グローバル化」への対応を迫る政策文書を提出していたこと、そのために教育には「「グローバル人材」の育成」が求められていたことである。
　グローバル化への対応の必要性という認識とその遅れという問題設定は、一見するともっともらしくみえる。だが、それらが教育に関わる政策提言として論じられるとき、そこには知らず知らずのうちに、わたしたちが日本の教育の問題を構築するときの習性（クセ）が入り込んではいないか。グローバル化対応という一見新しい課題に向けた議論であるにもかかわらず、そこでもなお、これまで日本の教育を論じる際に持ち込まれてきた問題構成の枠組みが挿入

され、それによって問題が捉えられていないか。この章で試みるのは、そのような問題構築の習性(クセ)を明るみにだし、その特性ゆえに、グローバル化をめぐる教育政策の言説が空回りせざるをえなくなる仕組みをあぶりだすことである。と同時にそれが日本における教育問題構築の習性(クセ)に焦点をあてるという性格上、この試みはわたしたちが今日に至るまで引きずり続けてきた、戦後の日本社会と教育の自己像に、その捉え直しを迫るという課題を併せ持つ。

2．イデオロギーとしてのグローバル化

　先に述べたテーマに迫る準備として、「グローバル化」というキイ・ワードについて手短に検討を加えておこう。冒頭に引用した広田（2016）の研究では、さまざまな研究者がどのような意味をこの言葉にあたえているかを検討する中で、「グローバル化とは多次元な社会変動（およびそれに関するイデオロギー）であることは疑いないが、それをどういうふうに整理するか、（研究者の間でも—引用者）十分な合意が得られていない」（広田 2016：18）という。ただし、大きく分ければ、括弧内で広田が注記しているように、社会変動自体と、それらに関する「イデオロギー」との二つの次元があることはみてとれる。後者として広田が言及するのは、ベックのいう「世界市場の支配というネオリベラルなイデオロギー」、あるいはオルセンらのいう「規制緩和・市場化・民営化のような過程」としての側面である。

　たしかにこの区別は重要かつ有用である。日本に目を向けても、金融や製造業をはじめ、経済の面では、「世界の近接化」（ベック）や「相互の連結が強まる」「グローバリゼーションⅡ」（オルセンほか）が実態として生じていることは否定できない（いずれも広田 2016：18より）。産業の空洞化や、市場やビジネスパートナーの世界的規模での拡大といったことは現に生じており、それが国内の雇用や経済に直接・間接に影響していることもまちがいない。これらはいわばリアルな、実態としてのグローバル化の影響といえる。

　と同時に、イデオロギーとしてのグローバル化という指摘にも目を向ける必要がある。なるほど、「規制緩和・市場化・民営化」といった「ネオリベラル」な改革がグローバルに進展していることを受けて、それへの対応を迫

るという一面もある。だが、ネオリベラルな面でのイデオロギー性を離れて
もなお、日本で普及しているグローバル化というキイ・ワードには、別の意
味でのイデオロギー作用があることをここでは問題にしたい。「規制緩和・
市場化・民営化」やそれに類する社会変動を促す政策に込められたネオリベ
ラルなイデオロギーにとどまらず、日本の外部で生じている社会変動に照ら
して、実態レベルでの当否を差し置いて、日本の「遅れ」を名指す、その際
の理由づけ、あるいは判断基準を与えるイデオロギー作用である。それ自体
が以下の分析の対象となるのだが、日本社会において生じている問題の原因
として、日本の〇〇（経済・財政、雇用対策、教育など）の「停滞」や「遅
れ」が問題視されるとき、明示的にであれ暗示的にであれ、グローバル化へ
の対応（の遅れ）という課題が問題設定の参照点となる。そのとき、そのよ
うな参照点を与えることで、事実レベルの認識の正しさを超えて、〇〇領域
の問題が構築されることがしばしばある。それがネオリベラルな改革への遅
れであるかどうかを別にして、実態の正しい観察抜きに、グローバル化への
対応の遅れという問題設定が可能になる、そのように働くイデオロギー作用
である。

　たとえば、先に引用した教育再生実行会議の提言においては、大学のグロ
ーバル化の「遅れ」が「危機的状況」にあるとの認識が示され、その遅れを
挽回することが日本の「競争力」を取り戻すことになるとの期待が語られた。
二番目のグローバル人材育成推進会議であれば、グローバル化の中で日本が
「極東の小国へと転落してしまう」ことへの警鐘が鳴らされ、その解決策の
一つとして「グローバル人材」の育成という課題がだされた。いずれも、
「グローバル化」というキイ・ワードが喚起する、日本の外部で生じている
変化・変動をもとに設定された参照点に照らして、「遅れ」や対応のまずさ
（「相応しいもの」に「構築し直」す必要性）が名指しされる。それがイデオロ
ギー的な作用といえるのは、いずれの場合にも日本の外部で起きている変化
と日本の現状との関係を事実レベルにおいて確認しないままに、それでもこ
のような政策言説が一定の政治的力をえていることを示しているからである。

　ただし、このようなイデオロギー作用を指摘し、取りだすだけでは、ほと
んど何も明らかにしたことにはならない。政策文書にありがちなレトリック

として、実態レベルの根拠を示さずにこのようなキイ・ワードが使われることは周知の事実に属するからである。必要なのは、レトリックであることを重々承知のうえでも、そこに力を与えてしまう——イデオロギーとしての作用を易々と受けいれてしまう——受け取り側の問題に目を向けることである。問われるべきは、「グローバル化」というキイ・ワードによる政策言説における問題構築（対応の遅れやまずさ）が、読み取り側の問題構築といかに共振しあっているか、その共振によってイデオロギー作用の働きがどのようにして力をえることになるのか、その仕組みを明らかにすることである。誤解をおそれずに単純化してこの課題をいいかえれば、わたしたちはどうして「グローバル化」に照らして設定される問題や課題に警戒を解いてしまうのか、という問いである。

　このようにイデオロギー作用に照準して「グローバル化」について検討することは、とりわけ日本を事例に研究するうえで有効な切り口を提供する。日本社会は、移民や外国人労働者、留学生、婚姻を通じた移動など、人の移動という点では量的には他の欧米先進国に及ばない。もちろん、量的な面だけで現代の日本社会が社会の多様化・多文化化の問題を抱えていないということはできない。だが、人の流入という面でグローバル化が引き起こす社会変動が量的にも質的にも目に見えて政治問題化している欧米先進国と比べると、社会に大きな分断を生じさせるほどの深刻な問題には至っていない[1]。教育の領域に限っても、欧米先進国で生じているような、移民などの流入によって生じる社会的統合や不平等の問題が、「グローバル化」に対応する政策課題の中心となっているわけではない[2]。いやがおうにも直面し、対応せざるをえないリアルな問題の深刻さにおいて、日本の教育は他の欧米先進国とは一定の距離を置いている。

　このような簡単な比較を通しても、「グローバル化」の問題のされ方（実

1　このように述べたからといって日本にマイノリティの問題が存在していないといっているのではない。たとえば外国籍の子どもの就学をめぐる問題は　グローバル化のリアルな影響を受けている国内問題である。
2　外国人児童生徒の問題は政策論議の中でも論じられてはいる。しかし、それが欧米先進国のように教育政策の中心的課題と見なされることはない。

態レベルでも、問題構築のレベルでも）に彼我の間に大きな違いがあることがわかる。にもかかわらず、日本でもグローバル化対応の必要がいわれ、それへの遅れが問題視される。こうした違いを念頭に置くと、「グローバル化」のイデオロギー作用を通じて構築される問題に照準をあてることの意味がより明らかになる。リアルな問題への切実な対応が迫られているのではなく、グローバル化という幻影に振り回されている日本の教育の姿である。ただし、振り回されるにはそれなりの理由があるはずだ。その理由を突き止めること、それが前述した本章の分析課題となる。

3．欠如理論とキャッチアップ型近代化論

　上述の課題に応えるためにこの章で注目するのは「欠如理論」と「近代化論」である。近年の教育研究ではあまり登場しない用語なので、それぞれについて簡単に紹介しよう。

　教育社会学者であり日本の歴史研究者でもあった園田英弘は、教育研究を含め、日本の社会科学研究の問題点として、それらが「欠如理論」であることを指摘した（園田 1991）。園田の意図は、日本社会の分析から発信可能な理論（「逆欠如理論」）を提唱することにあったのだが、それを明らかにするためにも、「欠如理論」を明らかにすることが必要であった。園田によれば、

　　欠如理論は、西洋の歴史的体験や社会構造を過度に「普遍的」だと思い込むところに成立した。西洋にあるものが、例えば日本にないとする。そうすると、日本の後進性はその欠如したエートスや知識や制度が原因とされてきた。逆に、西洋になくて日本にだけあれば、今後はそれが日本の社会の欠陥の原因だとされてきた。（中略）（欠如理論とは―引用者）西洋の「現実」ではなく「理念」に同化した日本の知識人に、最も典型的に見られた思考様式だった。それは、ある意味では非常に自然な日本人の知的姿勢だった。なぜなら、日本に欠如している西洋の優れたものを日本に導入することが、知識人の役目であったからである（園田 1991：17）。

　ここには、「後進性」と「欠如」とを結びつけ、それを「日本社会の欠陥の原因」だと見なす「思考様式」として欠如理論が描かれている。園田の意図は、日本社会にあって西欧にないものを起点に、日本から発信可能な社会科学を打ち立てることにあった（それゆえその課題を「逆欠如理論」と彼は呼んだ）。だが、もし欠如理論的な思考様式が、日本だけとはいえないものの、西欧とは異なる（あるいはそこには欠如する）思考様式だとすれば、まさに園田のいう逆欠如理論の適用事例の一つとして、こうした日本的な思考様式を取りあげることができるだろう。このような逆転の発想をとることで、欠如理論という分析枠組みをえる。

　もうひとつの分析枠組みは、近代化論の適用である。ただし、ここでは学問的な意味での社会理論としての近代化論ではなく、戦後の日本で社会変動に関わる説明図式として用いられてきた、いわばローカルな知識としての近代化の捉え方に含まれる論理に着目する。そのための準備として、ここではイギリスの社会学者であり、日本研究者でもあるロナルド・ドーアの近代化への言及を参考にしてみる。ドーアはつぎのように「近代化」という言葉を使うと述べる。

　　ここで明らかにしておかなければならないが、私が近代化（modernise, modernising, modernisation）という時、私としては、あらゆる社会が何らかの形で通らなければならない変容の過程としての近代化の「本質」についてなされている、いろいろの理論づけ──論者の好みにより、合理化、迷妄からの解放、官僚社会化、分化と再統合、無生物エネルギーの使用増大、流民的意識の進行、等々の過程として──のいずれかにも特にくみするものではない。私は「近代化する」という動詞を厳密に他動詞的意味、すなわち誰かが誰かに何かをするという意味で用いる。私が「変革」と言わずに敢えて「近代化」と言う場合、それは変革を行う主体が、その変革を、自らが進歩とみなす過程の「進んだ」状態に向かうものと明示的に認めた場合を指す。第三世界の各指導者は、彼らが先進的とみなす他国のイメージに合わせた自国の変革を中心として、近

　　代化を図っている。（時には先進諸国自体の現状ではなく、その将来像、
　　「あるべき」像といった、より「先進的な」処方に則って近代化を図ってい
　　る。）（ドーア 1976＝1978：19）

　本章の分析枠組みにとって重要なのは、ドーアが、近代化を社会変動を理
論的に説明する社会理論と見なすのではなく、他動詞的な意味（より正確に
いえば、再帰動詞的な意味を含む）での、意図的で、能動的で、計画的で、組
織的な働きかけによって、社会の「変革」をめざす場合の働きかけと見なし
ている点である。しかも、その変革は「自らが進歩とみなす過程の「進ん
だ」状態に向かうものと明示的に認め」るような場合に限られる。さらには、
括弧をつけた注記において読者の注意を喚起しているように、「時には先進
諸国自体の現状ではなく、その将来像、「あるべき」像といった、より「先
進的な」処方に則って」近代化が図られるという。先に引用した園田と呼応
するように、先進国の現状・実態ではなく、そこでの将来像や理想像に照ら
しても、その社会（たとえば日本）の「遅れ」や「欠如」の認識が行われる
可能性も読み取れる。
　このようにドーアの議論を敷衍すると、園田の欠如理論との接点がみえて
くる。他動詞（再帰動詞）的な意味で、自らの社会を近代化へと導こうとす
る後発社会にとって、先進社会の現状や実態のみならず、そこでの理想像も
「普遍的」な準拠点にしつつ、そこからの遅れや遅れをもたらす欠如を見出
し、問題を構築する。そういう「思考様式」が、欠如理論である。そして、
そのような認識と問題構築を社会的使命とするのが、後発社会の知識人（そ
こには教育学者も含まれる）の役割である。
　このような近代化についての考え方（conceptions）を、ドーアは別のとこ
ろで「意識的な国家主導による「追いつき追い越せ」型近代化」と呼んだ
（ドーア 1976＝1978：52）。ドーアが日本を念頭に置いてこの用語を用いたよ
うに、明治以後の日本は、この「追いつき追い越せ型近代化」（以下「キャッ
チアップ型近代化」と呼ぶ）論が見事にあてはまる一例であった。ただし、本
章での議論をやや複雑にするのは、「キャッチアップ型近代化」論とそのも
とでの「欠如理論」との単純な組み合わせ（遅れて近代化したから「欠如」が

図1　「日本人は西洋人と比べて優れているか」

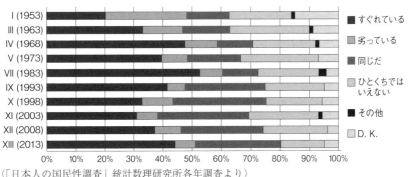

（「日本人の国民性調査」統計数理研究所各年調査より）

問題となる！）だけでは、グローバル化のイデオロギー作用を日本の教育が
呼び込むメカニズムを十分に説明できないということである。さらにいえば、
両者の単純な組み合わせでは、1980年代以後の日本社会と教育の変動を正
しく捉えることもできない。あるいは単純な組み合わせの底流で作られてき
た問題構築の習性（クセ）に変奏を加えた社会の変化を捉えなければならない、とい
ってもよい。そしてそのためには、80年代以後広まっていった、日本は
「キャッチアップ型近代化」を完了したという「ポスト・キャッチアップ型
近代」という時代認識を重ねる必要がある。そのことで「欠如」の意味を捉
え直すことも、さらには、「遅れ」という認識に新たな解釈を加えることも
可能になる。

4．キャッチアップ型近代化とその達成宣言

　1980年代に、日本人の意識に大きな変化が生じた。図1は、統計数理研
究所が定期的に行っている『日本人の国民性調査』から、「日本人は西洋人
に比べ優れているか」という設問への回答の変化を示したものである。結果
をみると、1953年にはわずか20％、63年でも30数％が「優れている」と回
答しているに過ぎなかったのが、1983年には、その数値が50％を超えるよ
うになる。反対に、53年には30％近くを占めた「劣っている」との回答は、
83年には1割を切るようになった（図1）。

　この調査の結果から、80年代初頭に、日本人が欧米先進国に対して劣等感を払拭し、優越感といえるものまで持つに至ったことが明らかとなる。日本経済がバブルに向かう直前、そして、日米同時に刊行されたハーバード大学教授エズラ・ボーゲルの『ジャパン・アズ・ナンバーワン』が日本で70万部を超える大ベストセラーとなった1979年から4年後の日本人の自己イメージである。

　このような日本人の優越意識を反映したと考えられるのが、1980年代の日本の長期的な政策を展望する公式の政策文書にみられる欧米先進国への追いつき・追いこせ（キャッチアップ）が終了したという宣言であった。その代表的なものは、大平正芳首相が当時の著名な（保守派）知識人を集めて組織した「大平正芳政策研究会」の報告書である。その第一報告書、『文化の時代』には、次の文章がある。

　　　過去において、西欧化、近代化、工業化、あるいは経済成長が強く要請された時代があった。そこにおいては、それぞれの要請の内容が明らかであり、目標とすべきモデルがあった。明治以降のこのような要請は、自らの伝統文化を否定もしくは無視し、自らを後進・低水準と規定し、目標を他に求める行き方であった（文化の時代研究グループ1980：2）。

　　　日本は、明治維新以来、欧米先進諸国に一日も早く追いつくために、近代化、産業化、欧米化を積極的に推進してきた。その結果、日本は、成熟した高度産業社会を迎え、人々は、世界に誇りうる自由と平等、進歩と繁栄、経済的豊かさと便利さ、高い教育と福祉の水準、発達した科学技術を享受するに至った。そして、この近代化、産業化による経済社会の巨大な構造変化を背景に、国民の意識や行動にも重大な変化が進行している（文化の時代研究グループ 1980：2）。

　明確な「目標とすべきモデル」としての「西欧化、近代化、工業化、あるいは経済成長」があったという認識には、先に引用したドーアのいう「キャッチアップ型近代化」の考え方が見事に示されている。1980年代の「指導

者」が過去の自国像を追いつき型の近代化と自ら認めていたということである。しかも、この政策文書にはそれがすでに達成されたという認識も示されていた。さらには、このような時代認識をもとに、以下の時代への課題が次のように示された。

　　近代化（産業化、欧米化）を達成し、高度産業社会として成熟した日本は、もはや追いつく目標とすべきモデルがなくなった。これからは、自分で進むべき進路を探っていかなければならない（文化の時代の経済運営研究グループ　1980：31）。

　ここで重要なのは、近代化を達成したという場合、近代化という認識が、括弧内で補われた語によって、「産業化」と「欧米化」とに等値されていることである。社会変動を説明する社会理論としての近代化論に照らせば、近代化が達成されるかどうかの判断は、直線的ではなく、それほど明確でない。しかし、近代化をキャッチアップ型近代化と見なせば、たしかに欧米先進国に（とくに産業化の面で）追いついたという認識を持つことで、「近代化」を「達成」したと公言することは可能となる。そして、そのような理解で「近代化」を捉え、それが達成されたとの判断を示すことで、次なる課題として、「もはや追いつく目標とすべきモデルがなくなった」のだから、「これからは、自分で進むべき進路を探っていかなければならない」というキャッチアップ型近代化からの脱却がめざされることとなる。

　このような「キャッチアップ型近代化からの脱却」として設定された今後の日本社会の問題設定は、教育政策にも引き継がれた。1984年から87年まで、「第三の教育改革」をめざした中曽根康弘首相直属の臨時教育審議会である。メンバーにおいても、大平政策研究会との重複がみられた[3]。その第

3　両方に重複する委員としては、公文俊平、山本七平、渡部昇一、香山健一、石井威望、小林登、曾野綾子の7名。ほかに、大平政策研究会のアドバイザーであった瀬島龍三も臨教審の委員を務めた。また臨教審委員ではないものの、中曽根首相の「ブレイン」といわれた佐藤誠三郎と高坂正堯の二人の著名な政治学者も、大平政策研究会に名を連ねた。

一次答申には次の文章がある。

　　明治以来、我が国は、欧米先進工業国に追い付くことを国家目標の一
　つとし、教育もこの時代の要請に沿った人材を養成することに努めてき
　た。このため、政府は学校教育制度を政策的に整備し、すべての国民に
　共通した基礎学力を身に付けさせ、また、広く人材登用を可能にして、
　社会を活性化した。このことが、我が国の社会経済の発展のエネルギー
　になったことは評価すべきである（臨時教育審議会 1985：33）。

　追いつき型近代化をめざしてきたという点において、大平政策研究会の認
識を踏襲している。さらには、最終答申では、

　　我が国は、明治以来の追い付き型近代化の時代を終えて、先進工業国
　として成熟の段階に入りつつある。この変化に対応して、従来の教育・
　研究の在り方を見直さなければならない（臨時教育審議会編 1987：3）。

と、「追い付き型近代化」が達成されたとの認識を共有し、そのような認識
に基づき「従来の教育・研究の在り方」への見直しを迫った。ここに、従前
の教育がどのように認識され、どのような新たな課題が示されたのかという、
教育問題構築の習性を私たちは認めることができる。
　答申はいう。

　　今後における科学技術の発展や産業構造、就業構造などの変化に対応
　するためには、個性的で創造的な人材が求められている。これまでの教
　育は、どちらかといえば記憶力中心の詰め込み教育という傾向があった
　が、これからの社会においては、知識・情報を単に獲得するだけではな
　く、それを適切に使いこなし、自分で考え、創造し、表現する能力が一
　層重視されなければならない。創造性は、個性と密接な関係をもってお
　り、個性が生かされてこそ真の創造性が育つものである（臨時教育審議
　会 1987：10）。

　従前の教育は、「記憶力中心の詰め込み教育」という傾向を持った。しか
も、答申の別のところで言及されるように、

　　　欧米先進工業国の進んだ科学技術、制度などの導入、普及を急速に推
　　　進するために効率性を重視し、全体としてみれば、その内容、方法など
　　　において、画一的なものにならざるを得なかった（臨時教育審議会
　　　1985：17）。

と、キャッチアップ型近代化の教育が、効率性を重視するがゆえに画一教育
にならざるをえなかった点も問題とされた。そして、このような従前の教育
の問題点ゆえに、「自分で考え、創造し、表現する能力」の育成がうまくい
かなかった、と問題を構築し、教育における「創造性」と「個性」の尊重を
将来の課題として設定するに至るのである。裏返せば、キャッチアップ型近
代化の教育（「記憶力中心の詰め込み教育」「画一的」教育）においては、「創造
性」や「個性」の尊重ができなかったという論理がこの議論を支えている。
「遅れ」と遅れを挽回するための教育がもたらした「欠如」である。
　ここには「主体性」という表現こそ使われていないが、「自分で考え、創
造し、表現する能力」の育成とは「主体性」の育成の謂いである。臨教審を
ふまえて提唱された「新しい学力観」では、「自ら進んで考え、判断し、自
信を持って表現したり、行動したりできる豊かで創造的な能力」が「主体的
に生きる資質」の説明として文科省の担当者によって提示された（高岡
1997）。詰め込み教育や画一教育、あるいは受験競争に終始したキャッチア
ップ型近代化のもとでの教育では、こうした資質の育成が欠落ないし欠如し
ていたという認識が背後にあった。「個性」や「創造性」にしても同様であ
る。常套句として繰り返された、詰め込み教育、画一教育（あるいは受験教
育、学歴偏重）批判を背後において、主体性の欠如がいわれるのである。こ
こにも問題構築の習性が表れている。
　ただし、ここで留意しなければならないのは、キャッチアップ型近代化が
かならずしも西欧化そのものをめざしていたわけでも、実際にそうなったわ

けでもないことである。先に引用した臨教審答申が示していたように、キャッチアップ型近代化に貢献した教育は、限られた資源のもとで産業化に貢献する人材の育成にとっては機能的だったのだろう。知識偏重で効率性重視の教育と見なされた教育である。しかし、そこでの教育は欧米先進国の教育とは似て非なるものであったとの認識をも、臨教審はキャッチアップ型近代化が達成した時点で鮮明にした。

　明言はしていないが、「主体性」「個性」「創造性」のいずれも、それらの育成をめざす教育が欧米先進国では行われている——裏返せば、日本の教育には欠如している——という認識には、産業面での近代化の達成に貢献した従前の教育を見直し、新たに欧米型の教育に追いつこうとする意図が隠れていた。

5．教育言説における欠如理論の系譜

　次に行うのは、私たちが教育の問題構築において習性（クセ）の底流に流れる欠如という認識の系譜をたどることである。そこに通底する特徴と、時代の推移とともに変化した特徴とを取りだすことで、習性（クセ）の理解を進める。紙幅の関係もあり、歴史の全体像を鳥瞰することができないが、ここでは戦後の改革からの言説をいくつか追ってみる。

　はじめに取りあげるのは、GHQの指導のもとでスタートした「戦後教育」の出発点で示された文部省の「新教育指針」である（1946年5月から47年2月にかけて文部省が発行）。この文献を「戦後教育の人間像の問題」として分析した野辺忠郎は、それをもとに、「新しい国家の再建の基礎は、このような日本人の物の考え方の欠点や弱点を、国民自身が十分自覚して改めることによって固められるという（当時の文部省の—引用者）立場から」取りだされた次の5項目を示す。「これらは当時の文部当局が構想した新しい人間像の消極的な表現、つまり裏がえしと見ることがで きるであろう」と見なす。敗戦直後、文部省が日本人や日本社会をどのようにみていたかが示されているというのである。その5項目とは、

①　日本はまだ十分に新しくなりきれず、旧（原文は旧字）いものが残っている。明治維新以後のわが国の近代化は中途半端で、物質方面の進歩に比して近代精神の本質をはじめとする精神文化の摂取が立ちおくれた。今後はこれを改め、「西洋文化をその根本から実質的に十分とり入れ、それを自分のものとして生かすようにつとめなくてはならない。」といっている。

②　わが国民は人間性・人格・個性を十分に尊重しない。わが国には封建的な人間関係が濃厚に残存していたため、個人の人格は軽視せられ、個性は無視せられることが多かった。教育においても教師の一方的な意図が支配し、生徒の人格や個性を無視する画一的な教育が行われてきたと述べている。

③　日本国民は、ひはん的精神にとぼしく権威にもう従しやすい。上の者が権威をもって服従を強制し、下の者がひはんの力を欠いて盲目的に服従すれば封建的悪徳となる。官尊民卑の風はこれである。このような態度が、無意味な戦争の起るのを防ぐことを不可能にし、政府と国民の真の協力並びに国民全体の団結をできなくしたのである。「教育においても教師と生徒との間に封建的な関係があると、教師は自分の思ふままに一定のかたにはめて生徒を教育しようとし、そこに生徒の人間性がゆがめられる。」と説いている。

④　日本国民は合理的精神にとぼしく科学的水準が低い。このことに関しては、神話伝説を歴史的事実と混同してきたこと、伝統的で無意味な制度や慣習の存在、さらにむずかしい漢字が使われたこと等をあげ、これらが合理的精神の発展をさまたげてきたと指摘している。

⑤　日本国民はひとりよがりで、おほらかな態度が少ない。軍国主義、極端な国家主義の根源は、日本民族は神の生んだ特別な民族と考える不当で排他的な優越感であって、これが今回の惨事を招いた。今後は「他の人々や他国の国民を尊敬し、自分と立場のちがふ者の意見や信仰をもおほらかに取り入れる態度を養ふことが必要である。」と強調している。

（野辺 1969：7-8）

　ここにあげられているのは、敗戦後の戦勝国（アメリカ）による日本の国家と社会の大改造に対する日本側の反応といえる。国境を越えた影響力の行使（まさにグローバルな力の働き）が、敗戦直後とはいえ、文部当局に日本人や日本社会の後進性と欠如とを以上の5項目にまとめあげる機会を与えた。

　①は後進性そのものの指摘である。敗戦までの日本の近代化を中途半端なものと見なし、「近代精神の本質」は欠如していたとみている。明治期の「和魂洋才」の非を認め和魂にかわり洋魂が必要であったという指摘としても読める。②と③は日本的な人間関係を「封建的」なものが残ると見なし、「人間性・人格・個性」尊重や「ひはん精神」の欠如が指摘される。主体性という表現こそ与えられていないが、これらをまとめれば主体性の欠如として読むこともできる。そして、④と⑤では合理的精神や「自分と立場のちがふ者の意見や信仰をもおほらかに取り入れる態度」の欠如がいわれ、それらが科学水準の低さや極端な国家主義を招いたとみる。

　ここに示されているのは、とりわけアメリカという欧米先進国を基準に、そこからの日本の後進性と、それを具体的に示す欠如態としての日本人の「欠点や弱点」のリストである。しかも、産業化や経済成長といった面での近代化ではなく、民主化という近代化のもう一つの側面での遅れや欠如が示されている。キャッチアップ型近代化の政策言説が産業化や経済成長に焦点をあてるのに対し、その後の教育言説における欠如理論の典型として、民主化や市民社会の成立といった側面での遅れや欠如が問題とされる。しかも「近代精神の本質」と呼ばれる「欠如したエートス」（園田 1991）に起点をおいて問題が構築されている。このような点で、戦後の教育の欠如理論の出発点であり典型例ともいえる言説である。

　普遍的と見なされる西洋の近代のエートスの欠如は、主体性の欠如という認識と結びついて1960年代になっても論じられた。主流（進歩）派教育学の代表的担い手の一人であった、東京大学教育学部教授で日本教育学会の会長を長く勤めた大田堯の文章中にその一例をみることができる。次の引用は、進歩派教育学者が中心となって組織した教育科学研究会が編集した雑誌『教育』1966年9月号に掲載された「教育とは何か」という論考からの引用である（ただし、大田 1973に再掲された著書から引用）。

　このような点から考えると、わが国に成立してきた教育の習俗ないし
その思想には、「もの」を「もの」として認識するといういかにも当然
のことが、ある理由によって、充分に習俗としても、通念としても把握
されているとはいえないということ、そのために自主性だの自発性だの
主体性だのということがコトバとしては、日常語に用いられておりなが
らも、いっこうに充実した事物認識の力量に裏付けられた迫力のあるも
のとはいえないものにおわっているという歴史的な現実の直視が、どう
しても必要であるように思われてくる（大田 1973：36-37）。

　この文章の理解には若干の補足が必要だろう。ここで「「もの」を「もの」
として認識する」という表現で大田がいおうとしているのは、事物を事物と
して認識するような「ヨーロッパで成立してきたような事物認識」のことで
あり（大田 1973：39）、「近代科学という人間の事物認識の方法」のことをさ
す（大田 1973：33）。「近代精神の本質」、ないし近代のエートスといいかえ
てもよい。それが欠如しているために、

　　　そこ（日本―引用者）では、ヨーロッパで成立してきたような事物認
　　識を中核とする「教育」というコトバの意味内容が確立されていなくて、
　　政治的必要に従属した倫理、道徳の「おしつけ」を中心とする「教化」
　　「教訓」というものと、政治や倫理への従属を一度たちきった事物の認
　　識を達成することを媒介として成立する主体の形成、「教育」とのけじ
　　めが明らかにされないままにおかれている（大田 1973：39）。

という判断が下される。そして、近代精神（この場合は「事物認識」）の欠如
という、より上位カテゴリーでの欠陥が、「主体の形成」の脆弱さという教
育の問題を生んでいるという論理で日本の教育の問題点が構築される。
　これらの言説から明らかなように、「近代精神の本質」であれ「近代科学
という人間の事物認識の方法」であれ、西洋近代の本質とも見なされるよう
な「普遍的」なるものを起点に、それらが日本では欠如していると指摘する

ことで日本の教育問題が構築されている。すなわち、欠如とは後進性であり、「普遍的」なものからの偏差であった。

　ここには日本の教育論議において底流をなす問題構築の習性（クセ）の一端が示されている。実態としての西欧の社会や教育と、それに対応する日本のそれとを事実に照らして問題が構成されるのではない。「先進諸国自体の現状ではなく、その将来像、「あるべき」像といった、より「先進的な」処方に則って」（ドーア1976、邦訳1978：19）先進−後進の尺度を構成し、それに照らして欠如を問題としたのである。実態にかなっているかどうかは別として、外部に抽象化された標準点を設け、それと照らして日本の問題点を指摘するという論理構成である。そのために、欠如を充たそうとしても、具体的な議論にはならない。「近代の精神」や近代の「事物認識」といった上位カテゴリーの欠如がいわれる場合にはなおさらである（どうしたらよいかわからない！）。欠如理論という問題構築の方法は、「普遍的」なものからの偏差を問題とする限り、欠如しているものの正体を具体性のレベルにまで落とし込めないのである。それでもこうした問題構築の思考様式が力をえたのは、先に示した国民性調査の結果にあるように、日本人が全般において、欧米先進国からの遅れや劣等感をある時代までは共有していたからであろう。遅れ意識が実態とは別に、外なる参照点に力を与えたのである。

6．グローバル化のイデオロギー作用を招き入れる構図

　少し時代が下って、キャッチアップ型近代化が完了したという認識が広まるまでの1960〜70年代には、主流（進歩）派教育学において、教育の国家統制が学校や教師の主体性を奪っているという批判や、能力主義の教育や受験競争が教育をゆがめ、子どもから主体性や主体的に学ぶ機会を奪っているといった批判が繰り返された。政治色、イデオロギー色の強い批判的言説の中には、財界（「国家独占資本」）と結んだ教育への「国家主義的」統制が、能力主義的・効率主義的な教育を生みだしていると見なした[4]。それが教育の

4　たとえば、高校全員入学問題全国協議会編集・小川利夫・伊ヶ崎暁生著（1971）など。

「民主化」（あるいは「国民教育」の実現）を阻み、さまざまな教育問題を生む「元凶」だとみたのである。使われている用語こそ今からみれば時代がかっているが、暗黙の前提として「民主化」の遅れ、あるいは教育における「民主主義」の欠如が問題構築の礎となっていた。より正確にいえば、先に引用した戦後直後の文部省の「新教育指針」に示されていた民主化への初動が、その後の冷戦時代のなかで「逆コース」をたどり、教育の国家統制が進んだとみたのである。イデオロギー色を帯びた表現は、冷戦時代の政治的対立（文部省対日教組、自民党対社会党）を反映していた。

　しかしながら、イデオロギー色を脱色してみると、60〜70年代を覆った教育批判言説の論理構成は、先に引用した臨教審のそれと驚くほど類似している。臨教審においては、キャッチアップ型近代化に貢献した、国家主導の効率主義重視の教育が画一的な教育として見直しを迫られた。詰め込み教育も受験競争も、子どもの個性や創造性の育成を阻むものと見なされた。分析的に捉え直せば、進歩派教育学の教育批判も、臨教審による従前の教育の見直しも、いずれもキャッチアップ型近代化を先導する「開発国家」[5] への批判をベースにしていたということができる。そして、そのもとでの教育を、個性や創造性や主体性の育成を阻害する教育として問題視したのである。さらに、キャッチアップ型近代化が完了したという認識をえたことで、キャッチアップを主導してきた側（国家）も、それを批判してきた側（進歩派）も、ともに開発国家からの脱却をめざし、従前の教育の問題点を共有するようになった。問題構築の底流を流れる論理に一致をみたのである。

　ここに、「規制緩和・市場化・民営化」といった「ネオリベラル」な改革

5　「開発国家」とは、アメリカの日本研究者、チャーマーズ・ジョンソン（Chalmers Johnson）の用語で、独占禁止などの自由な市場を守るための統制の役割に徹するアングロサクソン型国家との対照で位置付けられる、日本やドイツのような国家主導により「合理的計画」を通じて経済成長を果たそうとする国家の類型である。ジョンソンは開発国家としての日本について、「おおよそ1955年以来、より明示的には1960年の所得倍増計画以来、国家のゴールは高度成長であった。それは時には「欧米に追い越せ（overtake Europe and America）」として表現された」という。本章でいうキャッチアップ型近代化を主導する国家のことである（Johnson 1982）。

がグローバルに進展していることを受けて、日本でも新自由主義的な——あえて漢字で表記し、原語のカタカナ読みである「ネオリベラル」と区別する——改革を受けいれる素地ができあがる。欧米におけるネオリベラルな改革は、福祉国家の非効率性や公的負担の過多への批判を起点に、さまざまな政策領域への政府の介入を取り除こうとするものであった（仁平 2012）。それに対し、ネオリベラルとは似て非なる新自由主義的な改革を日本の教育が受けいれたのは、福祉国家のもとでの教育が非効率で公費負担が重くなったからではない。改革側からみれば、開発国家による介入が、変化への対応を難しくさせているとしてその解除を求めたのである。

　他方、進歩派教育学による問題構築の習性は、そうした流れに棹さすこととなった。あるいは十分な批判や抵抗ができなかったといってもよい。なぜなら、福祉国家のもとでの教育ではなく開発国家のもとでの国家による教育への介入を長い間問題視してきたからである。教師や子どもの主体性を奪ってきたのは、国家が主導する教育であった。新自由主義を進める改革側も、進歩派教育学の側も、日本の教育が競争主義的で効率重視であること、そのために「個性」や「創造性」あるいは「主体性」の育成が欠如していることを問題としたのである。

　開発国家によるキャッチアップ型近代化の主導という経験が、「規制緩和・市場化・民営化」といった「新自由主義的」な改革を受けいれる素地となった。それは、政策の外形や用語は類似していても、その内実において欧米のネオリベラリズムとは異種の国家介入への批判であった。「新自由主義的」な改革が日本で受けいれられたのは、開発国家の主導によるキャッチアップ型近代化からの脱却（国家による介入の解除、従前には欠如していると見なされていた「個性」や「創造性」あるいは「主体性」の育成）という問題構築の方法と共振したためである[6]。多くの点で、効率的な教育行政が行われ、幼児教育、高校教育、大学教育では私立が多く（「民営化」）、高校以上では

6　進歩派教育学者による新自由主義への主だった批判は、それが教育における競争をさらに激化させるという点にあった（たとえば堀尾 1997）。その点では、改革主導派とは認識を異にする。他方、新自由主義的な改革の主導者たちは競争の導入こそが教育の質を高めると考えていた。

学校間の競争も行われてきた日本で、その外部で進行するネオリベラルな改革に呼応する動きを呼び込んだのは、実態や事実レベルでの問題解決としてではなく、外部での新しい思潮の影響を受けた、まさにグローバル化のイデオロギー作用によるものであった。キャッチアップ型近代化を主導してきた開発国家が自ら脱開発国家をめざすことには困難が伴う。「抵抗勢力」をその内部にかかえたまま、国家の介入を解除していかなければならないからである。その内部の抵抗を弱めるために、外圧が利用された。正確にいえば、外圧を装った、力の起点を外部に求めるという自己演出である。新自由主義的な改革を取り入れようとした勢力は、日本の外部で進行する、ネオリベラリズムというグローバル化のイデオロギーを力として頼ったのである。

　このようにして呼び込まれた新自由主義的なグローバル化のイデオロギー作用は、教育政策の中では大きな欠陥をもった。キャッチアップ型近代化を成功に導いた日本的な教育が今や足かせとなっているという見方は、その足かせを外せば、求めている果実が手に入るという暗黙の前提に立つ。進歩派教育学者が、教育の国家統制のくびきを外せば、望んだ教育ができると考えたことと同型の論理である。しかし、開発国家の介入を緩めても、「個性」や「創造性」あるいは「主体性」の育成をめざす教育が実現するわけではない。足かせを外したからといって欠如が充たされるとは限らないのである[7]。

　前述のとおり、日本におけるグローバル化のイデオロギー作用は、実態レベルでの事実確認を差し置いて、日本の外部で生じている社会変動に照らしてグローバル対応の「遅れ」を問題視する現象に現れる。そのための判断基準を与えるというイデオロギー作用が、日本の教育にグローバル化への対応を迫る政治的な力を行使している。

　このようなイデオロギー作用を受けいれてしまう土壌のひとつは、西欧先進国からの遅れや偏差、あるいは欠如から日本の問題を構築するという、日本の外部に設定された起点からの問題構築の方法が、長期にわたり底流をな

7　たとえば、小泉純一郎内閣のもとで進められた国から地方への財源移譲（いわゆる「三位一体の改革」）では、財政面での文科省の介入を取り除くことが教育の地方分権を進め、教育問題を解決するという主張が行われた。この議論については苅谷（2009）を参照。

してきたことにある。キャッチアップとはまさにそのような外部に標準点を
設け、そこに追いつこうとする心性にほかならなかった。しかも、かつては
必ずしも実態レベルでの彼我の差異を認識していなくても、そのような問題
構築が抽象的なレベルで通用した。そのような習性が、キャッチアップが完
了したという認識を一度もった後にも継続した。

　外部の視点から日本を批判的に捉え変革を迫る——開発国家による自己演
出した「外圧による変革」の試みである。とりわけ、一端「ジャパン・ア
ズ・ナンバーワン」という自己認識を持った後に、長期間の経済の停滞や国
際的なプレゼンスの低下に直面しだすと、事実認識に基づくか否かは別とし
て、このような論法が力を持つようになった。その背後では、キャッチアッ
プ型近代化とその達成の経験が影響した。「追いつき、追いこせ」を達成し
た後で、（バブルに浮かれる数年間を経て）瞬く間に停滞に陥り、新興国から
の追いあげを受ける。遅れに敏感なキャッチアップ型近代化を経験してきた
日本人の心性には、新興国に追いつかれ、再び遅れだしたことへの（開発国
家の残像を残した）為政者の焦りが、グローバル化のイデオロギー作用を呼
び込むのである。新自由主義的な改革も、グローバル人材の育成もしかりで
ある。幻想としてのグローバル化とそれに応じた問題構築——欧米のように、
グローバル化が実際の人の移動を通じてリアルな社会問題を生みだし、教育
にも波及するという、避けて通れない切実なグローバル化の教育問題との違
いである。

7．空回りする教育のグローバル化

　キャッチアップ型近代化とは、グローバルな影響下で自国を作り替えよう
とする（ドーアの言葉を使えば「革新する」）意図的、計画的な社会変動には
かならない。国境を越えてグローバルに展開する技術・知識、金融、産業の
発展タイプのひとつである。敗戦後に生まれた新たな世界秩序の下で、国際
政治的にも経済的にも復興を果たし、さらには安全保障を確保しながら経済
大国への道を歩んだ日本の軌跡は、その意味で、戦後日本のグローバル化へ
の適応の帰結といえる。グローバル化という言葉が与えられなかったために

そのようには認識されなかったものの、キャッチアップ型近代化とは、海外のモデルを参照しつつ、国境を越えて知識や資源を調達し、自国を「変革」していくグローバルな相互作用を伴うものであった。その意味では、その「達成」はグローバル化への適応の成功事例といってよい。

　この成功は、主に金融面でのグローバル化の新たな影響を受ける中で、日本をバブル経済へと誘った。その後バブル処理の失敗が、巨大な負債を生み、それによって引き起こされた長期間のデフレ経済＝経済の停滞へとつながった（井手 2015）。そして、その原因として、グローバル化への対応の遅れが問題視されるようになった。さらには、キャッチアップ型近代化に役だったと見なされた従前の仕組みが、グローバル化への足かせと見なされるようになった。

　しかしながら、バブル崩壊後の経済の停滞が、日本社会がグローバル化対応に遅れたことによるのかどうかは、経済の専門家の間でも意見が分かれる。むしろ、国内的な金融・財政政策の失敗や、企業がグローバル化に対応するための海外移転（国内産業の空洞化）やキャッシュフローを増やすために内部留保を増したこと、そのために人件費を抑制し、そのような企業の要望を受けた労働規制緩和（非正規職の拡大）が行われたことなどが、国内の個人消費の低迷を招き、長期間の経済の停滞を生んだという見方もある（井手 2015）。少なくとも、人材育成の失敗が経済の停滞を招いたという主張には根拠がない。

　そうだとすれば、日本の教育にグローバル化への対応を迫る改革は、現状の問題解決というより、将来に向けて先手を打とうとしているとみるしかなくなる。時間という資源も、英語を教えられる教員という人的資源も不十分な中で、2020年から小学校に英語が教科として導入された。世界の大学ランキングの上位にはいる日本の大学を増やすために、スーパーグローバル大学が選ばれ、外国人教員等を増やし、外国語（主に英語）による授業を増やすことが推奨された[8]。これらの政策は、すぐに「日本が再び世界の中で競争力を高め、輝きを取り戻す「日本再生」」につながるわけでも、日本が「このまま極東の小国へと転落してしまう道を回避する」ことに結びつくわけでもない。むしろ、前述したキャッチアップ完了後の長期の停滞や新興国

86

に追い上げられていることへの焦りの反映のようにみえる。

　2020年から始まった学習指導要領では「アクティブラーニング」を通して、「主体的・対話的な深い学び」の実現がめざされることとなった（文科省2016）。グローバル化と情報化がもたらす急速な社会の変化に対応できる資質・能力の育成の柱と位置づけられている。審議のまとめには、指導要領がめざす「新しい時代にふさわしい学校文化の形成」として、次の表現がある。

　　　予測できない未来に対応するためには、社会の変化に受け身で対処するのではなく、主体的に向き合って関わり合い、その過程を通して、一人一人が自らの可能性を最大限に発揮し、よりよい社会と幸福な人生を自ら創り出していくことが重要である（文科省 2016：2）。

　「主体的・対話的な深い学び」を通して、社会の変化に「主体的に向き合って関わり合」う資質を育てようというのである。主体性の欠如という欠如理論が明確に示されているわけではないが、問題構築の習性はここにも現れる。「もはや追いつく目標とすべきモデルがなくなった。これからは、自分で進むべき進路を探っていかなければならない」（文化の時代の経済運営研究グループ 1980：31）といった認識を持った後の時代には、先進国へのキャッチアップとして露骨に表現されることはなくなったが、この場合でいえば、「アクティブラーニング」という外来の教授・学習モデルが参照され、それを通して主体性の形成という、長い間、欠如と見なされた目標が再び設定されている。

　これまでの習性を引きずった政策課題の設定は、今回もまた抽象度の高い目標を掲げる点に特徴がある。キャッチアップ型近代化の途上においては、後進性ゆえにいまだ日本には不在だが、実現すべき理想としてそうした目標

8　スーパーグローバル大学支援事業における「外国人教員等」の実際は、多くの大学においてそのマジョリティが外国人ではなく、日本人教育のうち海外での研究教育経験が1年以上3年未満のもの（教育を海外で実践したとは限らない）が多数を占めた。このような空回りが可能なのは、こうした政策の実効性が問われないことを文科省も大学側も熟知しているからである（苅谷 2015）。

（たとえば主体の形成）が位置づけられた。それだけに抽象度の高い理想論にとどまったものの、一定の説得力をえた。まだみぬ先進性へのあこがれがそれを後押ししたのである。

　ポスト・キャッチアップの時代には、後進性という認識は薄まったが、長期の経済停滞が再度遅れの意識を作りだした。その遅れの原因として、たとえば「グローバル人材」の欠如がいわれ、それを充たすことが政策目標となった。しかも、事実レベルでの認識の当否にかかわらず、それが問題化されるようになった。そのために、抽象的で理想主義的な目標は、それを実現するための実態をふまえた目的－手段連関とかけ離れたままでも、イデオロギー作用を発揮する。しかも目的－手段連関が曖昧なだけ、政策は空回りしやすい。

　十分な資源を欠いたままでの小学校の英語の教科化や、「主体的・対話的な深い学び」という抽象的で多義的なアクティブラーニングの上からの導入が、どのような結果を生むか。それがどれだけ不確定で、具体的な手段が不十分であっても、上からの政策として実行に移される。それというのも、「グローバル人材」や「社会の変化に主体的に向き合」う資質や能力の育成が、慣れ親しんだ問題構築の思考様式に照らして一定の訴求力を持つからだろう。

　キャッチアップ型近代化の印影を残しながら、グローバル化の幻想に振り回される教育政策――それがその意図とは別の結果（たとえば教育における不平等のさらなる拡大）を生みだす可能性にはなかなか考察が及ばない。リアルな問題の事実に即した分析から教育の政策言説が紡がれることもない。これまでの経験の積みあげから改善をめざす政策論議も登場しない。外なる基準点からの偏差が問題を構築する際の有力な知的資源となり、（内外を含め）事実や実態とは別の次元で教育の問題は論じ続けられる。その典型が、日本の教育のグローバル対応である[9]。

9　本章の原稿提出後に、ここで扱った言説については、より詳細な分析を苅谷（2019）で行い、刊行している（2020年2月16日に追加）。

〈引用・参考文献〉

井手英策（2015）『経済の時代の終焉』岩波書店。

大田堯（1973 ）『教育の探求』東京大学出版会。

苅谷剛彦（2009）『教育と平等 』中央公論新社。

苅谷剛彦（2015）「スーパーグローバル大学のゆくえ」『アステイオン』No.82、
　　CCC メディアハウス、38-52頁。

苅谷剛彦（2019）『追いついた近代 消えた近代──戦後日本の自己像と教育』岩波
　　書店。

高校全員入学問題全国協議会編集・小川利夫・伊ヶ崎暁生著（1971）『戦後民主主
　　義教育の思想と運動』青木書店。

園田英弘（1991）「逆欠如理論」『教育社会学研究』第40集，pp.9-33。

高岡浩二（1991）「今月の言葉」『初等教育資料』1991年3月号。

高橋晃市・荒巻央（2014）「日本人の意識・40年の軌跡（2）第9回「日本人の意
　　識」調査から」NHK『放送研究と調査』August 2014, pp.2-23.〈https://www.
　　nhk.or.jp/bunken/summary/research/report/2014_08/20140801.pdf〉。

統計数理研究所『日本人の国民性調査』〈http://www.ism.ac.jp/~taka/kokuminsei/
　　table/data/html/ss9/9_6/9_6_all.htm〉。

内閣府・教育再生実行会議　第三次提言「これからの大学教育等の在り方につい
　　て」2013年5月28日 〈https://www.kantei.go.jp/jp/singi/kyouikusaisei/pdf/
　　dai3_1.pdf〉。

内閣府・グローバル人材育成推進会議「審議まとめ」2012年6月4日〈http://www.
　　kantei.go.jp/jp/singi/global/1206011matome.pdf〉。

仁平典宏（2012）「ネオリベラル化と普遍主義化のはざまで」小熊英二編『平成
　　史』河出書房新社。

野辺忠郎（1969）「戦後教育における人間像の問題」『明治大学人文科学研究所紀要
　　第七冊』1-48頁。

広田照幸（2016）「社会変動と教育──グローバル化の中の選択」佐藤学・秋田喜
　　代美・志村宏吉・小玉重夫・北村友人編『社会のなかの教育　岩波講座　教
　　育変革への展望（2）』岩波書店、13-41頁。

文化の時代研究グループ（1980）『大平総理の政策研究会報告書1　文化の時代』
　　内閣官房内各審議室分室・内閣総理大臣補佐官室編、大蔵省印刷局。

文化の時代の経済運営研究グループ（1980）『大平総理の政策研究会報告書7　文
　　化の時代の経済運営』内閣官房内各審議室分室・内閣総理大臣補佐官室編、
　　大蔵省印刷局。

堀尾輝久（1997）『現代社会と教育』岩波書店。

文部科学省（2016）中央教育審議会教育課程部会『次期学習指導要領に向けたこれ

までの審議のまとめ（素案）』（総論部分）〈http://www.mext.go.jp/b_menu/
shingi/chukyo/chukyo3/053/siryo/__icsFiles/afieldfile/2016/08/03/1375316_3
_1_1.pdf〉。
臨時教育審議会（1985）『教育改革に関する一次答申』。
臨時教育審議会（1986）『教育改革に関する二次答申』。
臨時教育審議会（1987）『教育改革に関する四次答申』。

＊

Dore, Ronald（1976）*The Diploma Disease*, George Allen and Unwin ltd.（R. P. ド
　ーア『学歴社会　新しい文明病』松居弘道訳、岩波書店、1978年）

Johnson, C.（1982）*MITI and the Japanese Miracle : The Growth of Industrial
　Policy, 1925-1975*, Stanford University Press.（チャーマーズ・ジョンソン
　『経産省と日本の奇跡』矢野俊比古訳、TBSブリタニカ、1982年）

Vogel, E. F.（1979）*Japan as Number One : Lessons for America*, Harvard Uni-
　versity Press.（エズラ F. ヴォーゲル『ジャパン・アズ・ナンバーワン──ア
　メリカへの教訓』広中和歌子・木本彰子訳、TBSブリタニカ・阪急コミュニ
　ケーションズ、1979年）　　　　　　　　　　　　　　　（2016年8月19日提出）

　　　　　　　　　　　　　　　　　　　　　　　　　　　　（2023年5月11日修正）

4章

アジアにおける「持続可能な開発のための教育（ESD)」

北村友人 ◀

はじめに

　持続可能（サステナブル）な社会を実現するためには、その担い手となる人々を育てることが欠かせない。そうした教育のあり方を追究する試みとして、「持続可能な開発のための教育（Education for Sustainable Development：ESD)」という新しい教育のアプローチが提唱され、2000年代前半から国連教育科学文化機関（ユネスコ）を中心に世界各地で議論と実践が積み重ねられている。とくに2005年から2014年にかけての10年間は「国連ESDの10年（The UN Decade of Education for Sustainable Development)」として定められ、世界各地でESDを促進するための政策面・制度面・実践面での多様な取り組みが行われた。ESDはこのように持続可能な開発の推進に向けた国際的な教育運動であるが、そこでめざされているものは21世紀を生きる人々の教育として今日広く世界的に展開されている新しい学力観に基づく教授・学習様式の転換と重なるものである。すなわち、すでに体系化されている知識やスキルを身につけることを主とする従来の教授・学習の様式とは異なり、経済協力開発機構（OECD）による「生徒の学習到達度調査（PISA)」で示されるkey competenciesをはじめ「21世紀型スキル」と呼ばれる能力を育むための教授・学習が世界各地で促進されている。

　こうした学力観や教育観の転換は、社会の持続可能性に不安や疑問が呈されるようになったことと無関係ではない。20世紀後半に「近代化」のパラダイムが揺らぎ、「持続不可能」な世界のあり様が人々の眼前に突きつけられるようになる中、環境問題の深刻化や社会システムの限界などといった課題と主体的に向き合い、それらの解決の方策を見出していけるような学びの

重要性が広く認識されるようになったことが背景としてある。そうした中、社会の変化が教育の変化を促し、世界の各地で新たな教育のアプローチを模索する試みが積み重ねられている。

　こうした潮流は、アジアにおいても例外ではない。アジアは、急速な経済成長や多様な政治的変化が起こる中、21世紀前半における成長のセンターであると国際的に広く見なされている。それと同時に、アジアは政治・経済・社会・文化といった諸側面において非常に多様である。こうした変化と多様性の中で、アジアの各国・地域における教育をめぐる環境も大きく変動している。多くの国・地域で積極的な教育改革が推進されているが、その様相は各国・地域が置かれている文脈によって大きく異なる。

　このような現状認識に基づき、本章ではとくにアジアにおける教育観の転換を踏まえたうえで、その中から生まれてきたESDという教育のアプローチがどのように政策化され、実践されているのかについて概観する[1]。

1．教育観の転換とESD

　アジアの特徴を端的に表わす言葉が「多様性」である。資本主義の国もあれば社会主義の国もあり、民主化の度合いも国によって異なる。経済面でも、シンガポール、日本、韓国などのように先進国もあれば、ラオス、ミャンマー、ネパールといった最貧国もある。宗教的にも、タイやカンボジアのように仏教が根づいている国もあれば、マレーシア、インドネシア、パキスタン、バングラデシュのようなイスラム教を信仰する人々が大勢居住する国や、フィリピンや韓国のようにキリスト教の信者が多い国、さらにインドのように多宗教の中でもヒンドゥー教が広く浸透している国もある。東アジアには中国を中心としていわゆる儒教文化圏が広がっている。

　こうした多様性は、教育分野においても例外ではない。しかし、それと同時にアジアで広く共通してみられる現象もある。それが、人々の教育に対す

1　本章は、Kitamura（2017）をベースにしたうえで大幅な加筆修正を行ったものである。

る非常に強い期待と、それに応えるために多くの国で広まっている新しい学力観に基づく教育改革である。

　たとえば、国際学力調査の結果などからみれば学力面では国際的にリードする東アジア諸国ではあるが、これまでの詰め込み式の教授・学習のあり方に対する疑問が高まっている。また、東南アジアや南アジアの途上国でも教育熱が高まり、人々の教育に対する期待が大きくなる中で、単に学力の向上だけをめざすのではなく、どのような市民を育てるのかという問題に対する関心も増している。

　こうした問題意識の変化を背景として、近年のアジア諸国の学校教育において、教授・学習の様式が変化してきている。これまで、とりわけ欧米諸国との対比の中で、アジア諸国の教室では生徒たちが受身であり、教師が一方的に話すことを覚えていくという詰め込み型の教授・学習様式が一般的であると考えられてきた。しかしながら、社会が急速に変化し、既存の知識を覚えるだけではそうした変化に対応できないという危機感が広く共有されるようになった。そのため、ジェネリック・スキル（generic skills）やキー・コンピテンシー（key competencies）などといった言葉に象徴される「新しい学力」を育むことが欠かせないという意識が、多くの国・地域で高まっている。

　こうした「新しい学力」は、知識基盤社会における21世紀型人材が備えるべき資質能力であり、従来型の知識獲得能力に加えて、コミュニケーション能力や問題解決能力など幅広い領域にわたる。教育のアウトカム（成果）として、創造性、柔軟性、自立性、チームワーク力、コミュニケーション力、批判的思考力などを幅広く含むジェネリック・スキルを高めることが、アジア諸国でも求められている。そうした要望には、労働への準備のための学習（＝雇用可能性を高めるための学習）を求める側面と、市民生活への準備のための学習を求める側面という、二つの異なる側面がある（Australian National Training Authority, 2003）。

　前者は、主に産業界からの要請に基づき、求められる資質であり、新自由主義的な思想の影響をみることができる。それに対して後者は、学習共同体に対する研究や生涯学習の研究が国際的に進展するにつれ、アクティブなシティズンシップやコミュニティがますます強調される傾向があり、進歩的な

コミュニティを発展させるために個々人が有すべき「ジェネリック・スキル（generic skills）」を重視している。これらのどちらの能力を重視するかは国によって異なるが、多くの国はこれら二つの能力をバランスよく育もうとしている。

　こうした「新しい学力」観に基づき、さまざまな教科において教育実践の革新（innovation）がアジア諸国では起こっている。こうした革新は、伝統的なアプローチから進歩的（progressive）なアプローチへと教授・学習の様式が転換している様相にみることができる。進歩的な教授・学習の様式においては、まさにジェネリック・スキルを育むための教育がめざされている。

　それでは、こうした進歩的アプローチは、どのような教育の形態に具現化されているのであろうか。今日、アジア諸国の学校現場で急速に取り入れられているものとしては、たとえば少人数でグループを作り、対話を通してそれぞれの生徒が自らの学びと互いの学びを最大限に高めようとする協同学習（collaborative learning）の取り組みをあげることができる（佐藤、2012／Saito et al., 2014／Saito et al., 2015）。こうした教授・学習の進歩的アプローチは、自立的・主体的な学びを実現することをめざしている。21世紀という変化のスピードが速く、先を見通すことが難しい時代の中で、個々の生徒が自立的・主体的な学びを積み重ねることによってジェネリック・スキルを身につけ、日々の生活や仕事の中でまさに自立的・主体的に判断し、行動できるようになることがめざされている。

　このような教授・学習の新しい様式が促進されている背景には、これからの社会のあり方に対する根源的な問いかけを多くの人が共有するようになったことがある。中でも、2015年9月に開かれた国連サミットで「持続可能な開発目標（Sustainable Development Goals：SDGs）」が採択され、サステナブルな社会を実現するために政治、経済、社会、文化、環境といった諸側面で各国が努力するとともに、国際的な協調と連携が欠かせないことが合意されたことは、重要なターニング・ポイントであった[2]。このSDGsでは17の国

2　SDGsの詳細については国連のホームページ〈https://sustainabledevelopment.un.org/〉［2020年2月1日閲覧］を参照のこと。

際目標が掲げられ、目標4が教育分野の目標である。この教育に関する目標の中で、すべての人々に良質な学習の機会を保障していくことが不可欠であるとの認識が明確に示され、「持続可能な開発のための教育（ESD）」の重要性が強調されている。

ESDとは、環境、貧困、人権、開発といったさまざまな現代的課題を、自らの課題として捉え、その解決のために行動する力を育むための教育であり、進歩的なアプローチを重視している[3]。その根底には、「世代間・世代内の公正」という理念に基づき、「将来の世代が自らのニーズを充足することを損なうことなく、今日の世代のニーズを満たすような開発」（国連「環境と開発に関する世界委員会」による定義）を実現するという考え方がある（United Nations, 1987）。

「持続可能な社会づくりの担い手を育む教育」であるESDは、民主的な制度や、社会や環境への影響を考慮した経済制度、個々の文化の独自性の尊重、人権擁護という概念の理解などを、促すものである。こうしたESDという新しい教育のアプローチが生みだされた背景には、サステナブルな社会を実現するためにすべての人々に良質な学習の機会を保障し、一人ひとりの学習者が「開発」や「環境」に関する諸問題を幅広い視野のもとに考え、行動につなげていくことが不可欠である、との認識がある。そして、そのために教授・学習の様式を転換する必要がある。

ESDの実施にあたっては、「人格の発達や自立心、判断力、責任感などの人間性を育むこと」、そして「他者との関係性、社会との関係性、自然環境との関係性を認識し、「関わり」、「つながり」を尊重できる個人を育むこと」の二つの観点が特に重視されている[4]。そのため、環境、開発、貧困、平和、人権などのさまざまな課題を個別に捉えるのではなく、これらの課題の相互不可分性を踏まえて、学際的なアプローチをとるとともに体系的な思考で物

3　ESDの詳細についてはユネスコのホームページ〈http://www.unesco.org/new/en/education/themes/leading-the-international-agenda/education-for-sustainable-development/〉［2020年2月1日閲覧］を参照のこと。

4　文部科学省のホームページ「日本ユネスコ国内委員会」〈http://www.mext.go.jp/unesco/002/00407092802.htm〉［2020年2月1日閲覧］より引用。

事を理解しようとする姿勢が不可欠となる。そこでは、批判的思考力と問題解決力を育むとともに、それらを踏まえて具体的な行動を起こすことができる姿勢を身につけることがめざされている。それは、単に「環境教育」や「平和教育」といった形態で持続可能な社会についての知識や技能を学ぶだけでなく、体験や体感を通した探究や実践を重視する参加型アプローチを志向する学習スタイルである[5]。

2．アジアにおけるESDの政策化・制度化と実践

　本節では、アジア諸国がESDを推進するために、政策、カリキュラム、実践などの諸領域でいかなる取り組みを行っているのかについて概観したい。その際、それぞれの国の社会経済開発の現状や教育の普及レベルなどを踏まえたうえで、アジア諸国を3つのグループに分類する。このグループ分けは、①環境教育や開発教育の実践に関して歴史と蓄積がある国々、②環境教育への取り組みに関して程度の差はあるが、近年、環境意識が高まり急速に制度化が進む国々、③貧困・格差是正がいまだに課題であり、開発問題をベースにESDを展開している国々、である。

　以下に、それぞれのグループに属する国々が、上記の3つの領域においてどのようにESDを推進しているのかをレビューすることにしたい。なお、多くの国でESDという名称が十分に普及しているとはいえない状況を踏まえ、ここでは主として環境や開発に関する教育を中心に取りあげ、必ずしもESDという名称を明示的に掲げていないものも含めることに留意されたい。また、本節において各国レベルの状況を概観するにあたっては、とくに断りのない限り、UNESCO（2009）、UNESCO Bangkok（2009）、Ryan, et al.（2010）、阿部・田中（2012）、ACCU-UNESCO（2013）、Fien（2013）、Kitamura（2014）、UNESCO（2014）を参照した。

5　ESDの詳細については、田中・杉村（2014）や北村・興津（2015）などを参照のこと。

（1）環境教育や開発教育の実践に関して歴史と蓄積がある国々

　1番目のグループが、歴史的に環境教育や開発教育の実践に関して蓄積の
ある国々であり、日本、韓国、インドなどをあげることができる。これらの
国では、環境教育と開発教育とのそれぞれに関して、政策面、カリキュラム
面、実践面において多様な試みを積みあげてきており、今日では環境教育と
開発教育の両方の視点を包括的に取り入れたESDが推進されている。また、
そうしたESD推進の取り組みが地域レベルで行われ、学校のみならずNGO・
NPOなどの市民社会組織やコミュニティ・グループも積極的に関与し、地域
特性を反映したボトムアップ型のESDの実践が積み重ねられている。さら
に、近年では多様なアクターの参加による国内ネットワークの拡充のほか、
国際的ネットワークの構築も進めている。このように、他のアジア諸国と比
較して、これら3か国はより積極的にESDを推進している。（中でも日本は、
2002年のヨハネスブルク・サミットでESDを提唱した国であり、国際的にみても
ドイツやスウェーデンなどと並び最も熱心にESDに取り組んでいるといえる。）

　まず政策レベルの取り組みであるが、日本では2005年に「国連ESDの10
年　国内実施計画」が策定され、2011年に改訂されている。この計画に基
づき、2007年には「国連ESDの10年円卓会議」が政府内に設置され、どの
ようにESDの取り組みを活発にしていくかということが、さまざまな立場
の専門家たちによって議論された。そうした中、たとえば教育セクター全体
の方針を定めるために2008年に策定された「教育振興基本計画」の中で、
ESDが重要な理念として位置づけられ、教育セクターにおける重要な施策
の一つとして明示された。さらに、2014年に開催されたESDユネスコ世界
会議を名古屋でホストし、ESDにおける5つの優先行動分野を提示した「グ
ローバル・アクション・プログラム（GAP）」の実施に向けて、多様なステ
ークホルダーが関与することの重要性を国内外へ向けてアピールするととも
に、2015年には優れた取り組みを毎年表彰するための「ユネスコ／日本
ESD賞」を創設するなど、ESDの普及・発展を重要な政策課題として位置
づけている。

　韓国でも似たような現象がみられ、2005年に「持続可能な開発のための
教育の国家ESD戦略」を策定し、続く2006年にはその実施計画をまとめあ

げた。さらに、「持続可能な開発の基本法」が2008年に制定され、2010年に改正されている。これらの計画や法律の中で、教育の軸にESDを据えることがビジョンとして提示されている。

インドでは、1990年前後から学校教育の中に環境分野を位置づけることが定められ、州政府が環境教育のための助成金を設けたりしている。また、2005年には「国連ESDの10年」の推進に関する国際会議をアーメダバードで開催している。さらに、公教育制度のさまざまな側面にESDの要素を取り入れることを進めている。

中国におけるESDは、1990年代に社会の中で環境保護の意識が高まったことに、その萌芽をみることができる。学校教育のカリキュラムや教材に環境保全に関する知識が取り入れられ、教員養成においても環境教育について扱うと共に、一般市民に向けた環境保護の知識の普及および意識の向上に関する活動などが行われた。そして、2000年代になると、さまざまな地球規模の課題について学ぶための教育が広く実践されるようになった。とりわけ2009年には『国家中長期教育改革発展計画綱要（2010-2020)』の中でESDの重要性が指摘された。その後、中国全土で1,000校以上のESD推進校（就学前教育から前期中等教育まで）が認定された。

これらの国では、ESDの推進を政策的な重要課題として位置づけるとともに、学校や地域社会におけるESDの取り組みを支援するための組織を、官民が連携して構築してきている。とくに、日本の東京に本部を置く国連大学は、アジア各地でRegional Centre of Expertize on Education for Sustainable Development（RCE）の設立を支援しており、さきの3か国でもRCEを中心に、教育機関、市民社会組織、行政機関が連携を行っているケースがみられる。また、日本では、ESDの概念を提唱し始めた初期（2000年代初頭）から、市民社会組織を中心に「持続可能な開発のための教育の10年推進会議（ESD-J)」が立ちあげられ、とくにNGOやNPOを中心にESDの取り組みを促進してきた。加えて、日本では地球環境戦略研究機関（IGES）、インドではUNESCOマハトマ・ガンジー平和と持続可能な開発のための教育研究所（MGIEP）といった組織が、ESDに関する研究などを行っている。

次に、主に学校教育を中心に、これら3か国がどのようにESDをカリキュ

ラムの中に取り入れているのかについて概観したい。まず、初中等教育段階において、日本では2008年・2009年に学習指導要領（Course of Study：ナショナル・カリキュラムのこと）が改訂された際に、さまざまな教科の中で「持続可能な社会の構築」の重要性が強調された。そして、2016年夏現在、ほぼ10年に一度行われる学習指導要領の改訂に向けて、次の学習指導要領の中でより明示的にESDを打ちだすための議論が、文部科学省の中央教育審議会などで積み重ねられている。また、学校現場でのESDの推進拠点となるUNESCO Associated Schoolsの数を急速に増やしており、2005年には日本全体で15校に過ぎなかったのが、2015年末には939校にまで増えている。なお、日本では、こうしたUNESCO Associated Schoolsの活動を進めるうえで大学による支援が重要であるという認識のもと、宮城教育大学がイニシアティブをとって2008年にInteruniversity Network Supporting for The UNESCO Associated Schools Project Network（ASPUnivNet）が立ちあがり、2016年現在、17の大学が参加し、それぞれの地域の学校を支援している。このようなUNESCO Associated Schoolsに関しては、韓国で100校以上、インドで50校以上が加盟しているが、近年、他のアジア諸国でもその数を増やそうとする試みが積み重ねられている（たとえば中国も、そうした試みに熱心な国である）[6]。

　ESDに関連したカリキュラムとしては、たとえばインドにおいて小学校5年生までのカリキュラムに「環境教育」を社会と理科を含む複合型の教科として設置していることが、特徴的なものとしてあげられる。また、環境教育を充実させるために、政府と政府関連機関であるCenter for Environment

---

6　UNESCO Associated Schoolsは、1953年にASPnet（Associated Schools Project Network）として、ユネスコ憲章に示された理念を学校現場で実践するため、国際理解教育の実験的な試みを比較研究し、その調整をはかる共同体として発足した。2015年6月の時点で世界182か国の国・地域に11,500校以上のUNESCO Associated Schoolsがあるが、日本は1か国当りの加盟校数が世界で最も多い国である。ASPnetの詳細については、ユネスコのホームページ〈http://www.aspnet.unesco.org/en-us/Pages/default.aspx〉［2020年2月1日閲覧］を参照のこと。

Educationが開発した環境教育の教材が、インド全土の教員研修プログラムで使用されている。

　ここまで基礎教育（初等・中等教育段階）をみてきたが、高等教育段階における取り組みにも目を向けたい。たとえば、日本では、カリキュラムの中にESD指導者養成コースを設置している大学（例・岡山大学、愛媛大学）があったり、大学内にESD研究・実践センターを設立している大学（例・立教大学）もある。同様に、韓国でも、ESDに焦点をあてたコースを設置している大学（例・延世大学）がある。また、韓国では延世大学を中心に10の大学が「グリーン・キャンパス大学イニシアティブ」を立ちあげ、エコロジカルなキャンパスの実現をめざして連携している。こうした「サステナブル・キャンパス」の実現は、日本や台湾の大学などでも積極的にめざされている。さらに、インドでは環境教育が高等教育のカリキュラムに導入されたり、環境科学の分野で蓄積がある中国の大学でも環境学や環境保護プログラムが積極的に導入されている。

　研究面に関してみると、高等教育段階におけるESDならびにSustainability Scienceの研究を進めるために、日本では東京大学がIntegrated Research System on Sustainability Science（IR3S）を立ちあげ、日本の大学のネットワークを強化すると共に、アジアならびにその他の地域の大学とも連携を進めている。そうした中、2008年には「アジア太平洋環境大学院ネットワーク（Pro SPER NET）」が設立され、ESDに関する教育と研究の両面で国際連携を促進することがめざされている。

　ESDでは、教育機関の中だけで取り組むのではなく、地域と連携しながら実践的な教育活動を行っていくことも重要である。そうした地域における実践として、たとえば日本では岡山市が立ちあげた「岡山ESDプロジェクト」が活発に活動している。これは、市内の学校、NGO・NPO、企業などが連携してESDを推進するための枠組みを行政機関が提供したものであるが、行政側からの押し付けではなく、あくまでも参加団体の自主性を重んじた活動になっている。

　また、韓国の南部に位置する統栄（トンヨン）市のRCE（Regional Centre of Expertize on Education for Sustainable Development）では、ESDを幼稚園

から大学まで公教育を通じて体系的に実施する取り組みを進めている。そして、学校教育のみならず、同時に地域住民にも教育機会を提供することで、ESDを生涯学習として推進していることが特徴的である。

　インドでは、水に関する国家政策の実施にあたって、多様なステークホルダーによる水資源管理を推進する参加型アプローチを導入しているが、そのためにESDが重要であることを強調している。また、国家災害管理機関（National Disaster Management Authority）が、防災教育をはじめとした災害管理のためのESDの重要性を指摘している。

（2）環境意識の高まりに伴い急速に制度化が進む国々

　2番目のグループが、近年、環境に関する意識が高まり、急速にESDに関連した教育の制度化が進んでいる国々である。こうした国としては、マレーシア、インドネシア、タイ、フィリピン、ベトナムなどをあげることができる。これらの国に共通してみられる特徴として、1970年代から80年代にかけての経済開発優先路線を経て、90年代以降に内的（民主化）ならびに外的（国際社会）な圧力から環境保護や持続的な地域開発の需要が高まっていることを指摘できる。そうした社会環境の変化に伴い、エリート層を中心とした理念的な活動を通して、トップダウン型の環境教育の制度整備が進められてきた。しかしながら、そうした制度化のプロセスに市民や住民の参加が限定的であったことが批判的に捉えられるようになり、近年では、より社会のニーズに対応するボトムアップ型の政策提言やNGO・市民参加が活発化している。

　まずは、これらの国におけるESDの政策レベルでの取り組みをみることにするが、上述のような環境意識の高まりが背景にあるため、いずれの国も環境教育を中心としてESDを推進していることが特徴として指摘できる。たとえば、タイでは、1999年に制定された国家教育法の中で、教育を通じて環境に関する知識を獲得し、理解を深め、体験を重視していくことが謳われた。こうした基本方針を踏まえたうえで、ESDの導入・理解・制度・調整・促進について定めた基本計画「Environmental Education for Sustainable Development（EESD）（2008-2012）」が作成された。

　インドネシアでは、1970年代から欧米的な自然保護の理念が広まり始めたが、1980年代に入るとコミュニティ・エンパワメントを通じた土地・自然資源の管理に対する住民自らの「権利」の獲得が重要であるという意識が広まった。これは、当時起こっていた民主化運動の影響が環境運動にも及び、環境政策過程への住民・市民の参加が活発化する中で起こった現象である。そして、1980年代後半以降はローカル・レベルのニーズに即した包括的な教育活動が推進され、2000年代に入ると環境教育がより幅広い領域や問題をカバーするESDとして位置づけられるようになった。たとえば、2004年に教育省と環境省が共同の政策として「環境教育政策」を打ちだした。そして、15のESDコンポーネントから構成されるNational Standard of Educational Contentが策定された。

　マレーシアでは、2002年に国家環境政策である「緑の戦略」が掲げられ、環境政策の中での教育の位置づけが明確化され、「アジェンダ21」（1992年）の勧告を踏襲した総合的な環境教育を推進することが制度化された。また、マレーシアのサバ州では、2009年に「環境教育政策」が策定されたが、これは地方自治体において環境教育に関する政策が策定され、環境教育を制度化した珍しい事例である。ちなみに、この政策を踏まえた環境教育の実施計画・モニタリング制度の整備は、日本の国際協力機構（JICA）が支援した。

　ベトナムでは、国連開発計画（UNDP）の支援を受けながら「ベトナム・アジェンダ21」を2004年に策定し、それに基づく環境教育カリキュラムを開発した。また、ESD推進の中核となる政府高官を中心とした政策機関であるNational DESD Committeeを設立し、政府として組織的な対応を検討してきた。

　ここであげた例はすべて東南アジアの国であるが、同地域では2013年のASEAN諸国環境大臣会合において「ASEAN Environmental Action Plan (2014-18)」を合意し、地域レベルでの持続可能な社会のための環境教育の推進を宣言している。また、東南アジア教育大臣機構（SEAMEO）が「A roadmap for ASEAN to introduce sustainability education into universities」を2014年に取りまとめ、「Sustainable-mindset」というコンセプトを掲げて、Sustainability Educationを東南アジアの大学で普及・促進することをめざし

ている[7]。

　このように環境教育を推進することが政策的に明確にされたことを踏まえ、それをカリキュラムや実際の教育実践に反映させるための作業が進められた。タイでは、2008年のカリキュラム改訂の際に、初等教育の「生活経験」、中等教育の「理科・数学」と「社会科」といった教科で、環境教育が導入された。また、ナショナル・カリキュラムの中で30％までを上限として地域の裁量でローカル・カリキュラムをデザインすることが許されているが、こうした地域の文脈を反映させたローカル・カリキュラムの中でESD活動が促進されている。また、Thailand Environmental Institute Foundation（TEI）がタイ国内の4,000校の学校と連携しながら、Whole School Approachを取り入れた環境教育を展開している。

　タイの高等教育段階では、いくつかの大学の教育学部や理学部に環境教育のコースが設置されており、その中にはNGOとの連携による講義が実施されているところもある（たとえば、教員養成大学であるラチャパット大学プラナコンの環境教育センター修士課程など）。またタマサート大学は、日本の三重大学や中国の天津師範大学、韓国のSejong University、インドネシアのSriwijaya Universityと共に、国際的な環境教育プログラムを構築して、ダブル・ディグリー・プログラムや国際インターンシップなどを展開している。

　次にインドネシアでは、環境教育が独立した教科としては設定されてはいないが、さまざまな教科の中で環境問題を扱うことを推奨している。また、ユニセフとユネスコの協力で、既存の「Creating Learning Communities for Children（CLCC）プログラム」にESDを関連づけるといった試みが2000年代後半から行われている。さらに、ユネスコが認定している「ナショナルESDコーディネーター」であるガジャマダ大学のInstitute for Research and Community Servicesでは、すべての学部において最終年度にコミュニティ支援プログラムを実施し、学生たちが地域開発に貢献することで、彼らが大学で蓄積してきた知識やスキルの社会的な活用をめざしている。

7　*University World News*, Issue No.218, 22 April 2012 〈http://www.university-worldnews.com/article.php?story=20120420090606838〉［2016年4月28日閲覧］.

　ベトナムでは2000年代半ばから、ESDに関するeラーニング教材を、現職教員研修や教員養成研修の中で配布してきた。また、ユネスコが中心となり、UNESCO Associated Schools のネットワーク（ASP-net）とユネスコによるCommunity Learning Center プログラムの連携を通して、前期中等教育の課外活動にESD関連の学習コンテンツを取り入れるプロジェクトが実施されている。

（3）開発問題をベースにESDを展開している国々

　3番目のグループが、貧困削減や格差是正がいまだに社会的な課題の中心にあり、主として開発問題をベースにESDを展開している国々である。これらの国としては、カンボジア、ラオス、ネパール、バングラデシュ、パキスタン、スリランカなどがあげられる。こうした国は、社会経済的な開発の途上にあり、政策レベルから現場レベルまで貧困削減や開発課題への対応に主眼が置かれ、環境教育や開発教育の必要性に対する学校現場での認知度や実践度はいまだに低い。そうした中でも、2015年のSDGsの採択などを受けて、ESDの推進へ向けて学校教育を充実することが望まれているが、このグループの国々はそもそも基礎教育へのアクセスとその質に関して大きな問題を抱えており、ESDで促進しようとしている包括的な学びの実現には多くの課題が山積している。（たとえば、ESDのアプローチをカリキュラムに導入したり、ESDの理念と実践を理解した教員を養成したりといったことが、なかなかできずにいる。）

　このような状況であるため、環境教育や国際理解教育、人権教育などに関して、国際機関やドナー機関が中心となり、トップダウン型でカリキュラム開発やワークショップがパイロット的に実施されている程度で、学校現場のレベルで理念が十分に浸透し、実践に反映されているとはいえない。その一方、スリランカのサルボダヤ運動など、地域によっては住民によるボトムアップ型の開発アプローチが古くから実践されている例もあり、地域開発のプロセスに人々が主体的に参画することを促すエンパワメントの手法は、必ずしも新しい概念ではない。したがって、これらの開発アプローチとESDが適切に関連づけられれば、今後、ESDが飛躍的に広まる可能性もあると考

えられる。

このグループに分類される国々でも、政策レベルではESDに関連した教育を推進することが明示化されている。たとえば、カンボジアでは、同国の教育政策の中心となるEducation Strategic Plans（基本的に5年ごとに策定）の中で、持続可能な社会を実現するために環境教育や平和教育が重要であることを強調している。スリランカでは、たとえば2008年に定められた国家行動計画（national action plan）である「社会連携及び平和のための教育（ESCP）」に基づき、平和教育や社会教育を推進している。また、パキスタンでは中央政府によるトップダウン的な政策ばかりではなく、ローカル・レベルでの取り組みを奨励している。そうした中、World Conservation Union（IUCN）Pakistanとローカル政府の協働によって、ESDを取り入れたLocal Education Planが策定されたりしている。

これらの政策に基づき、学校現場ではESD関連の教育実践が徐々に積み重ねられてきている。ここでもカンボジアをまず例としてあげると、ユネスコの支援を受けながら自然環境学習プログラムである「学習室（learning laboratory）」を創設し、環境教育を今後充実させていくための基礎づくりが行われている。また、National Institute of Educationにおける高校教員の養成プログラムの中で、担当教科を教える際にESDを取り入れるための研修を導入している。さらに、1970年代のクメール・ルージュによる支配やその後の内戦の歴史などを改めて若者たちへ伝えるために、2000年代後半から歴史教科書の改訂や副教材の刊行を通した平和教育への取り組みが活発化している。こうした取り組みは、世界遺産を通じて平和の問題について考える「世界遺産教育」の中でも行われている。

スリランカでは、上述のESCP政策に基づき、ライフ・コンピテンシーを育むことを目的として、カリキュラムの中に「Citizenship Education」（6-8年生）や「Citizenship Education and Governance」（10-11年生）が導入されている。また、平和のための教育を学校全体として包括的に取り組み、コミュニティの中の平和的学校となることをめざすといった取り組みも、全国各地でみられる。このように、カンボジアやスリランカのような紛争を経験した国では、国内の融和を促進し、平和な社会を実現することが、ESDを推進

する際の非常に重要な目的のひとつとして掲げられている。

　この3番目のグループの国々では、学校教育の中でのESDはいまだ限定的な形でしか行われていないが、コミュニティ・レベルの開発プロジェクトと連携したESDが実践されている。たとえばネパールでは、ユネスコと日本の市民社会組織（civil society organization）であるAsia-Pacific Cultural Center for UNESCO（ACCU）による「環境識字統合プログラム」の中で、Community Learning Centersでの地域住民を対象にしたノンフォーマルな識字教育活動を通じて、環境に関する人々の理解が深まることを支援している。

　バングラデシュではUBINIG（Policy Research for Development Alternative：1984設立のNGO）によって、生物多様性を保護するためのエコロジカルな農業を農民主体で進める、新しい農業運動が展開されている。この運動の中で、住民の経験的な学びを尊重しつつ、生物多様性をはじめとする持続可能な開発に関する議論や知見を共有していくという教育活動が行われている。また、同じくバングラデシュでは、1950年代から活動を続けているNGOであるDhaka Ahsania Mission（DAM）によって、コミュニティのボランティアを通じた貧困層への環境教育や防災教育が実施されている。

　ラオスでは、都市と地方における「ESDコミュニティ」の創造をめざしたプロジェクトが2012年に立ちあげられたが、これは日本による政府開発援助を通して、コミュニティの中の複数の学校を核とする地域開発の実践学習ネットワークの構築をめざしている。

　ここまで、アジア諸国を3つのグループに分類し、国レベルでのESD推進の取り組みを概観した（図1参照）。これらの国レベルでの政策・実践に加えて、アジア太平洋地域では国を越えた知見の共有やモニタリングを目的として、いくつかの地域的なメカニズムが構築されている。そうしたメカニズムには、ユネスコ、ユニセフ、国連環境計画（UNEP）、UNU、United Nations Economic and Social Commission for Asia and the Pacific（ESCAP）といった国連機関や、地域機関（regional agency）であるSoutheast Asian Ministers of Education Organization（SEAMEO）が主導しているものがある。また、Asian South Pacific Bureau of Adult Education（ASPBAE）という政府機関、市民社会組織、大学、メディアなど、30か国の200の組織が構成して

図1　アジアにおけるESDの政策・制度化

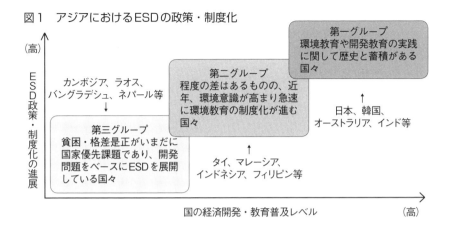

いるネットワークも、ESDの重要性に関するアドボカシー活動を行ったり、災害リスクマネジメントやリテラシーに関する研修などを通して、アジア太平洋地域のESD促進に貢献している[8]。

　さらには、2006年に立ちあげられたアジア太平洋地域における指標開発プロジェクトについても言及しておきたい。これは、International Union for Conservation of Nature（IUCN）とユネスコが、オーストラリアのMacquarie Universityと協力して実施したプロジェクトであり、アジア太平洋地域のユネスコ加盟国における国レベルのESDに関する指標開発とモニタリング・評価活動を行うためのガイドライン開発を目的としたプロジェクトであった（UNESCO/IUCN-CEC/Macquarie University, 2007）。このプロジェクトの成果は、国連欧州経済委員会（UNECE）のSteering Committee on ESDが主導して開発されたESDの指標などと並び、2014年に開催されたESD世界会議などでも共有され、国連で検討されているSDGsに関する指標の開発においても参照されている。こうした指標の開発は、今後、アジアのみならず世界各地でESDが推進されていく中で、その進捗をモニタリング・評価していくことが不可欠である。

8　ASPBAEの詳細についてはホームページ〈http://www.aspbae.org/〉［2020年2月1日閲覧］を参照のこと。

結び

　本章において指摘したように、アジアは多様である。その多様性は、持続可能な世界を構築していくうえでの障壁になりうる。多様であるが故に、お互いを理解することが困難になり、お互いの違いを必要以上に意識することになるかもしれない。しかしながら、多様だからこそ、お互いの差異を尊重し合い、その違いを受け容れることで、より持続可能な世界を作りあげていくことができるのではないだろうか。そうした態度を育むことをめざす試みがESDである。

　本章では、「開発」と「環境」の問題を幅広い視野のもとに考える教育であるESDに関して、教授・学習様式の変革を促す新しい学力観がその基礎にあることを指摘したうえで、アジアにおけるESDの取り組みの状況を概観した。とくに、各国の社会経済的な環境がESDを導入していくうえで大きな影響を及ぼしていることを、3つの国別グループに分けて提示する中で明らかにした。ただし、アジアは非常に多様であるため、本章ではあくまでも一部の国・地域における特徴的な取り組みを取り上げたに過ぎず、網羅的に概観するといったレベルには程遠いことを認めざるをえない。加えて、政府、国際機関、市民社会組織などによる取り組みを主として紹介したため、今後さらにその役割が重要になってくる私的セクター（private sector：企業など）についてはふれることができなかった[9]。

　また、本章で概観したような教授・学習様式の転換に基づく「新しい教育」の考え方に関して、十分な注意を払う必要があることを指摘しておきたい。すなわち、新しい学力観に基づき学びの様式が転換し、より主体的かつ能動的な学びが実現したとしても、その恩恵を享受する人の数が限られているのであれば、それはサステナブルな社会の構築に寄与しえない。ESDという新しい教育のアプローチが依拠する進歩的学力観においては、批判的な

9　アジアでのESD推進における企業の役割についてはFien（2013）を参照のこと。

思考や積極的な対話を行える能力が重視されている。

　しかしながら、実はこれらの能力を伸ばすうえで重要となる多様な文化的体験の機会は、学習者が有する「文化資本（cultural capital）」の多寡が影響することを見逃してはならない。たとえば、家庭の中で日常的に時事問題などについて議論する機会が多い子どもほど、こうした能力を伸ばすための準備ができていると考えられる。多くの国で文化資本の多寡によって学力差がみられる傾向にあるが、今後、新しい学力観に基づく教授・学習様式の転換が進めば進むほど、家庭環境の差が教育達成を決める要因となる傾向が強まり、サステナブルな教育のあり方から遠ざかってしまうことが危惧される。

　このことは、個人間の格差だけではなく、国家間の格差の拡大を助長することにも繋がる可能性があると指摘しておきたい。すなわち、新しい教育のアプローチで必要とされる資源を適切に活用することが難しい傾向にある途上国の子どもたちと較べて、先進国の子どもたちほどESDのようなアプローチに適合しやすい環境に恵まれている。ただし、これは途上国の子どもたちの周りに「資源」がないということを必ずしも意味するわけではない。たとえば、途上国の子どもたちにとっても伝統文化や自然環境など多様な資源へのアクセスが可能であるが、学校教育の中にそれらを適切に活用するような教授・学習の様式が十分に導入されていないことが問題である。

　こうした課題や懸念は残るが、変化の激しい21世紀においてESDを通した学びの重要性はこれから益々高まっていくはずである。今日の世界には、さまざまな要因が複雑に絡み合った地球規模課題（global agenda）が存在している。それらの課題を解決していくためには、関連する個別分野でこれまで蓄積されてきた膨大な専門的知識を統合し、体系化するための「知識のイノベーション」を促進し、それをさらに社会的・技術的なイノベーションへと繋げることが必要である。急速に社会経済開発が進んでいるアジアには、自らの多様性を活かして、さまざまなイノベーションを産みだしていくことが期待されている。

　そのようなイノベーションを実現する担い手たちを育てるためには、ESDを通して問題発見型・課題解決型の主体的な学びの機会を増やすことが不可欠になる。だからこそ、ESDを推進するにあたっては、サステナブルな社

会を構築するために公正でサステナブルな教育が不可欠であるという認識に
立ち、教育は何よりも社会全体で責任をもって取り組むべき課題であるとい
う社会的な合意をアジアの各国・各地域で形成することが重要であることを
指摘して、本章の結びとしたい。

〈参考文献〉
阿部治・田中治彦編（立教大学ESD研究センター監修）（2012）『アジア太平洋地
　域のESD――〈持続可能な開発のための教育〉の新展開』明石書店。
北村友人・興津妙子（2015）「サステナビリティと教育――『持続可能な開発のた
　めの教育（ESD）』を促す教育観の転換――」『環境研究』No. 177、公益財団
　法人日立環境財団、42～51頁。
田中治彦・杉村美紀編（2014）『多文化共生社会におけるESD・市民教育』上智大
　学出版。
佐藤学（2012）『学校を改革する――学びの共同体の構想と実践――』岩波書店。
　　＊
ACCU-UNESCO（2013）*Final report of 2013 Education for Sustainable Develop-
　ment（ESD）Centre of Excellence（COE）Experts Meeting*. Tokyo：ACCU-
　UNESCO Asia Pacific COE Programme for ESD.
Australian National Training Authority（2003）*Defining generic skills : At a
　glance*. Adelaide：National Centre for Vocational Education Research.
Fien, J.（2013）"The Past, Present and Future of ESD in Oceania and Asia",
　NIER Research Bulletin, No.142, National Institute for Educational Policy Re-
　search（Japan）, pp.37-46.
IUCN/UNEP/WWF（1991）*Caring for the Earth. A Strategy for Sustainable Liv-
　ing*. Gland, Switzerland：IUCN/UNEP/WWF.
Kitamura, Y.（2014）"Efforts to Promote Sustainable Development through Edu-
　cation in Cambodia," in Thomas, K. D. and Muga, H. E.（eds.）, *Handbook of
　Research on Pedagogical Innovations for Sustainable Development*. Hershey,
　PA：Information Science Reference, pp.673-685.
Kitamura, Y.（2017）"Education for Sustainable Development（ESD）in Asia",
　Oxford Research Encyclopedias : Education. New York：Oxford University
　Press,〈http://education.oxfordre.com/view/10.1093/acrefore/
　9780190264093.001.0001/acrefore-9780190264093-e-12〉（Retrieved on July 15,
　2018）.
Mezirow, J.（1998）"Transformative Learning and Social Action：A Response to

Inglis", *Adult Education Quarterly.* Vol.49, No.1, pp.70-72.

OECD（2005）*The Definition and Selection of Key Competencies : Executive Summary.* Paris：OECD〈http://www.oecd.org/pisa/35070367.pdf（Retrieved on December 22, 2014）〉.

Ryan, A., Tilbury, D., Corcoran, P. B., Abe, O. and Nomura, K.（2010）"Sustainability in higher education in the Asia - Pacific：developments, challenges, and prospects", *International Journal of Sustainability in Higher Education*, Vol.11, Issue 2, pp.106-119.

Saito, E., Murase, M., Tsukui, A., and Yeo, J.（2014）*Lesson Study for Learning Community : A Guide to Sustainable School Reform.* London：Taylor & Francis.

Saito, E., Watanabe, M., Gillies, R., Someya, I., Nagashima, T., Sato, M., and Murase, M.（2015）"School reform for positive behaviour support through collaborative learning：Utilising lesson study for learning community." *Cambridge Journal of Education*, pp.1-30.

Senge, P.（1990）*Fifth Discipline : The Art & Practice of the Learning Organization.* New York：Crown Business.

Senge, P., et al.（2012）*Schools That Learn（Updated and Revised）: A Fifth Discipline Fieldbook for Educators, Parents, and Everyone Who Cares About Education.* New York：Crown Business.

UNESCO（2009）*Review of Contexts and Structures for Education for Sustainable Development 2009.* Paris：UNESCO.

――――（2010）*Education for Sustainable Development Lens : A Policy and Practice Review Tool.* Paris：UNESCO.

――――（2014）*Shaping the Future We want : UN Decade of Education for Sustainable Development - FINAL REPORT.* Paris：UNESCO.

UNESCO Bangkok（2009）*ESD Current : Changing Perspectives from the Asia-Pacific.* Bangkok：UNESCO Bangkok.

UNESCO/IUCN-CEC/Macquarie University（2007）*Monitoring and Assessing Progress During the UN DESD in the Asia Pacific Region : A Quick Guide to Developing ESD Indicators.* Paris：UNESCO.

United Nations（1987）*Report of the World Commission on Environment and Development : Our Common Future*（Transmitted to the General Assembly as an Annex to document A/42/427 - Development and International Co-operation：Environment）. New York：United Nations.

5章 可能世界としての学校

小玉重夫 ◂

1．教育において政治が干物だった時代

（1）政治教育の形骸化

　戦後において政治と教育の問題を考えるうえでの出発点は教育基本法の第14条にある政治的教養の尊重、そして、第2項に書かれてある「特定の政党を支持し、または反対するための政治教育や政治活動」の禁止、この2つの条項の関係をどう考えるか、いいかえれば、政治教育と党派教育の関係をどう考えるかという問題である。一方で政治教育を奨励しながら、他方では党派教育を禁止するというこの2つの条項の関係をどう捉えるかという問題が、戦後の70年の歴史の中で、政治教育そのものが学校の中で行われにくいような状況を形作り、教育において政治は干物として扱われてきた。

　そうした政治教育の形骸化は、一つには、冷戦体制下でのイデオロギー対立によってもたらされた面がある。1954年の旭丘中学事件や1974年の八鹿高校事件などは、そうした対立が顕在化した例であった。50年代の旭丘中学事件についていうと、後にもみるが、生徒会活動の延長線上で、高校生が政治集会、デモに参加していくという動きが、当時の時代状況の中で、生徒をイデオロギー的に動員したと見なされ、党派教育として批判された。旭丘での教育が果たして政治教育だったのか、それとも党派教育だったのかということが争われ、教育二法の制定につながっていく。それから八鹿高校事件があった70年代の問題でいうと、その前に高校紛争があり、その背景には大学紛争があり、高校生・大学生の政治活動がその一部分においては暴力的な活動とも結びついていく。そことの関係で発出されたのが、後述する1969年の「高等学校における政治的教養と政治的活動について」という通

達であった。こういう50年代と70年代という教育が先鋭的に政治化した時代の影響も受けつつ、第14条の第1項が形骸化し、他方で、第2項が肥大化して影響力を持つようになっていく。本来党派教育を禁止する趣旨であった第2項が学校で政治を扱うことそのものにブレーキをかける方向で機能し、教室で政治的な問題を扱うことをタブー視する、あるいは学校現場を萎縮させ政治を干物のようにして扱わせるような空気というものが醸成されてきた。

(2) 憲法制定権力の空洞化

　2015年の公職選挙法改正によって選挙権年齢が18歳以上に引き下げられたことは、以上のような政治教育の形骸化を変化させる契機となる可能性がある。それはどういうことかというと、政治教育の形骸化が憲法制定権力の空洞化と深く関係しているのではないかという点と関連している。それはどういうことか。この点を以下で確認しておきたい。

　日本で18歳選挙権が実現する直接的な要因となったのは、憲法改正の国民投票法が国民投票年齢を18歳以上に定めたという点にあった。つまりこれは改憲の動きと連動しているという側面がある。しかし同時にそのことの持つ意味は、政権与党の思想やイデオロギーのみに帰することのできない広がりを含んでいることをも、同時にみておく必要がある。つまり、戦後70年を経た日本社会の構造転換が大人と子どもの境界を20歳から18歳に引き下げるという問題とリンクしながら、戦後民主主義の再定義、バージョンアップを要請しているという点である。

　すでに別のところ（小玉 2016）でも詳述したように、この、憲法改正をめぐる国民投票や戦後民主主義の再定義、バージョンアップとの関連でふれておきたいのが、ハンナ・アレントのいう憲法制定権力の視点である。アレントは『革命について』というアメリカ独立革命を論じた本の中で、「彼らにとって主要な問題は、権力をどのように制限するかではなく、どのようにして権力を樹立するかであり、政府をどのように制限するかではなく、どのように新しい政府を創設するかということだったのである」と述べている（Arendt 1963：148 = 1995：231）。つまり、アメリカ独立革命がフランス革命やロシア革命といった他の革命と違うのは権力の樹立ということを革命の主

要な課題に据えていたということだ、とアレントは述べる。アメリカ独立革命において憲法制定会議が作られ、憲法ができていくプロセスがある。アレントによれば、そこでの主要な問題は権力の制限ではなくて権力の樹立にあった、いいかえれば、政府の制限ではなく政府の創設にあった、というのである。

　つまり、ここでのアレントの指摘に明瞭に示されているように、憲法には二つの側面がある。一つは、いわゆる立憲主義と呼ぶ場合の私たちの憲法の捉え方であり、権力者や政府の恣意的な行動を制限するために憲法というのは存在するという捉え方である。これは立憲主義の考え方として国民的に共有されている議論で、憲法学者や教育法学者には、憲法のこの側面を重視する傾向があるように思われる。他方で、政治学や教育政治学の観点からみれば、憲法にはもう一つの側面があって、それが、アレントが重視する権力を樹立し政府を創設するという側面である。それは、コンスティテューション（constitution）という憲法を意味する英語の動詞形がコンスティテュート（constitute：構成する、創設する）であるということに現れている。コンスティテュート（創設）するからコンスティテューション（憲法）があるわけで、コンスティテュートするのが誰なのか、という問題である。それは当然人民であり、国民であり、市民であるわけだが、この憲法制定権力の担い手である市民をどう位置付けていくのかという問題が、憲法をめぐるもう一つの問題としてあるということに、アレントは注意を促す。

　戦後日本における政治教育の形骸化は、この憲法制定権力の空洞化と連動していたのではないか。つまり、日本の民主主義における立憲主義のベースになる憲法制定権力の立論が戦後70年の歴史の中で空洞化してきたという問題と、教育基本法の第14条第1項が空洞化してきたこととは、実は連動していたのではないか。そしてこの空洞化していた憲法制定権力をどのように位置づけ直すかがあらためて問われている、そういう大きな流れの中で18歳選挙権の動きが出てきているのではないか。憲法体制を担っていく市民をどう作っていくのかという問題とリンクした形で18歳選挙権の問題が出てきていることを見逃してはならない。

　シティズンシップ教育を政治的な市民を育てるための教育として正面から

位置づけていこう、という議論が政策サイドからも提起されるようになる背景にあるのも、そうした事情であると考えられる。以下ではその点を検討する。

2．ナマの政治の導入

（1）18歳選挙権と教育の再政治化

18歳選挙権導入時に政府が政治教育をどのようなものとして捉えていたかをみる手掛かりとして、2015年秋に総務省と文部科学省が作成した高校生向け副教材『私たちが拓く日本の未来』を検討しておきたい。同書は、18歳選挙権の成立を受けて、高等学校における政治教育の充実に資すべく編集されたものである。副教材は、解説編、実践編、参考編の3部構成からなり、さらに、活用のための指導資料が作成されている。全編を通じて、現実の具体的な政治的事象と向き合うようになるための工夫がなされているが、特に実践編において特徴的なことは、論争的問題を取り上げて、対立や争点を正面から位置づけようとしている点である。

たとえば、実践編第2章「話合い、討論の手法」では、話し合いの振り返りで「対立点は何だったのか」（37頁）に留意がなされ、それに基づいて、「ディベートで政策論争をしてみよう」という課題が設定されている（38頁）。さらに、第3章「模擬選挙」では、実際に存在する政党の政策比較を、自分が関心のある政策について行えるワークシートが示される（66-67頁）。そしてその作業に基づいて、複数の政策を座標軸の中で位置づけ直し、そうした座標軸の中に政党を位置づける作業が行えるようになっている（68頁）。これは、現実の具体的なナマの政治的事象において争われている争点を単なる二項対立の中でではなく、複数の対立軸の中において捉えようとするもので、論争的問題を複眼的な視野でみることをめざすものである。

このように、現実の具体的なナマの政治的事象を論争的問題として捉えようとする視点はこの副教材に顕著な特徴である。その背景にあるのは、「一般に政治は意見や信念、利害の対立状況から発生するものである」（指導資料、21頁）とする政治観である。そのような意見や信念、利害の対立してい

る場合に、論争的問題での争点をいかに理解するかという点にこの教材の焦点が据えられている。これは、イギリスでシティズンシップ教育を主導した政治学者バーナード・クリックのいう政治的リテラシーの核心とも重なるものである。クリックが中心となって起草し、イギリスにおけるシティズンシップ教育の政策文書となったクリック・レポートの全体の構成の中で、その最終章に位置しているのが「論争的問題をどう教えるか」という節であるのは、まさにこの点と深く関わっている（小玉 2016）。したがって、この副教材は、論争的問題の教育によって政治的リテラシーの涵養を行っていくという視点を有している。

　もう一つ、この副教材には重要な特徴がある。それは、この教材の作成を担った作成協力者の中に、18歳選挙権の実現と中高生や若者の政治参加の機会拡大を求めて長く活動してきたNPOや市民運動のメンバーや教師たちが、数多く名を連ねている点である。これは、総務省や文科省が製作したこの種の教材としては、珍しい特徴である。このことは、18歳選挙権の実現とその後の教育政策の動きが、こういったNPOや市民運動に関与してきた人たちの日頃からの実践の積み重ねのうえになされていることを示すものである。と同時に、この副教材が一定、そうした運動や実践の成果のうえに立って作成されていることを示してもいる。

　この副教材に関わっては、公職選挙法上の課題を含め、今後高校での政治教育を進めていくうえで検討すべき課題や懸念が指摘されていることも事実であるが、他方で、これまで政治から排除されてきた若い世代の政治参加拡大を求める運動と実践の一つの成果物であるという側面を有することもふまえておくことが重要である。そしてそのことは、形骸化した政治教育を実質化させ、教育の再政治化をもたらすベクトルを、少なくとも潜在的には秘めていることを示すものであるということができる。

(2) 干物としての政治からナマの政治へ

　そうした18歳選挙権の成立が教育の再政治化のベクトルを秘めていることと関わって次に取りあげたいのは、2015年10月29日に文部科学省がだした通知「高等学校等における政治的教養の教育と高等学校等の生徒による政

治的活動等について（通知）」（以下、「新通知」と表記する）である。これは、前述の1969年に当時の文部省がだした通達「高等学校における政治的教養と政治的活動について」（以下、「69年通達」と表記する）を廃止し、それにかわるものとしてだされた。

　新通知の特徴を、69年通達と比較してみておきたい。69年通達は、当時の高校紛争に対応するために、高校生の政治活動を禁止することを目的としてだされたものであり、「生徒は未成年者であり、民事上、刑事上などにおいて成年者と異なった扱いをされるとともに選挙権等の参政権が与えられていないことなどからも明らかであるように、国家・社会としては未成年者が政治的活動を行なうことを期待していないし、むしろ行なわないよう要請している」と書かれていた。これに対して新通知では、「18歳以上の高等学校等の生徒は、有権者として選挙権を有し、また、選挙運動を行うことなどが認められることとなる。このような法改正は、未来の我が国を担っていく世代である若い人々の意見を、現在と未来の我が国の在り方を決める政治に反映させていくことが望ましいという意図に基づくものであり、今後は、高等学校等の生徒が、国家・社会の形成に主体的に参画していくことがより一層期待される」と述べられている。この、69年通達の「期待していない」から、新通知の「期待される」へのことばの変更に、新通知が高校生を政治的主体として期待し、位置づける立場を読み取ることができる。

　新通知のもう一つの特徴は、政治教育の捉え方にある。69年通達では、「政治的教養の教育は、生徒が、一般に成人とは異なって、選挙権などの参政権を制限されており、また、将来、国家・社会の有為な形成者になるための教育を受けつつある立場にあることを前提として行なうこと」としたうえで、「現実の具体的な政治的事象については、特に次のような点に留意する必要がある」として、「現実の具体的な政治的事象」を取り扱うことについては「留意」を要するという、慎重な記載であった。これに対して新通知では、「議会制民主主義など民主主義の意義、政策形成の仕組みや選挙の仕組みなどの政治や選挙の理解に加えて現実の具体的な政治的事象も取り扱い、生徒が国民投票の投票権や選挙権を有する者として自らの判断で権利を行使することができるよう、具体的かつ実践的な指導を行うことが重要です」と

述べ、ナマの政治である「現実の具体的な政治的事象」を取りあげることを「重要」なものとして、積極的に推奨している。つまり、「現実の具体的な政治的事象」の位置づけが69年通達における消極的なものから、新通知における積極的なものへと、転換している。

　以上のような背景の中に、前述したような、政治的リテラシーの涵養をめざした副教材を位置づけることができる。それは、すでに本章でもたびたび言及してきたところであるが、18歳選挙権成立当時行政担当者との会合などでもいわれていた比喩を用いていえば、「干物としての政治」を扱う教育から、「ナマの政治」を扱う教育への転換がはかられている動きとして捉えることができる。そして、この「干物」から「ナマ」への転換は、戦後の日本における学校の位置づけや性格の変化とも密接に関連づけて捉えることができる。先取りしていえば、それは「干物としての政治」を扱う虚構としての学校から、「ナマの政治」を扱う可能世界としての学校への転換として位置づけられる。次に、その点をみていくことにしよう。

3．虚構としての学校から可能世界としての学校へ

（1）学校の虚構性とその変容

　高度成長期、戦後史の中で政治教育が形骸化していた時代と今との違いを考えていくと、「虚構性の変容」ということにつながるのではないか。虚構としての干物ではなく現実としてのナマの政治を扱うとはどういう意味かというと、学校の外にあった政治が、学校の中にナマの形でに入り込んで来つつあるということである。これは高度成長期の時代には想定されていなかった事態である。どういうことかといえば、高度成長期において学校とは基本的に、まだ大人になっていない人たちのための場所なので、そこで社会や政治のナマの現実を教えることが必ずしも重要とされていなかった。いいかえると、子どもを大人にするということは学校には期待されていなかった。高度成長期の社会は、学校を卒業してから初めて大人になるということを前提にしていた。終身雇用の原則の下、就職、結婚といった社会の通過儀礼を経た後で人間は大人扱いされて大人になっていく。そこで初めて大人としての

いろいろなことを身につけていけばいいのであって、学生時代は社会にはふれずにまず勉強しましょうという時代だった。学校が虚構であるとはそういうことで、虚構の場である学校の中で具体的な大人の社会のことを扱うことは求められていなかったのである。

　虚構という特徴は学校での学力評価においてもみることができる。数学で90点を取った、大学入試センター試験で70％の成績を取ったということが評価されるのは、点を取ったこと自体が評価されているだけで、それによりその人の何がどうなったのかはまったく評価の対象とはなっていない。センター試験で国語・英語・理科・数学・社会の5教科トータルの点数が、たとえば900点満点中の600点の人と700点の人がいたとすると、それはただ600点と700点の違いとして評価される。たとえば同じ600点でも、ある人は数学が100点で英語が30点かもしれないし、またある人は数学が30点で英語が100点かもしれない。しかしそのような内訳は関係なく総得点で評価されるわけである。人間の能力のシグナルとして点数があり、ある人のシグナルは600点だし、ある人は700点、というように、そのシグナルから人間の潜在能力が評価され、学歴と結びついて就職のときに意味を持つという形で、学校と社会はつながっていた。具体的に実社会でどういう人間になり、何ができるようになっていくのかは、会社に入ってからのことでいい。

　このように、具体的な資質や能力ではなく能力シグナルの提供によって学校と社会が結びつくというのが、終身雇用、年功序列型の日本のメインストリームの社会構造だった。これによって日本は高度成長という一定の成功をおさめた。しかしその反面で、学校から具体的な政治的・社会的な事柄を扱うことが排除される時代がずっと続いてきた（小玉 2013：153）。こうしたナマの政治・社会と切り離された学力を「虚構としての学力」と呼びたい。

　そうした虚構としての学力に変化の兆しが出てきたのは1990年代、ちょうど東西冷戦が終わり、政治状況も大きく変わっていった時代である。日本でいわゆる55年体制と呼ばれる政治体制が変わったのも1990年代であるが、学校教育ではゆとり教育が政策として導入されるなど、政治の面でも教育の面でも、高度成長期型の構造を変えていこうという動きが出てくる。こういう時代になると学校の側も、単なるシグナル、虚構としての学力ではなく、

社会に対してより現実的なものを生みだすことが期待されるようになってくる。

　子どもを大人にしないことが積極的に求められていた高度成長期型の学校が、子どもを市民にすることを求められるようになっていく。18歳選挙権、つまり高校3年生の段階で市民を社会に送りだすという課題が政策日程に上ってきたのも、まさにその延長線上にあることとして考えることができる。それは1990年代から2000年代にかけての学校と社会のあり方の変化と密接に関係している。アクティブラーニングに基づく高大接続改革や2020年からの大学入試センター試験の廃止も、一応理念上はこうした動きの中に位置づけられているといえる。

（2）虚構から可能世界へ

　前項で述べたように、学校の虚構性が変容する背景として、18歳選挙権の成立と、アクティブラーニングの推奨、センター試験の廃止が、一体のものとして動いている点が重要である。18歳選挙権の成立が持つ象徴的な意味として、前述したクリック・レポートにあった論争的な問題、干物ではないナマの政治を現実に学校で扱うことが課題として浮上している。高度成長期型の虚構空間としての学校では扱いにくかったナマの政治・ナマの現実が、学校と相互浸透し始めている。これを「可能世界としての学校」と呼びたい。

　可能世界とは、虚構とは異なり、現実世界との相互浸透の中で、複数の現実可能性を含む世界のことである。世の中に政治がある理由は、複数の選択肢が存在するからであり、その意味で政治は可能世界の典型例である。たとえば消費税の税率があがるかどうか、あるいは消費税の税率が何％になるかについてはいくつかの選択肢がある。あがることは既に決まっていてもその実施時期をどうするかなど、現時点においては複数の選択肢があり、そのどれを選ぶかということにはいくつかの可能性がある。それら選択肢を選んだ先のありえる世界、つまり可能世界を考えることが、学校で論争的な問題を扱うということである。したがって、政治教育は学校を可能世界の場にすることを要請する。

（3）「シン・ゴジラ」と日本の政治

　可能世界の一つの例として、2016年公開の「シン・ゴジラ」という映画がある。この映画は、「同時代的な「現実」感覚の中で通用する「虚構」を、「もし本当にいまの社会にゴジラが出現したら」という想定に見合うよう、愚直なまでにこだわり抜いてみせた」ものであったといわれるように（切通2016：69）、原発事故というリアルな世界が、ゴジラという虚構の物語と相互浸透した作品である。2011年の東日本大震災に伴う福島第1原発の事故、それから津波災害、この二つをゴジラという怪獣の中に同時に体現させ、しかもそれが東京で起こったらどうするかという架空の設定で映画がつくられている。

　あくまでこれはフィクション、虚構の世界だ。しかし東日本大震災を描いているので、現実社会と無関係ではない。筆者も公開時に観に行ったが、上映中は会場の空気が凍ったように感じた。ゴジラ映画といえばエンターテインメント性が強い印象だが、「シン・ゴジラ」はドキュメンタリーを観ているようであった。首相官邸で官房長官が記者会見したり、学者が全然役に立たなかったり、本当に数年前に私たちが経験したようなことをリアルに再現していた。加えて、石原さとみ演じる、将来大統領をめざすアメリカのエージェントのような人物が日本にやって来て、日本側の若い政治家とやり取りする場面などは、まさに日米関係を考えさせられる箇所である。関曠野が述べているように、「例外的事態に対処する決断を迫られるという意味で「シン・ゴジラ」はすぐれて政治的な作品」なのであり（関 2016：81）、虚構世界と現実世界の相互浸透の非常に典型的な例として、観る側の、私たち自身の政治的な想像力を掻き立てる映画になっている。

　ゴジラ映画は歴史があり、初代の「ゴジラ」は1954年公開である。当時ビキニ環礁でのアメリカの核実験で第五福竜丸が被ばくする事件があり、日本で反核運動が盛りあがっていく。それを一つの契機として初代「ゴジラ」が生まれた。当時は冷戦の時代で、アメリカとソ連の冷戦構造、資本主義と社会主義というイデオロギーの対立と政治が結び付けて考えられていた時代であった。初代「ゴジラ」が公開された1954年、前述の旭丘中学事件があった。京都の公立中学校で、生徒会役員が先生と一緒にメーデーに参加した

り、反米デモに行ったりというようなことをし、それが中立性に違反すると
して教員が処分され、学校の中でも生徒会と顧問の先生を支援する生徒や父
母と、処分しようとしている教育委員会を支援する生徒や父母が別々の学校
をつくり、分裂授業になってしまったという事件である。そういうことがあ
たりまえのように起こっていた時代であった。

　その意味では初代「ゴジラ」も非常に政治的かつイデオロギー的な映画だ
ったのだが、高度成長期になると、政治はゴジラ映画からは消去されていき、
子ども映画になっていく。ゴジラ映画が子ども映画になっていく過程は、大
人と子どもが生きている世界が切り離されていく高度成長期における虚構と
しての学校の時代に、まさに対応していた。それが今ふたたび「シン・ゴジ
ラ」によって、可能世界と現実世界、虚構と現実が相互浸透していくことは、
18歳選挙権の時代となり、教育と政治が再び混ざり合っていくことを象徴
的に表す事例だといえよう。

（4）可能世界とパラレルワールド

　18歳選挙権を考えるうえでの素材としてもう一つの可能世界の例をあげ
たい。やはり2016年に公開され話題になったアニメ映画で、「君の名は。」
という作品である。東京に住む男子高校生の立花瀧と、地方に住む女子高校
生の宮水三葉、この二人が時間を越え、3年前の三葉と、その3年後の瀧が
入れ替わるという話になっている。お互いが時空を超えて別の存在になり、
パラレルワールド、異なる世界を経験する。「シン・ゴジラ」は虚構の作品
の中にいくつかの選択肢が出てきて、それをどう選ぶかを描くことで、観客
自身が可能世界を経験するという話だが、「君の名は。」は、登場人物が「可
能世界」を経験するという話になっている（渡邉 2016：96）。具体的には
「シン・ゴジラ」と同じく、東日本大震災の経験をベースにしている。三葉
の住む町に彗星が落ち、町が全滅するが、彗星が落ちるその時瀧と三葉の二
人は時間を越えて入れ替わり、三葉たち町の高校生たちが中心となって呼び
かけ、避難をして、みんなが生き残るというふうに歴史を変えていく。こち
らは、ありえたかもしれない別の世界を経験することで、いくつかの可能世
界を行き来するという内容になっている。「シン・ゴジラ」とは別の意味で、

可能世界の経験が展開されている。

4．可能世界としての学校の条件

　これら二つの作品から導きだされるものは何か。戦後の学校と現実社会の関係の変化という点からみれば、先述の通り1954年は冷戦の時代で、教育はイデオロギーによって動かされていた。そういう時代、学校はある意味、理想世界の体現の場であり、理想が現実を動かしていくということがそれなりに信じられていた（**理想世界としての学校**）。アニメ「鉄腕アトム」では、アトムは原子力エネルギーの体現者、未来世界を象徴するロボットとして出てくる。アトムと妹のウランが正義の担い手として社会に向かい合っていくというような、科学技術、それからイデオロギーに対するある種の信仰というものが現実を動かしていくことが、学校と社会とのつながりの中で存在していた時代であった。

　それが高度成長期に入っていくと、学校は社会から切り離された虚構の世界になり、政治は干物として扱われるようになる（**虚構としての学校**）。社会は社会で存在し、教育とナマの政治は切り離されていく。それはちょうどゴジラが子ども映画になっていくことと、時代的にも非常に重なっている。しかし今の私たちが生きている社会は、そうした虚構と現実が切り離されていない、むしろ可能世界と現実世界という形で相互浸透し教育がナマの政治とつながり始めている（**可能世界としての学校**）。その象徴として「シン・ゴジラ」あるいは「君の名は。」という作品は存在している。そうみれば、18歳選挙権というものが持っている歴史的な射程もみえてくるのではないか。

　すなわち、イデオロギーが理想を体現していた時代における教育と政治の結びつき方とは異なる形で、再び教育と政治が相互浸透し始めているありようを、それは示唆している。宇野常寛の言い方をふまえていえば、「シン・ゴジラ」のアイロニーを「左右の20世紀的イデオロギーへの回帰運動に回収」してはならないし、また、「君の名は。」を、震災を忘却して安心するという「政治的なものの忘却への肯定」へと回収してはならないのだ。そうで

はなく、それらの延長線上に、「現代的な世界と個人、政治と文学の関係を描き、再設定的に問い直すこと」が求められている（宇野 2017：436）。そうした再設定を可能にするものこそ、可能世界としての学校という視点である。

　二つの作品は可能世界と現実世界の相互浸透がテーマとなっている。両者の相互浸透において、未来の選択は必然的なものとして規定されることはない。

　学校が理想世界の体現の場であった時代は、未来は予見可能なもの、必然的なものとして捉えられていた。これに対して可能世界としての学校では、未来は予見不可能性であり、偶然的なものである（大澤 2016）。理想世界としての学校から可能世界としての学校への移行はしたがって、予見可能な必然性に定位する立場から、予見不可能な偶然性に定位する立場への移行であるということもできる（Lewis 2013／Rancière 1998=2005／Biesta 2015=2017／Biesta 2006／Biesta 2010=2016／小玉 2016）。そうした可能世界と現実世界の相互浸透のただ中で、そこに予見不可能な偶然性に定位する来たるべき民主主義を見出すことこそが、可能世界としての学校における政治教育の条件となるであろう。

付記：本章の前半は小玉（2016）の終章を、後半は小玉（2018）の第6節をそれぞれもとにして、その後の展開をふまえて再構成したものである。議論の詳細については、これらの拙著もあわせて参照いただければ幸いである。また、本章の脱稿後にセンター試験の廃止が政治問題化したが（2019秋）、これについては本章で提起した枠組みをふまえて小玉（2013）の続編を構想中であり、あらためて詳述の機会をもちたい。

〈参考文献〉
宇野常寛（2017）『母性のディストピア』集英社。
大澤真幸（2016）『可能なる革命』太田出版。
切通理作（2016）「私たちの今日と『シン・ゴジラ』」『ユリイカ』No.691、青土社。
小玉重夫（2013）『学力幻想』筑摩書房。
小玉重夫（2016）『教育政治学を拓く――18歳選挙権の時代を見すえて』勁草書房。
小玉重夫（2018）「ポストトゥルースの時代における教育と政治――よみがえる亡

126

霊、来たるべき市民——」『近代教育フォーラム』第27号、教育思想史学会。

関曠野（2016）「『シン・ゴジラ』の政治学——主権についての不安な意識」『ユリイカ』No.691、青土社。

総務省・文部科学省『私たちが拓く日本の未来——有権者として求められる力を身に付けるために』（2018一部改定版　生徒用副教材）〈http://www.soumu.go.jp/main_content/000492205.pdf〉（2019年1月7日アクセス）。

渡邉大輔（2016）「彗星の流れる「風景」——『君の名は。』試論」『ユリイカ』No.687、青土社。

　　　＊

Arendt, H.（1963）*On Revolution*, Penguin Books.（『革命について』志水速雄訳、ちくま学芸文庫、1995年）

Biesta, G. J. J.（2006）*Beyond Learning-Democratic Education for a Human Future*, Paradigm.

Biesta, G. J. J.（2010）*Good Education in an Age of Measurement*, Paradigm.（『よい教育とはなにか』藤井啓之・玉木博章訳、白澤社、2016年）

Biesta, G. J. J.（2015）"Democracy in the kindergarten: Helping young children to be at home in the world". In K.E. Jansen, J. Kaurel & T. Pålerud（Eds）, *Demokratise praksiser i barnehagen*（pp. 21-46）. Bergen : Fagbokforlaget.（「幼稚園のなかのデモクラシー」鈴木康弘・高田正哉訳・小玉重夫監訳『研究室紀要』第四三号、東京大学大学院教育学研究科基礎教育学研究室、2017年）

Lewis, T. E.（2013）*On Study : Giorgio Agamben and educational potentiality*, Routledge.

Rancière, J.（1998）*Disagreement*, translated by Julie Rose, University of Minnesota Press.（『不和あるいは了解なき了解』松葉祥一・大森秀臣・藤江成夫訳、インスクリプト、2005年）

6章 グローバル化と英国の公教育政策
——1980年代教育改革の含意

はじめに

　本章は、英国の教育政策の展開を「グローバル化」をキーワードに再分析することを目的とするものである。現在展開されている多くの「グローバリゼーション」論は、経済や文化、政治における欧米（あるいは先進諸国）的な手法や価値が、いかに周辺的な国々や社会に浸透しつつあるのかという枠組み、あるいは超国家的組織の誕生が「国民国家という概念や実態に与えてきた影響」等々の関心を中心に論じられてきた。現在のグローバル化の主たる担い手はアメリカであり、EUなどはアメリカとの対抗的な関係で論じられることも少なくないのであるが、ドイツやフランス、また英国のような先進諸国家は、グローバル化の潮流の全体像の中ではアメリカに類する存在として描かれることが多く、その影響の受け手として分析される機会はあまりなかったように思われる。結果としてそれらの国々は、グローバルな兆候が顕著になりつつあった当初、どのようにその影響を受けてきたのかということについて分析されないまま、グローバルなものの発信者と見なされるようになった。たとえば、望田研吾の研究（望田 2010）をみるならば、「グローバル・イデオロギー」としての新自由主義のインパクトを議論の対象としているが、それは新自由主義がすでにグローバルなものとして現象化していることを前提に、1990年代以降のグローバル化の現象と影響を検証しようとするものであって、新自由主義がグローバル化という現象といかなる関係を取り結びつつ形成されてきたのかということを論じるものではない。しかし、英国もまた一つの国民国家として発展し、いずれかの段階で今日的な地球規模の構造変革の影響を受けてきたはずである。

本研究は、その時期と実際の動きを明らかにすることを試みるものである。また、グローバル化が英国の教育政策に与えた初発の影響を、主に経済的な側面に絞って論じることを目的とするため、移民問題、国際学力問題は本章の議論の対象外とする。

1. 世界の中心から周辺へ

(1) グローバル化と国民国家

「グローバリゼーション」という用語は、地球規模の経済上の変化を表現するために、ハーバード・ビジネス・スクールの経済学者セオドア・レビットが1985年に使用し始めたものであり、この用語はやがて、「世界の人々の幾つかの大きなまとまりに、共通したやり方で影響を与えるような政治的、文化的な変化」にも適用されるようになった、とジョエル・スプリングは述べている（Spring 2015 : 3)[1]。しかし、幾つかの領域における現象としての「世界規模化」は、必ずしも20世紀後半特有の現象ではなかった。これについては、アンディ・グリーンが、ハーストとトンプソン[2]の、商品、資本、労働の国際的流動化の変化をエビデンスとした研究に依拠しつつ、論じている（Green 1997=2000 : 208）。それによれば、自発的な移民の動態は、1815年以降、特に顕著に増加している。この時期、ヨーロッパから6千万人、それとは別にロシアから1千万人が他地域に移動し、約百万人が南ヨーロッパか

---

1 Spring, *Globalization of Education*, Routledge 2015, p.3.の記述であるが、p.27 注7で、Nelly P. Stromquist, *Education in a Globalized World : The Connectivity of Economic Power, Technology, and Knowledge*（Lanham, MD : Rowman & Littlefield, 2002. からの引用である旨が記されている。しかし、レビットは1983年にハーバード・ビジネス・レビューに「市場のグローバリゼーション（The Globalization of Markets)」という論文を寄稿しているため、正しくは1983年であろう。

2 Pauland Hirst, Geoff Thompson, 'Globalization and the Future of the National State', *Economy and Society*, Vol.24, No.3, 1995, *Globalization in Question : The International Economy and Possibilities of Governance*, Cambridge : Polity, 1996. など。

ら北米に渡っている。これらの数値からも明らかなように、1840年から半世紀における人口動態上の変化は大規模なものであり、これに比較すると、第二次大戦後の人口移動は相対的に少ないということがいえる。その要因として、グリーンは、労働市場が依然として国内問題であること、地球上からかつての「フロンティア領域」が消滅したこと、加えて移民に対する各国政府の抑制政策という障壁などによって、経済移民の機会がむしろ制限されるようになってきたことなどをあげている（Green 1997=2000 : 208）。

　グリーンは、上記のように、長期的にみた場合に20世紀後半以降のグローバル化の規模が必ずしも新しい現象とはいえないものであるということを示しながら、グローバル化によって国民国家の役割は終焉し、消滅するのみという極端な論陣を張るポストモダン派の議論を疑問視する（Green 1997=2000 : 173）。そして、グローバル化する世界においても、国民国家の枠組みは維持されうること、また国家が「国民教育制度に対する相当の統制力を依然として行使」しており、「国家目的を達成するために、これを利用している」ことを強調する（Green 1997=2000 : 237）。グリーンのグローバリゼーション論は、グローバル化する世界の中でも国民国家は国際政治の単位を形成するものとして生き残り、また、「教育を、経済面かつ社会面の双方において、国家の発展の重要な手段」と見なし、「このような目的に向けて舵取りをしようとするだろう」として、大きく変質する国際秩序においても、国民国家はその存在感を縮小することなく、存続し続けるであろうことを主張するものである（Green 1997=2000 : 15）。また、教育制度については、学生とスタッフの異動の増大、他国とのアイデアの交換、カリキュラムにおける国際化などの現象を視野に入れながらも、グローバル化によって国民教育制度は終焉することはないとし、それらを単なる「部分的な国際化」であるとみる（Green 1997=2000 : 224）。

　たしかに、グローバル化がより一般的なものとなっている今日でも、国民国家は健在である。しかし、だからといって、国民国家に対するグローバル化の影響を過小評価することはできない。アンソニー・ギデンズは、「国際的な舞台では、国民国家は最も重要な行為主体であり続けている」（Giddens 2000=2003 : 139）として、国民国家が依然としてその存在感を失っていない

としながらも、一方で、今日のグローバルなシステムを国家のレベルだけで記述したり分析したりすることはできないとも論じている（Giddens 2000＝2003：140）。「グローバル市場の強力な影響力と新しいコミュニケーション技術」、また、「下からのグローバリゼーション」のうねりの存在は、国民国家の主権そのもののあり方に影響を及ぼすからである（Giddens 2000＝2003：140）。スプリングもまた、世界規模で起こっている物事が、国や地域の学校制度に影響を及ぼしてきたと述べる。彼は、「グローバルな教育政策と実践は国家や個々の学校を超えた上部構造」に存在しているのであり、「多くの国家が地球規模の経済の中で競争するために」、政策をこうした上部構造から採用することを選ぶようになっているという（Spring 2015：1）。

　端的にいえば、グローバル化の真の影響とは、「国民国家の役割を変える」ということであった（Carnoy 1999＝2014：75）。経済のグローバル化において、国民国家が直接的に演じる役割は限定的なものであり、また、その結果として国民国家は政治的正統性を失ってきた。しかし、同時に、国民国家（および地方政府）は、「経済並びに社会開発の必要条件を創造する能力」に自らの正統性を依拠することになる。そして、この必要条件は、国家がいかに教育制度を構築するかということに、一層左右されるようになっているのだ（Carnoy 1999＝2014：75）。こうして、徐々に学校はグローバルな労働市場に巻き込まれるようになり、ビジネスの要求に合わせて人間の振る舞いを形成することをめざすようになる（Spring 2015：2）。上記のような関心に基づき、本章は、超国家的に形成されてきた国際市場の圧力が英国の学校教育制度に、いつどのような影響を及ぼしたのか、特定することに関心を寄せる。

（2）危機の自覚

　先述したように、グローバル化は20世紀後半に特有の現象ではなく、前世紀においてはより著しいものであったとみることができる。そしてその時、工業生産の領域において世界を主導していた英国は、まさにグローバルな世界の中心に存在していた。しかし、「大英帝国」の全盛期、すでにその威信には陰りがみえ始めていた。ベーコンとエルティスは、世界市場でイギリスの輸出のシェアが低下し始めた時期を1870年頃とみており（Bacon and Eltis

1978=1978：22)、同様に、西沢保はバリー・サップルの「政府経済調査とイギリスの産業衰退」がイギリスの衰退の兆しが1880年代に現れたことを示唆していると紹介している（西沢 1999：3）。この時、経済的に台頭し始めていたのはアメリカとドイツであった（平井 1999：103）。しかし、このことは、当時の英国の経済状況が急速に悪化していたということを意味するわけではない。他国の発展が深刻に英国の地位を脅かすほどの脅威になるのは、ずっと後のことである。19世紀の「陰り」はあくまでも「兆し」に過ぎず、実際には「一九世紀のほとんどすべての期間にわたって、イギリスは世界の工業生産の主導的地位」にあった（Aldrich 1996=2001：201）。

　20世紀に入ると、恐慌や大戦などの複数の出来事がしばしば英国経済を脅かした。しかし、英国経済はこれらの危機を乗り越え、大戦後の1950年代にはそれなりの安定を取り戻していた。オルドリッチは、「一九五〇年においても、イギリス人は世界最高水準の生活を満喫していた」（Aldrich 1996=2001：201）と述べ、井上義朗もまたこの時期の英国を評して、「イギリスは1950年代を通じて、経済的にはすこぶる良好な成績を収めてきた。それは一時的だったにせよ、おそらく大英帝国時代も含めて、イギリスが最も安定し繁栄した時期だったと言ってよいだろう」（井上 1999：172）と記述している。この時期の評価としては、アリソン・テイサムも「イングランドは、1950年代から1960年代にかけて、経済的安定と成長を享受しはじめた」（Taysum 2013：41）と述べている。このように、英国経済は、1950年代においては比較的安定していたというのが共通の評価であるが、この安定は長期的なものとはならなかった。同時期、他の国々は英国よりはるかに急激に成長しており（Aldrich 1996=2001：151）、国際経済競争という文脈においては、この後、英国はそれらの国々に相対的に遅れを取っていくことになる。

　経済的にはむしろ安定していたとみられているこの時期は、一方で英国が国際関係における首位性を実質的に失っていく時期でもあった。1956年のスエズ危機は、その象徴たる出来事である。戦後、英国の植民地は次々と独立していき、帝国としての構造もアイデンティティも失われていった。世界秩序もまた、米ソ両大国の冷戦構造の中で方向づけられるようになり、「イギリスは世界体制の中枢国としての地位を完膚なきまでに喪失」（平井

1999：103）していったのである。平井俊顕はこうした状況を評して、英国
は「ヨーロッパの中の一国という、比喩的にいえば16世紀の状況に舞い戻
る」（平井 1999：104）ことになったとまで述べている。こうして、帝国の役
割を終えたイギリスは、スペイン無敵艦隊撃破以前のごとき「ヨーロッパ統
合の一員としての地位を、苦悶の中から受容」しなければならなくなったの
である（細谷 2006：119-120）。

　しかし、英国にとって本格的な試練が始まるのは、それからであった。
1960年代半ばから1970年代にかけて、英国経済は深刻な危機状態に陥る。
この時期、英国の経済成長は停滞し、失業率が上昇、インフレが起こり、ポ
ンドの価値は低下した（Bacon and Eltis 1978=1978：24）。こうした経済の悪
化の一部は石油危機によって引き起こされたものではあったが、その他の要
因とも相まって、この時期の英国の困難は、他の国よりもはるかに大きいも
のとなった。ベーコンとエルティスは、「他の主要国の経済で、各経済目標
の達成にイギリスほどの失敗をこうむったものは」なかったと述べている
（Bacon and Eltis 1978=1978：59）。オルドリッチもまた、戦後、幾つかの要因
によって「きわめて大きな経済成長の機会」がもたらされたにもかかわらず、
「世界市場におけるイギリスの商品と生産者の相対的な失敗は、すぐに明ら
かになった」と述べる（Aldrich 1996=2001：152）。1976年にはついにIMFの
支援を受けることになるが、その後1980年代になっても、英国経済はドイ
ツや日本を含む諸外国に圧倒され、なかなか回復のペースをつかめなかった
ことは周知のことである。

（3）産業競争力と学校教育

　英国は、産業発展のための手段としての学校教育制度の整備に対して消極
的であった歴史を持つ。しかし、誰もが無関心であったわけではない。19
世紀に他国が台頭し始めた時、多くの英国人が、諸外国の産業上の競争力が
教育と結びついたものであることを理解していたとオルドリッチは述べ
（Aldrich 1996=2001：161）、また、ブライアン・サイモンも、この時期に複数
の産業家が産業振興のために学校教育の充実の必要性を認識していたことを
明らかにしている。たとえば、自由党の下院議員で鉄鋼業者・技術者でもあ

ったバーナード・サミュエルソンという人物は、ヨーロッパの技術教育に関する王立調査委員長を務め、英国と外国との比較研究の成果として、「大陸の産業と比べての英国の科学と技術の劣弱なことと、教育体制の不備との両方についての、手きびしい証拠」を突き付けている（Aldrich 1996=2001 : 161/ Simon 1965=1980 : 184）。他にも、ライアン・プレイフェア、T. H. ハックスリィ、H. E. ロスコーなどの科学者、「産業化の中でも一層見識のある連中」が教育の状態についてかなりの関心を示すようになっており、彼らは1860年代にすでに科学・技術教育の振興の必要を唱えていた（Simon 1965 =1980 : 183‐184）。その頃台頭しつつあったドイツが科学技術教育の体系を整え、それが産業振興と結びつきつつあったことも、すでに意識されていた。多くの産業家が、1870年基礎教育法を支持した背景には、こうした外国勢力の台頭に対する意識が存在していたとサイモンは指摘する。しかし、このように先見的な産業家たちの間には科学・技術教育の発展をめざす重要な動きがみられたものの、国際貿易の成功によって、彼らの危機感は「既成の産業の側」には共有されず、20世紀初頭まで「基礎的産業の設備を近代的なものに更新せずに済まそうとする傾向」が続くこととなる（Simon 1965 =1980 : 185）。その結果、英国においては産業の基礎となる技術発展の優先度は低いままとなり、また、「ドイツやスイスが手本であるような、科学と技術――また教育と産業――の統合された体制」は、またもや緊要のものとされなかったのである（Simon 1965=1980 : 185）。

　こうした産業技術に対する軽視が後々英国の衰退に結びついていくことをわれわれに予感させつつも、英国の帝国意識は20世紀に入ってますます強まり、指導者層の意識も旧態依然たる階級主義的なものにとどまっていた。サイモンは当時の政治家バルフォアが「価値ある教育のすべては、宗教的精神によって充満されていなければならないこと、知的エリートでないものに対する通俗的な科学の教育、あるいはいかなる科学の教育も、社会のほかならぬ土台、その"若木"の存続－進歩にとって有害であることを、ともに信じていた」ことを示し、こうした見解が世紀転換期である当時、「教育の展開に影響を及ぼす力をもつ人々に支配的な見地」であったと述べている（Simon 1965=1980 : 191）。科学技術教育に対する見下しが階級主義的なメン

タリティを背景にしていたものであることを、改めて認識させられる。

　一般的に英国の学校教育は、産業の発展とは結びつけられてはこなかった。こうした問題は、産業革命が教育水準の低い労働者によって支えられていたことに起因するものであり、それは第二次世界大戦までほとんど変わらなかったと、メイナードは指摘する（Maynard 1988=1989：217）。オルドリッチも、イギリスの技術的進歩が「組織的・学術的な文脈ではなく、産業的・企業的文脈の中で生じた」（Aldrich 1996=2001：154）ことと、教育改革に対する関心の低さの関係を結びつけて論じている。西沢保も、マーシャルの経済理論を対象とした研究において、マーシャルがイギリスの教育がドイツのそれより一世紀以上遅れていたと述べたことを示し、英国の実業家が、教育制度の貧困が産業上の主導権の凋落の主要な原因の一つであることを認識することが遅かったことを指摘している（西沢 1999：6）。1944年教育法はそうした問題に対応する試みとしての意味を持つものであったが、結果は失敗であった。「いわゆる一般教養の重視と技術教育の軽視は、熟練した工業労働力を育てるという喫緊の課題とは関係がないものだった」（Maynard 1988=1989：218）からである。メイナードはさらに、カリキュラムを比較し、西ドイツのそれが科学、技術、産業界の要請にそった中等教育を重視しているのに対し、英国のそれが大学入学の要件を重視するものであったことを明らかにしている（Maynard 1988=1989：219）。いずれにしても、オルドリッチが述べるように、第二次産業革命における技術開発が応用科学を本格的に適用するための正規の技術訓練と教育を必要とするものであった（Aldrich 1996=2001：154）以上、こうした課題に対応するための教育制度やカリキュラムの現代化において立ちおくれた英国が、経済競争のなかで他国の後塵を拝するようになっていくのは必然の成り行きであっただろう。

　こうして、19世紀には依然として世界の筆頭国であった英国は他国との産業競争において徐々に遅れを取るようになり、部分的にはそのことと関わって、国際政治における首位性も失っていった。それが決定的になったのが1970年代であったといえるだろう。しかし、他国との関係でいうならば、19世紀を含めてこうした事態を予測できる幾つかの契機があり、複数の人々が教育改革の必要性を示唆していた。それにもかかわらず、この時期に

至るまで、英国の教育の現代化は実現しなかった。オルドリッチは「多くの生徒は学校と仕事を明瞭に対立させていた」（Aldrich 1996=2001：66）と述べているが、仕事の領域と学校を関連づけないような学校文化が強固に根付いていたためかもしれない。また、西沢が、「（1970年代に至っても―引用者）イギリス人は、もう10年は気楽にやっていても、他のどの国民よりも豊かな所得を期待できるという暢気な考え方を続けた」（西沢 1999：6）と述べているように、事態の深刻さがあまり認識されていなかったのかもしれない。この点については、サッチャーも同様であったと見なさざるをえない側面がある。いうまでもなくサッチャーは大々的な教育改革に取り組んだ首相であったが、それが本格的に開始されるのは、政権の後半であったこともまた、事実であるからだ。これについては、メイナードも、「イギリス経済のパフォーマンスの悪さの背景に教育・訓練制度の欠陥があるにもかかわらず、サッチャー政権は改善に取り組むのが遅かった」と述べ、本格的な改善策が取られたのはようやく1986年になってからであったことを、指摘している（Maynard 1988=1989：221）。

2．1980年代教育改革の本質

（1）経済競争のための教育改革

　上述したように、英国において本格的な教育改革が着手されたのは1980年代後半以降である。しかし、一方で、教育をめぐる改革のディスコースは、70年代には形成されつつあった。そうしたディスコースの形成に良くも悪くも寄与したのは、1969年から1977年まで5回にわたって刊行された『教育黒書』である。1969年3月に刊行された第1巻の冒頭には、「国会議員の皆さんへの手紙」として、同書刊行の趣旨が簡潔に述べられている。そこでは、その頃になされた教育改革の結果、「アナーキズムがおしゃれになりつつある風潮」や、生徒と教師の関係が崩れてきたことなどが問題とされているほか（p.1）、進歩主義や総合制学校の導入などによる教育改革によってかえって水準が下がっているということが批判の基調となっている。具体的には、公教育費が増加し学級規模も小さくなるなどの改革がなされているにも

かかわらず、総合制学校や進歩主義の誤った考えによって以前よりも状況が悪くなっていること、とりわけ平等主義は、優秀な（労働者階級の）生徒にとって、むしろその機会を狭めるものになってしまっていることなどが批判されている。その論調は、14歳で離学した成功的な事業者が、英語において優秀な成績で大学を卒業した者を雇用した際に、文章やスペルなどを直してやらねばならなかったことに驚いたというエピソードなどが、新しい制度のもたらした教育水準低下の具体例として紹介されているように（第1巻、p.6）、些か懐古趣味的に思われる。また、同巻には、平等主義批判の論考が2本掲載されているが（アンガス・モード「平等主義の脅威」pp.7-9／ジョン・スパロウ「平等主義と学術「エリート」」pp.64-66）、そこで批判されているのは、平等主義によって優れた才能を持つ生徒が凡庸にされてしまうことであり、国際的な産業競争に対する英国の国力増強という観点は見出せない。

　1975年版冒頭のまとめをみると、第1号は、進歩主義に対する批判が中心であり、また、第2号（1969年10月）と第3号（1970年）についても、それらが批判の対象としているものが、進歩主義と非選抜的な平等主義教育であることが述べられている（p.3）。第1〜3号は、石油危機以前の1969年、1970年の刊行であるため、全体として国際競争における手痛い敗北というような喫緊の課題意識があまり強調されていないということは、特に指摘するほどのことではないかもしれない。しかし、前述したように、英国の経済が1960年代半ば頃から一層危機的になっていたことに鑑みるならば、やはりこの頃の教育改革の必要性の主張に国際的な産業競争に対する危機意識を見出そうとする方が自然であるだろう。

　一連の黒書の複数の号に寄稿しているリチャード・リンという人物がいる。ケンブリッジ大学出身の心理学者で、アルスター大学で教鞭を取っていた人物である。この人物は「総合制と平等（Comprehensives and equality）」（第2巻）、「ストリーミング：水準と平等性（Streaming : standards or equality）」（第3巻）、「競争と協力（Cmpetition and co-operation）」（第5巻）の3本を寄稿している。最初のものは、英国の教育が伝統的にエリート教育を行ってきたこと、アメリカの総合的な教育制度に比して英国の伝統的な教育がいかに優れたものであるかということが繰り返し主張されている。特に興味深いのは、

「学問によらない成功（Non-academic success）」という節で、階級ゆえに優
秀な生徒が早期に離学することは人権問題であるだけではなく人材を無駄に
することであるとする批判意見に対し、英国の産業を下支えしている小企業
がこうした早期離学者によって起業されているものであると反論している点
である。そのような実例として、レスリー・マッチボックス・トイ社を興し
たジョン・オデル（14歳で離学）や、同じく14歳で離学したケン・ウッド[3]
の名があげられている。さらに、大企業の管理者のうち大卒者は四分の一に
過ぎないと述べている。もちろん、リンのこの主張を英国人の一般的態度と
みることは適切ではないが、黒書による教育改革批判という文脈において、
知的階層に属する論者がビジネスの成功と教育を結びつけない考えを示して
いることには興味を引かれる。

　一連の黒書のうち、産業経済における国際競争という文脈で、論調に変化
が起こるのは、1975年版である。この黒書では冒頭に「10のポイント」が
掲げられている。ちなみに、リンは、1970年の第3巻において既に、外国と
の競争力についてふれている。それは第5巻（1977年版）のものよりも控え
めではあるが、英国の経済的不調が、人々があまり競争的でないことに起因
するものであることを主張するものである。これに鑑みるならば、1975年
版以前に外国との経済産業上の競争と教育との関係についての意識が皆無で
あったとはいえないものの、1976年にIMFから融資を受けるほどの英国財
政の悪化を与件とするならば、1975年版、1977年版の黒書もまた、教育改
革を通じて英国の産業競争力のテコ入れを強く主張する類のものではない。
その意味では、一連の黒書における論調の変化もそれほど顕著なものではな
いかもしれない。そうしたことを視野に入れつつ、再び1975年版をみるな
らば、10のポイントの中で本章の関心と関わってくるのが、二つ目のポイ
ントである。すなわち、「進歩主義教育の非競争的なエトスに私たちの学校
を支配させてしまうならば、私たちは海外の競争者からの激しい競争に直面
した時に、私たちの生活水準を維持できない世代を生み出してしまうだろ

3　英国の調理器具会社であるケンウッド社の創業者ケネス・メイナード・ウッ
　ド。

う」という記述にみられる問題意識である。さらに、1977年版の内容をみると、リンは、論考「競争と協力」において、「人々の競争的動機付けを減少させようとする進歩主義の計画が成功した場合の、この国の経済と防衛への含意を考えてみよう」と問題提起し、一つの譬えを示している。すなわち、英国の自動車会社が国有化されて単一の国営企業になったならば、現在の複数の自動車会社の間の競争は減じる。しかし、その国営自動車会社は、世界市場で外国の自動車産業と競争しなければならないのだ、と。そうなれば、国内の競争はなくなるが、「この国は外国から食料を買うための収入を得ることもできなくなる。一部は餓死してしまうだろうし、一部は最低限の農業で生き延びなければならない」（p.112）。ここでは教育制度（あるいは方法）のあり方を見直さなければ、英国は早晩他国よりもはるかに遅れた状態に陥ってしまうであろうという危惧が示されている。他国との競争における英国の敗北に対する意識についていうならば、これまでよりは多少厳しく、英国の置かれている状況を評しているように思われる。

　藤田弘行は、1977年の黒書第5巻について、80年代にサッチャー政権の下で活躍するニュー・ライトのイデオローグ達がそれに参加し、新しい流れを引き込んだとみている。その意味で、黒書第5巻は、1970年代の運動を80年代に橋渡しする重要なものであったと述べる（藤田 1990 : 146）。しかし、おそらく黒書の議論が必ずしも直線的にサッチャー政権の政策課題に結びついていったわけではない。1979年の保守党政策綱領の教育に関する項目では、教育水準を上げること、そして親の権利と義務についてふれられてはいるが（まだ、学校選択については明記されていない）、1975年、1977年の黒書にみられるように、そうした改革が産業経済や世界市場に結びつくものとしては記述されていない（脅威を増す世界に対する英国の国防についてはふれられているが）。そして、サッチャー主義の代名詞ともいえる「民営化」が政策綱領に登場するのは、1983年のことである（Gray 1998=1999 : 40）。この1983年綱領は、変容する産業構造への対応の必要性に言及しながら、学校教育においては「優秀さの追求」として、学校教育に対する親の選択と影響を拡大する考えを表明している。

　1983年政策綱領では、1979年5月に政権についたときのことを、当時英国

が経済的危機の状態にあり、「隣国よりもはるかに後ろに追いやられていた」
と振り返り、1987年綱領は、「英国はかつて、世界の何事においても先駆者
であった」と述べつつ、「英国はまた、国際的な舞台で主要な役割を演じて
いる」「保守党政権によって、英国は国際的に強く責任ある役割を演じてい
る」と断言している。しかし、これらを言葉通りに受け取ることはできない
だろう。政策綱領というものは、基本的にはこれまでの自らの政権運営の成
果をポジティブに語るものだからだ。この時期、サッチャーは国際政治や防
衛をめぐって強気の態度と発言を示し目立ってはいたが、「国際的に強く責
任ある役割」を裏打ちすべきイギリス経済はといえば、依然として他国より
も不利な状況にあった。そして、この1987年綱領で、保守党政権はようや
く抜本的な教育改革を打ちだす。この綱領で、すべての中等学校や多くの初
等学校が学校評議会によって運営され、自ら予算を立てることができるよう
にする、親の選択を高める、公立学校がLEAから離脱することを認める等、
1988年教育改革法で実現される教育改革案が打ちだされたのである[4]。

(2) グローバル化と新自由主義

　ここで考察したいのは、グローバル社会への対応としての新自由主義改革
の含意である。サッチャーはイギリスの経済衰退をもたらした要因として、
「①貨幣的・財政的統制の欠如、②労働組合の権力の強大さ、③政府の介入
と課税の高すぎる水準、④高福祉ゆえの低賃金の仕事をするインセンティブ
の欠如」などを強調した（阿部 1999：136）。また、「イギリス産業の貧弱な
国際競争力」の原因を、政府による産業への不必要な介入であると認識し、
国家が産業から撤退することで企業家精神を活性化させ、産業を再生しよう
とした（阿部 1999：137）。こうした考えに基づいて展開されたサッチャー政

4　1985年にだされた教育科学省の学校白書『より良い学校（*Better Schools*)』で
　は、テクノロジー時代において若者の企業心（enterprise）と仕事生活への適応
　性を高めることを学校の責務とし、カリキュラムと試験・評価制度、教師の力
　量、学校ガバナンスなどの見直しの必要性を主張している。この白書ではまだ
　「選択と多様性」をキーワードとした学校教育ガバナンス改革という課題は、前
　面には出ていない。

権の政策について、グレイは「イギリス特有のジレンマに対応するのに必要だったにすぎない政策」であったとしている（Gray 1998=1999：23）。グレイが述べるように、サッチャー（すなわち英国）の自意識は、政策文書の所々にそれへの意識を垣間みせつつも、必ずしもグローバル経済や世界市場への対応という課題を全面的に示してはいなかった。しかし、グローバル市場経済は、「減少する天然資源をめぐる地政学的争いの中に主権国家を対立させるように作用させ」てきたのであり（Gray 1998=1999：29）、そうした経済競争において1970年代の英国は既に敗北していた。英国にとって自国の経済の立て直しは、国際的な経済競争の敗北から立ち直ることであり、さらにグローバルな経済圧力に対抗する手段を新たに見出す必要があった。従来の設計主義の経済計画ではもはや、急激に変化する世界市場の要求により柔軟に対応することはできなくなっていた。民間の感覚で、新しいビジネスチャンスに敏感に反応することが必要になったのである。

　同様のことが、教育制度にも適用される。世界市場で必要とされる知識が変わり、また、世界レベルで労働市場が形成されるようになると、英国の教育制度もそれに対応できるような制度へと変革される必要が生じた。サッチャーは、教育界が生産者優位のエトスによって支配されてきており、そのことが教育の消費者に損害を与えてきたと考えた。グリーンは当時の政府が「国家独占と国家社会主義」を英国最大の弱点としてそれを一掃しようとしたと述べているが（Green 1997=2000：136）、公教育においてそれを担ってきたのが、その「教育の生産者」、すなわち、地方教育当局、教員組合、教員養成機関であった。そして、それらの代わりに、私企業、倹約、個人責任という「伝統的価値」が促進されたのである（Green 1997=2000：136）。一般的な公共改革においては、「公共サービスの民営化、労働組合の弱体化、専門職の特権の剥奪」（Green 1997=2000：136）が進められるが、教育改革においては学校がLEAの管理から外され、内ロンドン地方教育当局が廃止された。また、私学就学援助計画、シティ・テクノロジー・カレッジ、国庫補助学校（GMS）の創設、学校および学校運営協議会への学校運営権限の委譲、試験結果を含む学校の情報へのアクセス権の保障、自分の子どもが通う学校に対する親の意見表明権の保障、オープン・エンロールメントなど、学校教育に

選択と多様性をもたらすような抜本的な改革として展開されたことは、今さら説明するまでもない（Aldrich 1996=2001 : 176）。グリーンは、これら一連の改革は英国の学校文化に重要な変化をもたらすものであったが、そうした変化は「もっと広い国民的文化におけるいっそうの競争的市場的エトスの進行を反映したもの」であると述べている（Green 1997=2000 : 136）。

　1980年代の後半に展開された「新自由主義」の教育改革は、世界市場への対応として展開されてきた。すなわち、80年代後半に取り組まれた一連の教育改革は、グローバル化が英国の教育に与えた圧力によってもたらされたものであるというのが、本章で示したい結論である。こうして、英国の教育政策はグローバル市場に対応するための重要な先行的モデルとなり、結果としてそれは「全世界に共通する普遍的なイデオロギー」にまで拡大する。「サッチャーはグローバル自由市場の聖像となり、世界中が競って彼女の政策にならおうと」するようになったのである（Gray 1998=1999 : 23）。

　サッチャー政権後期の教育政策の転換を経た後、1992年に刊行された白書『選択と多様性』では、「私たちは、国際的にも優秀なレベルを維持するような安定した教育制度を作ることを目論んでいる。他の優れた国家は、高い水準と高度な専門化を有している。私たちは彼らと競争し、追い抜くことができる」（DfE 1992 : 15 : 2. 強調は引用者）として、自覚的に、国際競争と教育とを結びつけて論じるようになっている。サッチャー政権の真の影響は、むしろ退陣後に顕著になったといえるのである。

おわりに

　2016年11月9日ドナルド・トランプが第45代アメリカ大統領に選出されたことが世界に衝撃を与えたことは、記憶に新しい。当時、彼は一般的には「非常識」と映る言動を繰り返しており、立候補当初は単なる泡沫候補とみられていた。その後、彼に対する支持は次第に高まり、共和党の指名を勝ち取り、最終的に大統領選に勝利した。あれから任期の四年が経過し、今年の大統領選での再選に向けたキャンペーンが既に開始されている。

　トランプが大統領候補として台頭しつつも、多くの人々が彼が大統領にな

142

るということを未だに本気で信じてはいなかった頃に、そうなることを見越していた人物がいる。フランスの歴史学者エマニュエル・トッドである。トッドは1997年に原著が刊行された『経済幻想』などの著書において、行きすぎたグローバリズムを批判し、その揺り戻しが生じつつあることを主張してきた。トッドは、グローバリゼーションが世界中の国々にストレスと苦しみをもたらし、それが「(各国の─引用者）それぞれの内部に、それぞれの伝統の内に、それぞれの人類学的基底の内に、グローバリゼーションに対処して自らを再建する力を見出しつつ」あると述べ、それと同じ力が、アメリカでバーニー・サンダースやドナルド・トランプのような大統領候補の出現を可能にしたと説明する（Todd 2016 : 22）。これと同じ「力」は、英国にも働いた。それが、2016年6月23日の英国のEU離脱／残留を問う国民投票での、離脱派の勝利である[5]。トッドの見解では、これらの現象はともにグローバル化の行き詰まりと関連づけられるものである[6]。もちろん、こうした現象は英米二国のみに起こっていることではない。しかし、この両国は、新自由主義の論理を最初に推進した、すなわちグローバリゼーションを主導した二国であり、それらの「ネイション回帰」はより重要であると考えられるのである（Todd 2016 : 24-25）。

　彼は、グローバル化が行き着くところまで行きつつある現在、各国が「グローバリゼーション・ファティーグ（グローバリゼーションによる疲労）」を引き起こしており、そのことによって再び国民国家への希求が強まっていると説明している（Todd 2016 : 66）。そして、ブレグジットは、そうした国民国家回帰の流れにおいて、「最重要の段階を体現」するもの（Todd 2016 : 24）、すなわち、「世界的なグローバリゼーションのサイクルの終わりの始まりを示す現象」（Todd 2016 : 66-67）であると見なす。もしこうしたトッドの見解

5　英国のEU離脱は、その後条件が折り合わず、離脱期限を三回にわたり延長することになったが、ボリス・ジョンソン政権の成立を経、2020年1月31日付で正式にEUを離脱した。
6　著書（Todd 2016）は、まだ大統領選の結果が分からない9月に刊行されたものであったが、「トランプのような大統領候補の出現」が可能になったこと自体を議論の対象としている。

が正しいならば、英国は80年代後半にグローバル化に応じた政策モデルを規範化し、2010年代にそれを終焉させた国ということになるだろう。

　さて、前述のトランプの大統領選勝利という結果については、さまざまな視点から論評が加えられていた。それらのうちの一つに、ヒラリー・クリントンの敗北の要因を、女性の社会進出を阻む「ガラスの天井」の存在にみる意見があった。もちろん、そうしたことも要因の一部であると考えることができるかもしれない。しかし、もし、ヒラリー・クリントンが男性であったらどうであっただろうか。やはり同じように苦戦し、敗北した可能性は否定できないのではないだろうか。そして、もし、彼女がサッチャーであったならばどのような結果であっただろうか。サッチャーの新自由主義経済改革は、グローバル化する世界経済への対応であったとみることができる。しかし同時に、サッチャーは「国家」主義者でもあった。サッチャーは、欧州統合に向かう当時の趨勢に対して、むしろそれに逆らい、英国の経済と文化の独自性にこだわった指導者であった。彼女であれば、グローバル化の限界が認識されつつある現在、アメリカの国民にも大統領として選ばれた可能性もあったように思われる。今回の出来事の本質が女性に対する「ガラスの天井」ではなく、反グローバル化にあるのだとしたら、の話であるが。もっとも、サッチャーが民主党の候補となることは考えにくいので、前の段階で共和党の指名をトランプと争うこととなっただろう。いずれにしても、サッチャー政権において新自由主義と同時に新保守主義の主張が展開されたことの意味を、改めてグローバリズムの論理に即して考察する必要があると考える。今後の課題としたい。

〈参考文献〉
阿部望（1999）『現代イギリスの産業競争力政策』東海大学出版会。
服部正治・西沢保・井上義朗・姫野順一・平井俊顕・湯沢威・古峯敦（1999）『イギリス100年の政治経済学——衰退への挑戦——』ミネルヴァ書房。
　　西沢保「（第1章）イギリス経済の停滞とアシュレー、マーシャル」
　　平井俊顕「（第6章）ケインズの雇用政策——政策における「ケインズ革命」——」
　　井上義朗「（第8章）EC加盟論争——ニコラス・カルドアをめぐって——」

藤田弘行（1990）「イギリス保守党と教育黒書運動」『滋賀大学教育学部紀要』人文科学・社会科学・教育科学、No.40、pp.135‐149。

細谷雄一（2006）「（第3章）冷戦時代のイギリス帝国」佐々木雄太編著『〈イギリス帝国と20世紀第3巻〉世界戦争の時代とイギリス帝国』ミネルヴァ書房。

望田研吾（2010）「21世紀におけるグローバリゼーションと教育」望田研吾編著『21世紀の教育改革と教育交流』東信堂。

    *

Aldrich, Richard（1996）*Education For the Nation.*（リチャード・オルドリッチ『イギリスの教育──歴史との対話──』松塚俊三・安原義仁監訳、玉川大学出版部、2001年）

Bacon, Robert and Eltis, Walter（1978）*The Economy under Mrs. Thatcher.*（R. ベーコン・W. エルティス『英国病の経済学』中野忠・公文俊平・堀元訳、学研、1978年）

Carnoy, Martin（1999）*Globalization and Educational Reform : What Planners Need to Know,* UNESCO.（マーティン・カーノイ『グローバリゼーションと教育改革（ユネスコ国際教育政策叢書2)』吉田和浩訳、東信堂、2014年）

Cox, C. B. and Boyson, Rhodes（eds）（1975）*BLACK PAPER 1975—The Fight for Education—,* J. M. Dent & Sons Ltd.

Cox, C. B. and Boyson, Rhodes（eds）（1977）*BLACK PAPER 1977,* Temple Smith, London.

Cox, C. B. and Dyson, A. E.（eds）（1969）*A BLACK PAPER : Fight for Education,* Critical Quarterly Society.

Cox, C. B. and Dyson, A. E.（eds）（1969）*BLACK PAPER TWO—the Crisis in Education—,* Critical Quarterly Society.

Cox, C. B. and Dyson, A. E.（eds）（1970）*BLACK PAPER THREE—Goodbye Mr. Short—,* Critical Quarterly Society.

Department for Education（1992）*White Paper : Choice and Diversity.*

Giddens, Anthony（2000）*The Third Way and its Cirtics,* Polity Press.（A. ギデンズ『第三の道とその批判』今枝法之・干川剛史訳、晃洋書房、2003年）

Gray, John（1998）*FALSE DAWN.*（ジョン・グレイ『グローバリズムという妄想』石塚雅彦訳、日本経済新聞社、1999年）

Green, Andy（1997）*Education, Globalization and the Nation State,* MacMillan Press Ltd.（アンディ・グリーン『教育・グローバリゼーション・国民国家』大田直子訳、東京都立大学出版会、2000年）

Maynard, G. W.（1988）*The Economy under Mrs. Thatcher.*（ジェフリー・メイナード『サッチャーの経済革命』新保生二訳、日本経済新聞社、1989年）

Simon, Brian （1965） *Studies in the History of Education—Education and the Labour Movement 1870-1920.* （B. サイモン『イギリス教育史Ⅱ 1870-1920年』成田克矢訳、亜紀書房、1980年）

Spring, Joel H. （2015） *Globalization of Education : an introduction 2nd edition,* Routledge.

Taysum, Alison （2013） 'Rethinking the Global Trends of Education Governance Reforms： Experiences over the Past Few Decades in England'. （日本教育行政学会第48回大会・日韓教育行政学会共催シンポジウム「検証　教育のガバナンス改革　英米日韓4カ国の事例からトレンドを探る」京都大学、2013年10月12日）

Todd, Emmanuel （2016） 'L'étape numéro 4, après le réveil de l'Allemagne, de la Russie, et du Royaume-Uni, doit être le réveil de la France. Suivre les Anglais est conforme à notre tradition révolutionnaire'. （エマニュエル・トッド『問題は英国ではない、EUなのだ──21世紀の新・国家論』堀茂樹訳、文藝春秋、2016年）

7章 アメリカにおける新自由主義とガバナンスの関係

長嶺宏作 ◀

はじめに

　本章では、グローバルに展開される新自由主義的な教育政策が、アメリカでどのようにローカライズされているかを考察することで、新自由主義の多様性と、その認識の問題について考察したい。

　新自由主義についての批判的な論考として、ペック（Jamie Peck）とティッケル（Adam Tickell）による分析がある（Peck and Tickell 2002）。ペックらは「新自由主義はシカゴ学派の夢でもなければ、左派の陰謀論による想像力豊かな悪夢でもなくなり、それは時代の精神となった」と述べる（Peck and Tickell 2002：34）。新自由主義という言葉は、どの政策分野でも語られ、むしろ否定すること自体が難しくなっている。

　しかし一方で、「グローバライゼーションが回避できない政治性と、グローバルな機関と言説における新自由主義への多様な立場を低く見積もる傾向がある」と指摘する（Peck and Tickell 2002：36）。実際の新自由主義は、明確な原則に基づくのではなく、既存の機関や言説のハイブリットや妥協である。

　したがって、新自由主義は、現実的にはまだら模様である。新自由主義が、英国ではサッチャー政権、アメリカではレーガン政権において負の側面がみえはじめると修正され、英国のブレア政権、アメリカのクリントン政権において、犯罪の取り締まり、移民対策、福祉改革、都市の秩序、監視、地域の再生などの新しいモードの社会政策、つまり、ソフトな新自由主義として、あるいは「第三の道」とも呼ばれる政策へとシフトした。これは市場の論理に含まれない領域において新自由主義が影響をあたえていく懐の深さでもあ

るが、新自由主義のプロジェクトの弱さでもある。

　さらに、ラーナー（Wendy Larner）は新自由主義の本質は変わりやすさにあると指摘し、結局のところ新自由主義に基づく政策が、その国々と地域において何を改革するのかは多様性があると指摘している（Larner 2000）。そこで本章では、新自由主義的な政策の展開を、アメリカを事例に考察し、グローバルに展開される新自由主義的な政策への認識を問題にしたい。

1. アメリカにおける自由主義の伝統

　新自由主義的な教育改革は世界的な潮流として各国で実施されるが、市場の原理を公教育に導入する学校選択制から「ニュー・パブリック・マネジメント（New Public Management）」（以下、「NPM」と記す）のように管理手法を取り入れる政策まで、その展開は異なるところがある。また、新自由主義が市場の原理を取り入れる以上に、政策を導入する政治的な立場やイデオロギー的な立ち位置は必ずしも明確ではない。

　具体的には、アメリカにおいて新自由主義的な教育政策として理解するときに、左右のイデオロギー的な立場が日本とは異なるという問題がある。そもそもアメリカにおいて保守主義がさすものは、日本とは異なり伝統や文化を重視する保守主義ではなく、アメリカ独立期以来の伝統である「地方自治」、「自由市場」、「個人主義」の重視といった価値の体現である。そのためアメリカにおいて、もともと保守主義の中に自由主義が内包されていたといえる。

　そのためハイエク（Friedrich A. Hayek）は自らの立場を述べるときに、自由主義は保守主義と異なり、しかも、社会主義とも異なるということを説明しなくてはならなかった。ハイエクは「ヨーロッパで「自由主義」と呼ばれたものは、アメリカでは普通の伝統」であり（ハイエク 2007：193）、また「社会主義と妥協し、その考え方を横取りしてきたのは一様に保守主義であった」と述べ、自ら社会主義と保守主義でもない自由主義者であると自らの立場を区別した（ハイエク 2007：195）。

　ハイエクは図1の左側の図にあるように、社会主義が左側にあり、保守主

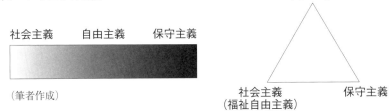

図1　ハイエクの理解

社会主義　自由主義　保守主義

（筆者作成）

自由主義

社会主義　　　　　　保守主義
（福祉自由主義）

義が右側にあり、そして、自由主義が、その中間にあるというのは誤りで、右側の図のように三角形の一角を、それぞれの立場が占め、その中の一角にあるのが自由主義であると説明している[1]。

　アメリカでは、伝統的な考え方に自由主義の系譜があり、歴史・文化的な価値を重視する保守主義が明確になりにくい。しかも、1960年代以降のアメリカでも各種の福祉政策や社会保障政策が進展するのにしたがって、自由主義（リベラル）という意味にハイエクのような経済的な自由主義ではなく、福祉政策を推進する勢力として意味づけが与えられる。したがって、自由主義（リベラル）という言葉には、経済的な自由主義と福祉政策を推進する勢力を意味する福祉自由主義がある[2]。図1の三角形の三つの頂点を足場にして、政治・イデオロギー的な立場がとられている。

　一方で中山俊宏は、アメリカにおける保守主義と自由主義の違いについて、

1　法哲学上の分け方からすれば、個人の権利から出発するという点においては、ハイエクもロールズもリベラリズム（自由主義）の立場であるといえる。サンデル（Michael J. Sandel）やエチオーニ（Amitai Etzioni）のように共通善から出発する立場はコミュニタリアンである。また、アメリカの文脈では、徹底的な個人主義を推し進めたリバタリアンの立場がある。しかし、本章では厳密な法哲学上の立場はとらず、特定の政策と制度に向けた態度として、経済的な自由主義と福祉政策を推進する自由主義を分けて考えている。

2　福祉自由主義という言葉は、エチオーニによる分類から使用している。リベラリズムにもさまざまな立場はあるが、一般的に使われる場合は、ニューディール以来の連邦政府を中心とした失業・生活・年金保障を含めた福祉政策を推進する福祉派リベラルをさし、市場の原理を貫徹させようとする経済的なリベラルとを区分している（エチオーニ2001）。

統治のあり方から区分している（中山 2013）。中山は、「保守とリベラルは、相互の関係性のなかで浮かび上がってくる立場であり、時間軸を超えた確固たる思想体系に依拠しているとは限らない。よって、保守にしても、リベラルにしても、時と場所によってその内実はことなる」と指摘し（中山 2013：18）、1960年代においては、「保守とリベラルを分け隔てたのは、差別を是正するにあたっての連邦政府の役割であった。制度的な差別がなくなった後にも残存する差別の構造をどのように扱うべきか。リベラル派は、躊躇なく連邦政府を問題是正のためのツールとした。一方で保守派は、それを認めてしまえば必然的に連邦政府が肥大化し、自助努力の精神を枯渇させ、社会のダイナミズムが失われてしまうと警笛を鳴らした」と指摘する（中山 2013：22）。

　以上のように、1960年代以降のアメリカにおける保守主義と自由主義にとっての分岐点は、連邦政府の主導性を積極的に認めようする立場が自由主義であり、地方自治を守ろうとする立場が保守であった。そのためアメリカの保守の伝統からいえば、教育政策は地方自治の問題であり、連邦政府は関与するべきではなく、教育は自助努力のもと、個人の責任で行うべきものとなる。

　実際にも、共和党は1990年代の終わりまで教育省の廃止や、連邦政府の教育政策が州の管轄事項への侵害であると主張してきた。もちろん、この理解は今日では的確なものではなく、1990年代以降、「思いやりのある保守（Compassionate Conservatism）」が登場し、福祉・教育政策に冷淡な姿勢から学校選択などの新しい政策を通して、連邦政府の主導性を共和党も認めるようになっている。しかし、アメリカの保守において歴史的には連邦政府の権限の拡大を支持する伝統はなく、どこまで現実的な公約であるかは別として、現在も一部の共和党議員は教育省の廃止を主張している。

　一方で、アメリカで自由主義（リベラル）がさし示す意味は、1930年代のニューディール政策以降に展開される公共投資による経済への介入とともに失業者支援や社会年金（social security）などによるセイフティネットの確保であり、1960年代以降はマイノリティー支援政策などの平等を促進することにある。したがって、教育政策では人種の統合や教育の平等化をめざして、

連邦政府は集権的な調整や州と学区への介入を行ってきた。

そのために日本における保守政権と中央集権的な教育行政という組み合わせはアメリカの伝統にはなく、中央集権的な制度を求めたのは、むしろ左派政権、つまり、民主党政権が誕生したときであった。さらに、日本の文脈との比較においては、社会主義的な理想に基づく自由主義という文脈がアメリカでは希薄であるため、イデオロギー的な立場の違いからアメリカの教育政策を説明することは誤解を招きやすい。

この統治のあり方に関わる対立点は、アメリカの教育政策における自由主義（リベラル）という言葉の意味をわかりづらいものとし、新自由主義という言葉も、もっとわかりづらいものとする。アメリカでは、1960年代以降、自由主義という場合には福祉政策を推進する自由主義という意味として一般的に使われるようになったものの、経済的な自由主義の立場から使われる場合もあり、混乱がある。したがって、「ネオ」、あるいは、「新」をつけたときに、アメリカの伝統である経済的な自由主義の改変なのか、福祉国家を基盤とする自由主義の理念の改変なのかがわかりにくくなり、加えて集権と分権のガバナンスの議論が重なってしまう。

新自由主義的な政策の展開をアメリカで考える場合には、「地方自治」、「自由市場」、「個人主義」というアメリカの伝統的な理念が、どのように変わり、左右の立場がどのように関わっているのかを捉える必要がある。

キース・ニッタ（Keith Nitta）は構造改革の根源はマネジメントのグローバルなトレンドであるNPMにあると論じ、世界的な共通性があるとしている（Nitta 2008）。一方でニッタは、NPM型の改革が日本のように集権的な制度構造と、アメリカの分権的な制度構造とでは異なった機能をすると指摘する（Nitta 2013）。

このことはグローバルな視点でみれば、一見同じように展開されている政策が、各国での異なる面があり、ズレがあるということである。マナ（Paul Manna）とマックグイン（Patrick McGuinn）は「異なる統治条件において同じ政策を行ったとしても、異なる結果が生まれうる」と述べ、統治構造や条件を考慮することなしに、政策を議論することは間違った助言を与えることになるとしている（Manna and McGuinn 2013：10）。

　そこで次に新自由主義的な政策として典型的な改革であるアメリカの学校選択を事例から、ガバナンスとの関係を考えていきたい。

2．学校選択におけるガバナンスの対立点

　新自由主義的な改革として、市場の論理を教育へ適用させる最も典型的な改革の一つに学校選択の導入がある。しかし、その一つをとっても改革の意味するものが異なる。黒崎勲が「選択は触媒である」と述べるように（黒崎2006）、学校選択の詳細の条件によって政策の目的が異なると指摘したことは、よく知られている。

　そもそも市場自体に規範があるわけではなく、市場の論理とは方法であり、その方法が何をもたらすかは保障しているわけではない。もちろん、市場が競争原理に基づいている限り、市場に適合した価値観を共有しなければ市場が成立しないために一定の規範があるということもできる。ただし、市場の成立要件としての条件と、内包される規範は学校選択の設定のされ方に依存する。すなわち、市場にどのような売り手と買い手が現れ、どのような商品が流通するかは、市場の取り囲む条件（統治構造）によって決定される。

　そこで学校選択によって作られる市場を分類し、表1のように整理した。表1は、アルバート・ハーシュマン（Albert Hirschman）が経済学の需要と供給の関係性と社会学、あるいは政策分類学を掛け合わせた分類を参考に整理したものである（Hirshman 1970）。学校に関わる規制と設置主体の多寡を需要と供給に見立て、学校選択を導入した際に派生する教育市場を分類した。

　現実的には純粋な形として存在しないが、学校経営にあたって規制がなく、設置主体の多様であり、そして、選択可能範囲が広域であれば「自由市場」となる。一方で、設置主体の多様性と選択可能範囲が広域である場合でも、学校経営に一定の条件が要求されるのであれば、市場を管理するという観点から「規制された市場」となる。また、逆に設置主体に規制をかけて限定すれば、供給される学校は公共的機関が設置した学校内での選択となり、「公共的市場」となる。最後に、規制と設置主体などの一部のみが緩和される場合は、公教育改革などの「規制緩和・行政改革」と考えた方がよい。

　この4つの分類にある
ように、学校選択がどの
ような実態を持つかは学
校経営に関わる規制（教
員、カリキュラム、設置
基準など）と、設置主体
（教育委員会、大学、NPO、
公設民営型機関、株式会社

表1　学校選択における市場モデル

範囲・設置主体＼規制	少ない ＜ 多い	
多い・広域	自由市場 Free Choice	規制された市場 Controled Choice
少ない・狭域	公共的市場 Public Choice	規制緩和・行政改革 Regulation Reform

など）をどこまで認めるかによって、提供される教育内容の自由さと、学校
設置主体の自由さが異なり、参入してくる担い手が変わってくる。

　黒崎の学校選択論はNYの第4学区の学校選択とシカゴの「学校を基礎と
する経営（School Based-Management）」を根拠として、NYでの学校選択と
いう制度とともに、選択されることで教師の専門性が発揮でき、選択するこ
とで親の教育への参加が生まれ、それが「学校に基づく経営」の中で、専門
家と素人の調和のとれた統制が可能であることを示した。この議論は官僚的
な教育行政に対して市場を使って、教師と親が理想的に教育統治できる制度
の可能性を示したといえる。

　ただし実際、黒崎が述べたように学校選択がアメリカの他の地域や日本で
機能するかは別の問題である。学校選択の事例の多くは大都市部の貧困学区
である。ウィンスコンシンのミルウォーキー学区でも、首都のワシントン
DCにおいても学校選択が行われていたが、もともと問題を抱え、教育委員
会が機能不全を起こした地域において学校選択を行っており、危機にある学
区へのラディカルな介入手段として登場している。

　また、NYの第4学区の事例では、地域の再開発とともに学校改革が行わ
れており、地域の再建とともに学校選択がうまく機能した。第4学区の学校
選択では、既存の学校をミニスクールとして学校規模を小さくして再編し、
「学校を基礎とする経営」のように教師と親が自律的に学校経営できるよう
に改革したことは、コミュニティのあり方を再建する意味合いもあった。学
校選択は、純粋な市場の論理に貫徹された改革ではない。

　市場の成立要件は、市場を取り囲む統治構造が重要な問題となる。そこで

学校選択におけるガバナンスとの関係として、地方自治の問題を考えたい。

3．学校選択における地方自治の問題

　歴史的にみれば、アメリカで学校選択が実験的に導入された当初は、保守主義や市場主義の論理というよりも、人種統合教育の改変として登場してきた経緯がある。たとえば、学校選択の先行事例となったのはアラムロックのバウチャー制度である。当時、人種統合を目的とする強制バス通学は、地域や親のニーズを無視しているとして反発があり、地域における政治的対立が起きていた。こうした事態に配慮して、アラムロックのバウチャー制度は親と子どもが教育を目的とした主体的な選択の結果として人種統合をめざす試みであった。

　さらに、アメリカにおいてアラムロックなどの学校選択論が注目されたときに、教育財政学者のクーンズ（John E. Coons）とシュガーマン（Stephen D. Sugarman）が肯定的に学校選択を捉えていた（クーンズ、シュガーマン 1998）。というのも、クーンズとシュガーマンは、学校選択には地方学区間の格差を是正する再分配機能があると考えていたためである。この時、学校選択は福祉自由主義（社会主義）と自由主義（市場）が手を組んだ政策であった。

　もともとアメリカには「地方自治」の原則が息づいているために、学区ごとに教育税は異なり、教育サービスも異なるために、裕福な学区であればあるほど優れた公立学校が存在し、地方学区間の格差が構造的に派生する。そのため裕福な学区・学校にいる住民にとって、強制バス通学は人種問題としてだけでなく、「地方自治」の侵害としても反対することになる。そのため住民の意思を尊重しながら、教育目的にそって学校が選択されることで、自発的に人種の統合が進められる試みとして学校選択が注目された。つまり、学校選択は地方自治を維持しながらも、平等を実現するための集権的な配分機能を、市場を通して行うことをめざした実験でもあった。

　だからこそ、アメリカにおける学校選択の長年の障壁は、市場の拡大による集権的な調整にあった。つまり、選択範囲の拡大にともない、行政範囲が

学校選択によって拡大する場合、「地方自治」の原則と対立する恐れがあり、政策として成立しづらくなる。また、「地方自治」を尊重し、地方自治の利害を損害しないようにすると、学校選択の範囲は限定されてしまう。学校選択の前に、裕福な地域に住むこと自体が、公立学校を選択する要素が強くあるため、地方学区間を超えた学校選択は成立しにくく、一方で学校選択が機能するためには一定の範囲、とくに裕福な学区にある良い学校を取り込む必要があるというジレンマに陥る。

　したがって、学校選択は都市部の人口規模の大きい学区教育委員会であれば成立するが、人口規模の小さい教育委員会では学校選択の範囲が限定され意味がなく、もし学校戦選択を機能させようと行政範囲を拡大すれば、何らかの上位政府、つまり、州や連邦政府による調整が必要となり、学校選択を機能させるための市場を形成するために中央政府を再登場させる。学校選択は実際の運用に際し、範囲が広域になればなるほど、市場の管理者としての中央政府の権限が求められ、地方自治の原則から対立する。アメリカにおける新自由主義的な政策を考えるうえで、地方自治の原則にたいして市場の論理は、常に整合的であるわけではない。

　日本における公立小・中学校の学校選択の場合は、結局のところ、教育内容は学習指導要領に拘束され、各種の法的規制が緩和されることはなく、実質的には通学区域の自由化である。しかも、管理者としての中央政府の再登場は、本来、学校選択が改革の主たる対象であった官僚機構を再登場させ、市場の原則から離れていく傾向がある。

　具体的には、学校選択を行う際に、選択する者が各学校の教育内容を判断する情報としては、政策目標としてかかげられた学力などの指標が用いられやすい。その結果、学校の評価となる指標は学力テストによる結果が重視され、教育内容やサービスの多様化という点においては、必ずしも成功していない。

　アメリカにおいてもチャータースクールは1994年以来、拡大しているが、究極的な根拠は州法にあるため決定権が結局のところ州が持ち、集権化が進んでいるとみることもできる。そのためアメリカにおいて新自由主義政策において問題なのは、もう一つの伝統である「地方自治」の原則との関係であ

る。「地方自治」は、アメリカの草の根の保守主義ともつながるイデオロギーでもあり、福祉自由主義だけでなく、経済的な自由主義にとっても障害となり、反発を招く問題となる。

　このことが明確になったのは、オバマ政権の教育長官であったアーン・ダンカン（Arne Duncan）の教育政策への抵抗である。ダンカンの教育改革は連邦政府の行き過ぎた介入であると厳しく批判され、行き詰まっていく。そこでダンカンの教育改革への抵抗から、アメリカの新自由主義的な政策のローカライズの問題を考えていきたい。

4．アーン・ダンカンの政策手法

　教育政策においては州が究極的な権限を持っているが、連邦政府が教育政策に関与する根拠となっているのは、1965年に成立した「初等中等教育法（Elementary and Secondary Education Act of 1965)」（以下、「ESEA」と記す）によってである。ESEAは貧困政策の一環の中で、貧困にある子どもを支援する目的で作られた政策であるが、90年代に貧困にある子どもへの教育支援を学業支援に目的をズラすことで一般的な教育政策へと関与してきた。

　オバマ政権では、ブッシュ政権下（第43代）の2002年に成立したESEAの再改定版である「どの子どもも落ちこぼさない法（No Child Left Behind Act of 2001)」（以下、「NCLB」と記す）の改定期限が迫っていた。NCLBの再改定の審議は2006年度議会以来からつづいていたが、合意できず、毎年度延長されつづけていた。それがオバマ政権の2期3年目となる2015年度でようやく「全ての生徒が成功する法」（Every Student Succeeds Act：ESSA）として再改定された。2015年12月10日にオバマ大統領が法案に署名するときに、「クリスマスの奇跡」と述べたように、2016年度に行われる大統領選挙を前にし、大きな法案が通る見込みのある最後のタイミングであった（USA Today 2015)。そこでオバマ政権におけるESEAの再改定の過程を追っていきたい。

　オバマ政権が就任してまもなく、NCLBの再改定に先鞭をつける政策として2009年の「アメリカ再生・再投資法（American Recovery and Reinvestment

Act of 2009)」（以下、「ARRA」と記す）において「頂点への競争（Race to the Top)」（以下、「RTTT」と記す）と呼ばれる学力向上をめざす政策が実施された（北野秋男・吉良直・大桃敏行 2012）。

　この政策を推進したのは、オバマ大統領に任命されたダンカンである。ダンカンは、ジャック・ジェニングス（Jack Jennings）やクリストファー・クロス（Christopher T. Cross）のように連邦教育省で長く働いてきた行政官が政策を支えるのではなく、教育や社会政策を専門とする民間のシンクタンクやNGO出身で、NPM型の改革に精通した新しいタイプの行政官である（Nitta 2013）。

　ダンカンはシカゴ市の教育長を務め教育行政官の経験はあるが、もともとは民間のシンクタンク出身（エアリアル教育財団）で、教育制度の外側から教育改革に関与してきた経験を持つ。その点で、新しい教育行政官は実際の教育政策を知るというよりは、マネジメント論や組織論に基づき教育の変革をめざす傾向がある。たとえば、ビル・アンド・メリンダ・ゲイツ財団がチャータースクールへの競争的資金を出資することで教育政策へ影響力を与えるように、民間シンクタンク出身の新しい教育行政官はインセンティブや提言を通して教育政策を外側から方向づける。今までのように教育行政内で経験を積みあげていくタイプではなく、教育行政の外側から内側に改革を迫っていく。

　ダンカンによるNPM型の政策手法は、RTTT政策において活用された。ダンカンが就任直後に取り組んだのは、リーマンショックによる経済危機の対策法であるARRAの一環の中で成立したRTTT政策である。ARRAは、オバマ大統領が2009年の1月20日に宣誓式を行ってからわずか1カ月も立たない2月13日に両議会で承認され、成立した。リーマンショックだったとはいえ、共和党の下院議員で当時、教育政策の重鎮であったジョン・ボーナー（John A. Boehner）は「彼らは秘密裏に動いていた」と述べるように（Schatz and Clark 2009）、最終的な原案が提示されてから48時間後に可決されるという速さであった。議会では、共和党から学校の建設に関わる予算の減額を求めるなどの提案がなされたが、多くの法案の内容は議論を経ないままに成立となった。また、法案自体もNCLBと比較して詳細には規定されていなか

158

った。そのためダンカンを中心とする連邦政府の教育行政官の裁量の余地が多くあり、RTTT政策の詳細な規定は行政官の手にゆだねられることになった。

　RTTT政策は連邦政府の教育改革のアジェンダに同意する州が申請を行い、最善の申請書をだした州に競争的資金が配分されるというものである。連邦政府による直接的に命令することは州権を侵害することになるので、あくまで競争的資金により政策の誘導を行おうとした。しかも、申請案に対する評価表を提示することで連邦政府の政策方針に合致する申請案を州に求め、連邦政府の政策の浸透を図った。3回にわたる審査で最終的には、21州とコロンビア自治区がRTTT政策の競争的資金を獲得した。

　RTTT政策が州に課している政策は3つある。一つは厳格なスタンダード・カリキュラムとアセスメントを設定すること、もう一つは能力の高い教員を確保すること、最後に、学力不振学区および学力不振校の是正政策を具体化することである。

　たとえば、連邦政府は、数学と英語の2教科に「共通カリキュラム（Common Core Curriculum）」を設定し、アメリカ史上初めて準ナショナル・スタンダードを誕生させた。もちろん「共通カリキュラム」といってもガイドラインに留まり、最終的な判断は州に任されている。州のカリキュラムは「共通カリキュラム」を参照して独自に作られ、連邦政府が補助金をだしている二つの認可団体である「大学と就職準備に向けたアセスメントのためのパートナーシップ（Partnership for Assessment of Readiness for College and Careers）」（以下、「PARCC」と記す）と「スマーター・バランス・アセスメント・コンソーシアム（Smarter Balanced Assessment Consortium：SBAC）」によって提供されるアセスメントとともに認定を受けて、州のスタンダード・カリキュラムとなる。

　さらに、明確になったカリキュラムとアセスメントを通して教員評価を行い、「メリット・ペイ（merit pay：業績給）」の導入や、場合によっては「テニュア（tenure：終身雇用資格）」を剥奪する政策も導入された。学区・学校自体の介入政策も具体化され、学区が継続的に学力不振である場合は、州や「教育管理団体（Education Management Organizations）」の管理下に転換され、

学校が学力不振校である場合は「転換校（turn around）」として教育効果を
あげているチャータースクールなどに転換するという政策が進められた。

　NCLBでも同じように制裁処置が設定されていたが、親に学校選択をする
権利が与えられるなどの政策が代表的なように実際にはあまり行われなかっ
た政策もあった（ヘス・フィン 2007）。そのためRTTT政策では、より具体
的でラディカルな介入政策が求められた。

　オバマ政権下において、ダンカン教育長官で行われた改革をみれば、それ
がコモンコア・カリキュラムを通した教育内容のスタンダード化、評価の厳
格化、そして、教員の身分保障の撤廃であり、それを市場化という観点から
みれば、教育市場におけるサービスの規格化、サービスを評価する指標の設
定、そして、サービス提供に関わる規制の緩和といえる。

　しかしながら、連邦政府のラディカルな介入政策が政治的な信任が不安定
なままに進められたために、厳しく批判され、連邦政府のESEAの再改定の
議論が停滞することとなった。

5．オバマ政権の教育政策の挫折

　RTTT政策に続けて、オバマ政権は、2010年の3月13日にARRAを先行
モデルにして、NCLBの改定のブループリントを発表し、その枠組みを
NCLBの再改定に盛り込む予定であった。

　RTTT政策は、NCLBの再改定に向けての試金石であったのだが、厳格な
スタンダードの設定や画一的な政策実施に対する批判から、NCLBの再改定
を難しくさせた。元テネシー州知事でブッシュ大統領（第41代）のもとで教
育長官を務め、共和党上院議員で教育小委員会の重鎮であったレイマー・ア
レキサンダー（Lamer Alexander）は「私たちがするべきことは、NCLBの
問題点を修正するために、合意できるいくつかの問題にのみ、焦点を合わせ
ることである」と述べ（Stern 2010）、小規模の修正、あるいは合意できるレ
ベルの再改定案を求めた。民主党と共和党の利害は対立し、大規模な修正に
なれば合意できず、RTTT政策の枠組みをNCLBの再改定の枠組みに採用
することは、連邦議会では受け入れられるものではなかった。

　さらに、この状況の中で差し迫った問題として、2002年に成立した
NCLBの「全生徒を習熟レベルに到達させる」という政策目標の期限が
2012年に迫っており、このままいけば多くの学校が政策目標を達成できず
に「学力不振校」として認定されかねないという事態が生まれた。つまり、
多くの州では厳格な基準が適用されれば州内の過半数の公立学校が「学力不
振校」として認定されてしまうという問題がうまれていた。

　もちろん、NCLBの政策目標は当初から実現可能な目標ではないが、
NCLBの再改定の中で修正される予定のものであったものが、修正されず、
法的に矛盾を抱えることになった。そこでNCLBの要件を行政上の権限で、
つまり教育省長官（ダンカン）の権限で「免除（waiver）」の認可を行うこと
が提案された。その結果、各州から政策目標に代替する現実的な目標を各州
が申請し、教育省長官が許諾していくという「免除」申請が行われ、ワシン
トンD.C.と37州で承認されていった。

　そこで問題となるのは、議会での同意をえずして政策が継続するだけでな
く、政策がRTTT政策の競争的資金とNCLBの「免除」申請で変わってい
くという点である。RTTT政策による競争的資金とNCLBの「免除」申請
は、実質的にはNCLBに代替する連邦政府の教育政策を州に求めている[3]。

　保守系シンクタンク（American Enterprise Institute）の研究者であるフレ
デリック・ヘス（Fredrick Hess）も「（ダンカンと連邦教育省の手法—引用者）
これは勝利の一手である。政治的にいえば、劇的な勝者である」と述べ、
「NCLBのどこにも州の規制緩和要求を引き換えに、教育省長官が好きなよ
うに新しい規則を課してもよいなど書いてない」と指摘し、「学校改善を促
進しようとする場合に、新しい行政権限を持たせている」と批判されるもの
であった（Smith 2012）。

　オバマ政権の教育政策の最大の問題は、連邦教育省を中心とする行政官の

3　「免除」という手法自体は新しいものではない。他の連邦政府の政策において
　も各州の実情に応じて政策規定の一部免除が行われているが、「免除に条件を付
　け、政策全体に及ぶものは、具体的には、教育省が許可すれば州が猶予を与えら
　れるというのは、特殊である」といわれるように、新しいものであった（Smith
　2012）。

裁量権が大きくなり、州からの同意を取れなくなった点にある。マナが
NCLBの成立時に「権威の借用」と表現した連邦政府と州政府の協調的な政
治基盤は、教育改革を実施したい州知事と連邦政府が利害を合致させて成立
したものであった（Manna 2006）。しかし、ダンカンを中心とする行政官の
独走は、この協調関係を崩し、連邦政府の教育政策への支持を危うくするも
であった。

　前述したとおり、RTTT政策以降、「共通カリキュラム」が各州で作られ、
それをPARCCとSBACの二つの団体がアセスメントを提供するとともに認
定されると述べたが、一時は38州が参加していたが、2015年には28州まで
になり、各州で再検討が行われている。「共通カリキュラム」についても、
2013年の時点で「共通カリキュラム」が45州までに広がり、同意していな
い州は5州だけとなったが（Smith 2013）、2015年には42州となった。

　もともとRTTT政策が進められた「共通カリキュラム」は、「州教育長級
会議（the Council of Chief State School Officers）」と「全米知事会（National
Governors Association）」での議論を受けて、それを連邦政府が後押しすると
いうプロセスで成立したものである（Rothman 2011）。オバマ政権が進めた
というよりは、ブッシュ（第41代）・クリントン・ブッシュ（第43代）と続
く政権下で進められた教育改革の到達点といえ、州からの同意を取り、「地
方自治」の原則が強く残るアメリカにおいても統一した准ナショナル・カリ
キュラムが作られたことは、連邦政府の教育政策への役割が変化しつつある
といえる。

　しかし、アセスメントの点においては、民主党は教員評価や一つの尺度で
測定することに反対であり、共和党も教育政策は州の自治領域であり、連邦
政府による介入であると反対していた。NCLBでは「ニューデモクラッツ」
と呼ばれるチャータースクールに代表されるソフトな新自由主義路線と、
「思いやりのある保守主義」と呼ばれる自助努力に基づきながらも福祉・教
育政策を掲げる保守主義が同意した結果であったが、リーマンショック以降、
民主党はより再配分政策を重視するグループと、共和党は「個人主義」と
「草の根の保守主義」を掲げるティーパーティが台頭し、両党ともに妥協す
る余地がなくなり、党内が分断されていった。

　そして、両党ともに共通する点が、連邦政府の主導性への懐疑であった。2014年の11月に行われた中間選挙において、上院と下院の両方ともに共和党が過半数を確保すると、オバマ政権への批判が強まり、ダンカンの教育政策への疑問が噴出するようになった。2015年の1月の中間選挙後の連邦議会において、共和党の重鎮で教育小委員会の中心人物であるアレクサンダーは、今度の議会の中心争点は「州権主義」であると述べ、共和党の信条である地方自治の堅持を明確に主張するようになった。

　NCLBの改定の争点はカリキュラムやアセスメントなどの形式的な規制の修正であるが、本質的な争点は連邦教育省と教育長官（ダンカン）の権限の抑制へと移行した。オバマ政権はRTTT政策による競争的資金をテコに、州からの同意を調達したようにみえて、ダンカンのNPM型の改革手法により、かえって「地方自治」の理念から反発を受けるようになり、連邦政府の教育政策が行き詰っていった。

　そして、2015年の10月に突然、ダンカンが辞意を表明したことにもあり、NCLBの改定の議論は、皮肉にも「クリスマスの奇跡」と呼ばれるように両党ともにNCLBにおける連邦政府の強制力を排除することで、合意することになる。オバマ政権側からみれば、オバマ政権中にどんな形にせよ、NCLBを再改定させることに重点をおいたといえる。

　実はNCLBの改定の中で、当初、影響力を与えようとしていのは経済界であった。アスペン財団（Aspen Institute）が「NCLB委員会（the Commission on No Child Left Behind）」を作り、2007年の2月13日にNCLBの改定に向けたレポート発表している（The Commission on No Child Left Behind 2007）。この政策内容はRTTT政策へと反映されていたが、NCLBからESSAへと改定される際に、各州の裁量に任せるという形で骨抜き化されていった。

　アメリカの教育政策は，日本でいわれるように新自由主義的な政策が展開されてはいるが，それは文字通りの市場の原理というよりは，ハイエクがしめした三角形の三者間の綱引きと，ガバナンスの集権と分権の中で議論されている。この点は、グローバル化や新自由主義といった大きな物語を過信することは、現実の政策展開の意味を見誤ってしまう。

おわりに

　2016年のアメリカ大統領選挙では第45代大統領として、ドナルド・トランプ（Donald J. Trump）が勝利したが、その要因にはアメリカの伝統的理念である「地方自治」「自由主義」「個人主義」が色濃く現れている。トランプに投票した人々にみられる気分は反エリート、反集権主義、反グローバリズムであろう。

　歴史的に開拓期以来の独立した自営農民がコミュニティを作り、その延長線上に州、そして、連邦政府があり、対外貿易に関わる不利益を守るためにイギリスに対して自由市場を求め、独立した経緯がある。アメリカの「自由主義」の出自は歴史的に、自国の利益と自由市場の利益が一致したことによるところが大きい。そのためグローバル市場がアメリカの利益を脅かせば、「自由主義」の意味が変わり、自分たちの自由を守るために行動する。

　ワシントンのエリートが政策を決定し、グローバルな自由市場による競争に取り残されたと感じるアメリカ人の気持ちを代弁すれば、真面目に働いても自己責任のもとに失業する構造を作りだしたのは、エリートであり、連邦政府とグローバルな何者かとなるのだろう。そして、それに連なる既存の政党と政治家が批判され、それに無関係なトランプが選ばれたといえる。トランプを当選させたのは原則がない身勝手な判断ともみえるアメリカのプラグマティックな考え方である。

　しかし、その中で再び問われているのは、中央政府たる国家の役割である。アメリカの教育政策においては、「スタンダードに基づく改革（Standards-Based Reform）」が80年代後半から続き、連邦政府の権限が拡大してきたが、本章で述べてきたように再び連邦政府の役割が問われている。ダンカンの教育改革手法においては学校選択と同じく、「地方自治」を重視する保守主義から市場の管理者としての連邦政府（国家）の再登場が批判されたといえる。

　しかし一方で、ESEAは福祉自由主義の立場からすれば、連邦政府の役割が後景に下がることは必ずしもよいことではない。冒頭で述べたように、もともと連邦政府の教育政策は、再配分政策を強化するためにニューディール

164

以降拡大したものである。この視点で立てば、ESSAにおけるカリキュラムやアセスメントに対する要件の緩和は、再配分的な連邦政府の役割を傷つける恐れもあり、手放しで賛成できるものではない。

　新自由主義は、市場の原理を適応するという実験であり、実際上イデオロギーが不明確、あるいは、各国の政治文化によって変化する。この時に問題は、どのようなイデオロギーと接続し、何を改革するのかという点であり、新自由主義自体ではない。アラムロックのバウチャーが、人種統合の観点から「地方自治」に基づく学区間格差の是正するために市場を通した再配分をめざしたように、市場原理と政治的なイデオロギーとの関係はアドホックである。

　新自由主義には、結局のところ、原則と内実がない。新自由主義は、ダーウィンの進化論が描いたように、偶然に残った試行錯誤の山の上に残った一角であるという認識程度の留めておく必要がある。だからこそ、もう一度、各国の統治形態に注目する必要がある。市場を規制するのも、活性化するにも、国家が最重要のアクターであることは変わりがない。また、市場管理者としての国家とともに、再配分政策の国家の一面もあり、単純に現在の政策が集権と分権という原則だけで議論するのも理解を誤るおそれがある。

　アメリカでもグローバルな市場の脅威が国家としてのアメリカを再提起するのだが、同時に連邦制をひくアメリカにおける連邦政府は何を担うのだろうか。アメリカは連邦制をとっているために、二重に連邦と州というアクターが機能し、国家というものが一枚岩ではなく、多元的な統治が行われている。そして、ヨーロッパもEUという、より多様な連邦主義を取る国でもある。各国のガバナンスと政治文化は多様であり、同じように、その差異の重要性を低く見積もるべきではない。

　言説はグローバルに展開されており、今まで以上に世界は縮小している。しかし、ローカル（国家と地域）な差異は、厳然として存在する。

〈参考文献〉
エチオーニ, A.（永安幸正監訳）（2001）『新しい黄金律』麗沢大学出版会。
北野秋男・吉良直・大桃敏行編（2012）『アメリカ教育改革の最前線：頂点への競

争』学術出版。

黒崎勲（2006）『教育の政治経済学　増補版』同時代社。

クーンズ, J. E.・シュガーマン, S. D.（白石裕監訳）（1998）『学校の選択』玉川大学出版。

中山俊宏（2013）『アメリカン・イデオロギー』勁草書房。

ハイエク, フリードリッヒ（気賀健三・古賀勝次郎訳）（2007）『自由の条件III　福祉国家における自由〈新版ハイエク全集第1期7巻〉』春秋社。

ヘス, F. M.・フィンJr., C. E.（後洋一訳）（2007）『格差社会アメリカの教育改革（明石ライブラリー）』明石書店。

　　　　＊

The Commission on No Child Left Behind（2007）*Beyond NCLB : Fulfilling the Promise to Our Nation's Children*, One Duport Circle, Washington, DC : Aspen Institute.

Hirschman. A. O.（1970）*Exit, Voice, and Loyalty*, Cambridge, MA : Harvard University Press.

Larner, W.（2000 Autumn）"Neo-liberalism : Policy, Ideology, Governmentality", *Studies in Political Economy*, No.63, pp.5-25.

Manna, P.（2006）*School's In*, Washington, DC : Georgetown University Press.

Manna, P. and McGuinn, P.（Eds）（2013）*Education Governance for the Twenty-First Century*, Massachusetts Avenue, W.A.D.C. : Brookings.

Nitta, K. A.（2008）*The Politics of Structural Education Reform*, New York, NY : Routledge.

Nitta, K. A.（2013, October 12th）"Revisiting Politics of Structural Education Reform", 'Rethinking the Global Trends of Education Governance'（*The 48th Annual Conference of the Japan Educational Administration Society, International Symposium*）, Kyoto University.（日本教育行政学会第48回大会、日韓教育行政学会共催国際シンポジウム「検証　教育のガバナンス改革　英米日韓4ヵ国の事例からトレンドを探る」京都大学、2013年10月12日）

Peck. J. and Tickell. A.（2002）"Neoliberalizing Space", Brenner, N., and Theodore. N.（Eds）, *Spaces of Neoliberalism*, Malden, MA : Blackwell Pubs, Chapter 2, pp.33-57.

Rothman, R.（2011）*Something in Common*, Cambirdge, MA : Harvard Education Press.

Schatz. J. J. and Clark. D.（2009, Feb 16th）"Congress Clears Stimulus Package", *CQ Weekly*, p.352.

Smith. L.（2012 March 12th）"Congress Left Behind", *CQ Weekly*, p.90.

Smith. L. (2013 July 8th) "Common Core Concerns", *CQ Weekly*, p.1155.

Stern. S. (2010 March 22nd) "Obama Seeks Many Changes in 'No Child' But Critics Looks for Slower Approach", *CQ Weekly*, p.598.

USA Today (2015 December 10th) "The Every Student Succeeds Act vs. No Child Left Behind, What's changed", *USA Today, EST*.

広瀬裕子 ◀

8章 グローバル化が照射した国内の困窮問題
—— 自律しない主体の自律性修復に関する理論問題

はじめに

　グローバル化は、近代社会に宿命的に内在していた自律性の機能不全問題を顕在化させた。2016年に起こったイギリス（本章ではイングランド）のEU離脱国民投票とアメリカの大統領選挙は、番狂わせであった。番狂わせの背景にあったのは共に深刻な移民難民問題だとされ、流入する移民難民に仕事を奪われた国内の労働者たちの困窮問題が次々とクローズアップされた。ここで注目された困窮問題は、そういう意味では移民難民のような社会の傍系にいると考えられていた社会的マイノリティーの困窮問題ではない。むしろ、社会のメインストリームにいると思われていた人たちが困窮している問題であり、そして後にみるように単なる経済的な困窮問題ではなく、自律性の機能不全という問題である。

　本章では、グローバル化がイギリスとアメリカであぶりだした困窮問題を糸口にして、社会のメインストリームを構成するアクターの自律性が機能不全を起こしている問題を理論問題として検討してみようと思う。主体の自律性が機能不全を起こすことは自律的であるはずの私的領域と国家の関わりを問い直さなければならない問題であり、公私二元論的な原則に立つ近代社会の存立の根幹に関わる問題である。

　本章が検討を試みるのは、番狂わせ以前にすでにイギリス国内で観察されていた二つの事例である。それぞれ、それまでにない規模で認識された自律性の機能不全問題であり、ともにそれまでにない中央政府の関与によって修復された事例である。私的領域を国家がメンテナンスすることを理論的に考察する、というのが主要な内容となる。

　国家が私的領域をメンテナンスするという、公私二元論を軸とする近代原則と相容れない政策が有効性を発揮している。その過程では、新自由主義的な手法の導入と、それに伴う公共を担保する仕組みの組み直しも駆使された。本章は、これらの論争的ながらも効果をあげた政策事例が、特殊事例としては処理しえない要素を持つという認識のもとに、私的領域の国家によるメンテナンスという近代原則と矛盾する出来事が、近代公教育制度に順当に想定される具体相であり出現形態でありうることを論じたいと思う。

1.　二つの番狂わせ——グローバル化が照射した国内の困窮問題

　2016年の二つの番狂わせはまだ記憶に新しい。イギリスでは、EU離脱を問う国民投票が大方の予想に反して離脱を選択した。アメリカの大統領選挙でも、当初の予想に反して移民に極めて厳しい物言いをしたドナルド・トランプが勝利した。それぞれの番狂わせ劇が象徴的な争点としたのは、移民・難民の受け入れ賛否である。この賛否は、急速に進んだグローバル化が生みだした争点に他ならない。

　興味深いのは、番狂わせの原因として注目された移民・難民問題が、共通に、その背後にある国内の困窮問題に光をあてたことだ。移民労働者に仕事を奪われた国内の労働者たちの過酷な経済的環境が繰り返し報道された。この困窮問題は、移民難民のような社会の傍系的マイノリティーの困窮問題ではなく、しかも単なる経済問題でもない。社会のメインストリームにいると思われていた人たちの困窮問題であり、自律性の機能不全問題であった。

（1）アメリカの白人男性労働者の貧困
　アメリカ大統領選挙の終盤で1冊の本が注目された。『ヒルビリー・エレジー（*Hillbilly Elegy*）』（Vance 2016）というメモワールだ。著者ヴァンス（J. D. Vance）が自らの半生を丁寧に記録した回想録である。白人貧困家庭に生まれ育ったヴァンスが、そこから抜けだしてイェール大学ロースクールを修了してシリコンバレーの投資会社を率いるに至る成功物語だ。この本は、トランプ（Donald Trump）「快進」を支える白人貧困層がどういう人たちかを

知るための必読書ともされた。トランプが共和党の指名候補に決まる直前の2016年6月に出版された同書は、すぐさまニューヨーク・タイムズ紙のベストセラーにランクインし以後も売れ続けた。

　白人貧困層を扱った著書は、他にもあった。政治学者チャールズ・マレイ（Charles Murray 2012）や社会学者ウィリアム・ウィルソン（William Julius Wilson 2012）、あるいは政治学者ロバート・パトナム（Robert Putnam 2016）などだ。しかし、『ヒルビリー・エレジー』が従来の類書と異なるとされるのは、白人貧困層を外から観察分析するだけではなく内部からも描いている点である（Mcdermott 2016）。登場する人物描写は、ヴァンス自身が「目撃した世界を記憶の限り正確に再現」（Vance 2016：8）したものなのだ。2016年11月に同書を題材にしてヴァンスと対談を行った政治学者マレイは、開口一番、ヴァンスがなんとあけすけに身近な家族について語っていることかと驚嘆している（Vance and Murray 2016）。

　ヴァンスが育った場所は産業が衰退して錆びついた町、つまりラストベルトと呼ばれるオハイオ州ミドルタウンそしてケンタッキー州のアパラチアの町ジャクソンだ。タイトルになっている「ヒルビリー」は米国で田舎者の蔑称として使われる言葉であり、レッドネック（反動的な白人労働者）とも、ホワイトトラッシュ（白いゴミ）とも呼ばれる（Vance 2016：3）。

　困窮の中にいるヒルビリーの日常は、失業、貧困、離婚、家庭内暴力の日々である。彼らの困窮は中西部の経済の凋落問題と無関係ではないが、ヴァンスが浮かびあがらせるのは、彼らの困窮問題を困難な問題にしているのは彼ら自身に根を張っている生活文化そのものだ、ということなのだ。「堕落することを阻止しようとするのではなくますますそれに加担する彼らの文化」が困窮の底流にあるのであり、従って「雇用の機会が保障されれば生活状況は改善するとは限らない」（Vance 2016：7）のだとヴァンスはいうのである。

　象徴的なエピソードが紹介されている。ヴァンスがロースクールに入学する準備資金を稼ぐためにタイル倉庫で働いていた頃のことだ。重いタイルを運ぶ仕事は重労働ではあるが条件は悪くなく、時給16ドル年間32,000ドルの収入となる。エピソードはそこに仕事を求めてきた若いカップルの話だ。

　私より数カ月前にボブ（仮名）という男がタイル倉庫で働き始めた。ボブは19歳で、妊娠中のガールフレンドがいた。マネージャーは彼女の方には電話対応の事務仕事を世話してやった。二人ともまったくとんでもない労働者だった。ガールフレンドの方は3日に一度は無断欠勤した。改めるように繰り返し注意されたが、結局仕事は数カ月も続かなかった。ボブの方は、休むのは週に一度だったが遅刻は常習だった。そして毎日、3回から4回のトイレ休憩をとるのだが、それが毎回30分以上だった。少々ひどかったので、私は仲間とゲームをしてみた。彼が席を立った時にタイマーをかけて、倉庫中に聞こえるようにカウントした。「35分」、「45分」「1時間」。結局ボブは解雇された。彼はマネージャーに詰め寄った。「俺になんてことをするんだ。妊娠中のガールフレンドがいることを知らないのか」（Vance 2016：6）。

　ヒルビリーの典型として登場するカップルだ。自分で努力をすること、上昇志向を持ちながら生きることを知らないために労働条件が良い仕事についても長続きしない、そういうヒルビリーの典型として登場している。ヒルビリーたちは「ウェルフェア・クイーン」（福祉の女王）でもあるのだとヴァンスは回想する（Vance 2016：16）。自分自身の困窮は「周囲の人がなんとかしてくれるべき」ものだと考える「ウェルフェア・クイーン」である。
　しかし彼らに悪気があるのではない。彼らはただ単に、そこから抜けだす方法を知らないのだ。ブルーカラーの仕事に不満があったとしても、「ブルーカラーの仕事ではなく、ホワイトカラーの仕事に就くにはどうすればよいかということになると、非常に無知」（Vance 2016：58）だからだ。ヴァンス自身も知らなかったと振り返っている。彼がそうした生活から抜けだせたのは、努力することを教えてくれる大人、彼の場合は薬物中毒の母や入れ替わり立ち替わりする母のパートナーに代わって勤勉であれと教えてくれた祖母が近くにいたからなのだが、ヒルビリーの子どもたちの中にはそういう大人が身近にいない場合が少なくないとヴァンスはいうのである。
　ヒルビリーの困窮を自己責任に還元するかにみえるヴァンスのスタンスに

対して、福祉や政治の重要性を軽視し、また経済問題や貧困問題を当人の努力不足の問題に矮小化してしまう、と批判する向きもある（Jones 2016、Pott 2016）。もちろん経済政策や福祉政策が無用であるはずがないが、そうした政策を整えたとしてもそれを機能させない土台があることをヴァンスは問題提起しているのである。

　先にふれたヴァンスとマレイの対談の後、フロアーから次のような質問がだされている。なぜ今まで白人の貧困そのものが取りあげられなかったのか、白人貧困問題になぜ人々はアレルギー反応を示すのか。エスニック・マイノリティーや女性が抱える極めて深刻な多くの問題は注目されてきた一方で、たしかに白人男性の問題は注目されなかった、とマレイは質問の趣旨を補足した。ヴァンスがコメントするのは、白人男性の困窮問題がそもそも政治的に大した意味を持つと思われなかったからではないか、ということだ。意味を持たないと思われていたがゆえに存在しない問題だったということだ。メインストリームにいるはずの白人男性が、困窮することなど想定されなかったのである。この問題が今までみえないところに置かれていたのは、あるいはまた、道徳性や価値規範が絡む問題でもあり、外部からは指摘しにくい問題であったということもあるのだろう。ヒルビリーたちの自己責任を強調するヴァンスの辛口のスタンスは、自分も仲間だからいえたもので、外部人間にはなかなかいえない種類のものなのだ（Senior 2016）、というのもたしかではある。

　何れにしても、経済的凋落が、そして今回の大統領選挙が、困窮のカテゴリーに居るとは考えられていなかった、むしろマジョリティーの側にいると考えられていた白人男性の困窮問題を可視化した。困窮する彼らの実像が、トランプ快進撃の時期にタイムリーな形でヴァンスの言語化によって明らかにされたのだった。

(2) イギリスの「普通の労働者」の困窮

　イギリスの番狂わせ劇も、同じく国内の困窮問題を浮き彫りにした。こちらのケースは、アクターの力量問題についての理論的な論点をより明確にしている。UE離脱が決まった後に首相に就任したテリーザ・メイ（Theresa

May）は、経済的困窮問題に加えて、「普通の労働者」の自律性を話題にした。EU離脱という難題に直面したイギリス政府が最優先でするべきなのは、自分の生活をコントロールできなくなっている人々にコントロールを付与することだ、とメイ首相は語った。

　イギリスがEU離脱の是非を問う国民投票を実施したのは、アメリカの大統領選の約半年前、2016年の6月だ。その国民投票がEU離脱を結果的に選択したことは世界にとって衝撃だった。なぜならば、国民投票は、あくまで移民によって仕事を奪われた労働者たちの不満のガス抜きに過ぎないと考えられていたからだ。

　EU残留を訴えていたキャメロン（David Cameron）首相は辞任し、代わって首相になったのはそれまで内務大臣をしていたテリーザ・メイである。7月13日にバッキンガム宮殿で女王の正式承認をえた後、首相公邸に戻ったメイは、メディアを前にして所信表明演説を行った。いわゆるファースト・スピーチだ。EU離脱を決定するか保留するか、世界中が固唾を飲んだのはその点だ。メイの結論は明確だった。離脱はもう避けられない、英国はそういう国として歴史的な転換点にある、EUを離脱した英国は国際社会の中で今までとは異なる新しい役割を果敢に前向きに担っていくのだ、と語ったのだった。

　新鮮だったのは、メイが語ったEU離脱に備えるためのグランド・ビジョンの中身だ。国の、あるいは社会の再生を訴えたメイがそこでクローズアップしたのは、「普通の労働者」の再生とでもいうべきビジョンだった。保守党政府が国内の困窮問題に正面から言及すること自体がやや異例であるが、困窮問題の当事者として黒人や、女性や精神疾患患者など社会的弱者としてリストアップされていた人々の困窮に目を向けるのは当然として、「普通の労働者」が自律的に生きられなくなっていることにメイは言及したのである。

　政府は、特権階級の利益のためではなく普通の労働者の利益のために働いて彼らの声に耳を傾ける、そうメイは約束した。そして、政府の仕事を次のように表現したのだ。「私たち（私が率いる政府：広瀬）は、皆さんが自分の生活を少しでも自分でコントロールできるように、あらゆることをします（We will do everything we can to give you more control over your lives.）」。彼女の言葉

を直訳すると、「私たちは、あなたがたにあなたがたの暮らしに関するより多くのコントロールを与えるためにあらゆることをします」となる。国家が、人々に自律性あるいは自律力を付与するというのが、ここでの文字通りの意味である。

　考えてみれば、近代社会が想定する自律性は、内面の自由と不可分の自律性であり、国家支配を牽制しながら諸個人が自律するというのがそもそもの趣旨である。その、国家に干渉されない自律性を、他ならぬ中央政府が人々に付与するとメイは語っているのである。中央政府が喫緊の課題として掲げた「普通の労働者」の自律性の確保は、近代原則の根幹に齟齬する可能性のある理論問題を内包しているといわなければならない。

　アメリカの大統領選挙がクローズアップしたヒルビリーにしても、メイ首相が注目した普通の労働者の困窮問題にしても、問題は、近代社会が前提にしていた自律するはずの主体が自律しなくなっているという現実である。近代社会を成熟させたアメリカとイギリスが、グローバル化の先で近代社会の原則が原則にならなくなっている現実を、期せずして同時期に顕在化させたということだ。

2.　個人の自律性が機能不全を起こした

　実のところ、社会のメインストリームを構成する主体の力量問題は、イギリスで1980年代から1990年代にかけて進められた性教育の義務化政策によって、すでに如実に示されている。性教育の義務化というのは、最も私的な価値領域を扱う性教育を学校教育の中に必修として制度化する趣旨のもので、メインストリームの正規の（＝マジョリティーの側にいる）アクター（＝親）が自律的でいるわけではないことを社会的に認知させた事例である。性教育義務化の経緯の詳細は広瀬（2009）に譲るとして、ここでは、その概略と理論的ポイントを確認しておきたい。

　近代の公私二元論に依拠するならば、性教育は親の内面的価値観に従って親が行うというのが大原則である。イギリスでは、性教育は親の私的領域に属するという原則を文字通り原則的に主張する伝統派と呼ばれる人々と、基

本は親だとしても学校も積極的に性教育を行うべきだとする進歩派と呼ばれる人々が、学校での性教育の実施方法をめぐって対立していた。宗教界は伝統派を支持し、政党では、保守党が伝統派に、労働党が進歩派に近しかった。学校教育で性教育実践を重ねる進歩派に対して、伝統派から批判キャンペーンが展開されるというのがこの問題に関する政治構図の基本である。

　義務化政策の成立過程は、デフォルトとは異なる対立構図で進んだ。義務化案は、「保守化」傾向を強力に打ちだしたサッチャー（Margaret Thatcher）保守党政府が始動させたものであり、それゆえにその政策の背景に反動的な道徳強化があるのではないかと懸念された。しかし政府が義務化しようとしたのは、避妊指導などを具体的に行う「進歩的」性教育を内実とするもので、保守党対労働党、あるいは伝統派対進歩派という保革対立に照らすと、掛け値なしにねじれを含むものであった。このねじれの背景にあったのが、確たる価値観を持って子どもに性を教えられない多数の親の存在である。

　性教育義務化の枠は、1986年第二教育法（Education（No.2）Act 1986）がイギリスの法として初めて性教育に言及した後、1993年教育法で骨子が作られた。たしかに伝統派と進歩派の間での激しい攻防の下に制度化作業は進められるのだが、そしてまた、政治的な保革対立を象徴するアイコン的役回りを持っていた性教育であったにも拘わらず、その応酬の構図は保守党対労働党とは異なる形に収斂していくことになる。伝統派のみならず進歩派においても原則とされていた親の教育の自由の原則が、法案審議の過程で、性教育義務化を支持する大多数の議員によって超党派で棚上げされていくようになるのが経緯である。棚上げに反対したのは、保守党の支持層の一部の道徳的右派と呼ばれる、少数ながら強硬な原理的保守主義の一群のみであった。

　制度化以前に、学校における性教育は大規模な議会論争として二度取りあげられている。1976年と1986年である。論争の構図は、どちらも、学校で行われている「過激」で「行き過ぎた」性教育実践を伝統派の議員たちが批判し、進歩派議員が防戦するものだ。注目したいのは、1976年論争と1986年論争の間で性教育に対する国家関与についての論調が変化していることである。

　1976年論争は労働党政権下の議会論争で、1974年から本格的に学校での

性教育実践に参入した家族計画協会（Family Planning Association：FPA）の在り方が争点とされた。進歩派性教育実践に影響力を持つFPAは、伝統派の格好の攻撃対象であった。貴族院（上院）において伝統派の保守党議員エリス（Baroness Elles）は、FPAが主導する性教育が過激であるとして、性教育を「正常化」させるために政府はイニシアティブを取るべきだと主張した。これに対して、政府を代表して発言する閣外大臣（Minister）のクローザーハント（Lord Crowther-Hunt）は、「女男爵（Baroness）がおっしゃる全体主義社会の全体主義的要求を聞いて驚いているのであります。彼女がいおうとしているのは、私的個人が日常生活で自分自身の価値観をつくっていくときの一連の拠り所となる価値観を政府が決定し、国中の学校でそれらがしっかり教えられるようにしなければならないということです」[1]と、一蹴する。もちろんエリスの発言は、労働党政府に仲間内の進歩的性教育を取り締まれ、という一種の当てこすりを含んだものだが、価値教育に政府が関与することを求める発想そのものが不当であると指摘するだけで発言を封じる効果が十分あった点に注目しておきたいと思う。

　10年後（保守党政権下）の1986年の性教育論争では、学校における性教育と公権力との関係に関する認識のベクトルが180度転換し始めている。FPA批判が展開されるのは1976年と同様だが、1986年の論争では教育内容に中央政府が関与することが型通りには排除されないだけでなく関与を求める発言も登場するようになる。保守党スティーヴ・ノリス（Steve Norris）は、庶民院（下院）に於いて、「親及び議会が従来から関心を寄せ懸案となっておりますことに関しての唯一の解決策は、実践の基本的な方向として教育科学省（Department for Education and Science：DES）の回状を位置づけることであります」[2]と、学校で行う性教育の基準設定のために国の関与の必要を説き、教育科学省がだしていた性教育に関する回状にその役割をあてる提案をしている。保守党パトリック・コーマック（Patrick Cormack）も、やはり、「この問題に適切に分別を持って対処するには、政府が責任を回避せずにそ

1　*Parliamentary Debates, House of Lords,* Fifth Series, Vol. 367, 1976.1.14, Sex Education of Children, Lord Crowther-Hunt, col. 267.

176

の任にあたるという合意形成をすることが大前提で、またそれしか方法はありません」（同上、col. 1086）と、対立した見解の議論の行き詰まりを解決する唯一の方法を国家的基準の形成に求める。

　1986年論争においては、国家関与を求める意見は多角的に支持をえるようになっており、性教育の法定化に反対する公権力の価値領域不介入原則は、見解の一つにすぎなくなっている。1976年の時点では、政府の関与を論じることすら門前払いになる雰囲気であったことに比べると、この変化は大きい。1986年の議論の開始時点では性教育の法定化に冷ややかな姿勢をみせていた政府も、教育科学相交代に合わせるように法定化非から是へと立場を変える。貴族院（上院）においてはロンドン司教（Lord Bishop of London）すらも、「原則論たるものを置く場所として、法的規定というのは一体正しい場所なのだろうかと自分自身に問うていました。（略）しかし私は、こうした純粋主義的良心の呵責をすべて越えたところで、いいや、その必要性は甚大で、この国のこの今という時には、この種の規定が疑問の余地なく必要なのだと考えるようになりました」[3] と、法定化へ肯定的な意向を示すようになる。

　こうした議論の論調変化の背景にあったのは、子どもを取り巻く性環境の変化である。とりわけ1960年代から顕著となる10代の少女たちの望まない妊娠の増加は、放置できない問題として認識されはじめていた。イギリスは、ヨーロッパ地域で最も高い少女の妊娠率を示し、1970年には年間13万件以上の10代の妊娠が把握されている。実数は、20万とも30万ともいわれ[4]、少女の妊娠は、後に政府報告書『10代の妊娠（*Teenage Pregnancy*）』（Social Exclusion Unit 1999）が明らかにするように、単に個人の行動選択の問題にとどまらずに貧困問題でもあり、教育の欠除、産まれてくる子どもの劣悪な生育環境、時にはドラッグその他の犯罪ともつながる問題でもあり、財政問題でもあった。引き続く調査の中で、産まれてくる子どもたちも将来高い確

2　*Parliamentary Debates, House of Commons*, Sixth Series, Vol.102, 1986.10.21, Education Bill (Lords), Steve Norris, col.1081.

3　*Parliamentary Debates, House of Lords*, Fifth Series, Vol.475, Education Bill (H.L.), 1986.5.20, Lord Bishop of London, col. 228.

立で10代の親になることもわかってきた（Department for Education and Skills：DfES 2006）。こうした問題に対応する有効な手段として学校での性教育が企図されたのである。

　一方で、学校での性教育の実施に関する世論の賛否が実のところどのような割合で存在しているのかは不明であった。性教育に関する世論調査としては1970年代のクリスチン・ファレル（Christine Farrell）によるもの（Farrell 1978）が知られているが、本格的な調査は1980年代の半ばまで存在しなかった。1985年に、政策研究所（Policy Studies Institute）の健康社会ケアの調査部長であるイズベル・アレン（Isobel Allen）は、イングランドの3つの地域を対象に、そこに住む14歳から16歳の子どもたち209人とその親212人を対象にアンケートおよびインタビューによる調査を行ったのが最初である（Allen 1987）。この調査が明らかにしたのは、親は子どもに性を語れておらず、世論の圧倒的多数が学校での性教育に肯定的な見解を持ちそれを支持しているというものであった。アレンの調査に続くいくつかの調査も、多少数字は変わるものの例外なく大多数の人が学校での性教育を望んでいると結論づけている[5]。

　背景問題は10代の妊娠に止まらなかった。1980年代後半になると事態が急展開する。各国で大きな社会問題となるHIV/AIDSの拡大は、エイズ・パニックともいえる社会不安を起こし、性教育の要不要を論ずる「余裕」はなくなった。親が子どもに性行動について教えられなくなっている状況で、

4　たとえば、ディゴリー（P. Diggory, 'The Unwanted Pregnancy', *Journal of Biosocial Science*, Supplement No.3, 1971.）は、1969年に20万件と概算し、バース・コントロール・キャンペーン（Birth Control Campaign, *A Birth Control Plan for Britain*, 1972.）は、30万件に増加したと概算している。政府報告書（Social Exclusion Unit 1999.）は、英国内で10代の妊娠は近頃にあっても毎年約90,000件を数え、そのうち7,700件が16歳未満、2,200件が14歳以下、そして大体5分の3が出産しているという数字を示した。

5　たとえば、National Foundation for Educational Research, *Parents, school and sex education*, Health Education Authority, 1994. British Market Research Bureau, 'Young people's attitudes towards sex education', Family Planning Association, 1994. どちらも 'FPA Factsheet 5D：Sex Education in School', 1995.に紹介。

学校での性教育が、それらに対応する唯一の現実的で有効な手段であることに疑問の余地がなかったからだ。こうした状況を背景にして、保守党政府は、学校での性教育実施を義務とする方向での制度化を始めたのであった。

　この事例が提起する理論問題は興味深い。ポイントは性教育ができない親の存在である。現実問題としての深刻さでいえば、たしかに10代の妊娠問題が格段に上である。しかし、10代の妊娠問題は、理論問題としては、個人の自律性と国家の関係が想定する範囲内にある。十分な思慮を持ち合わせない未熟な子どもが自分の性行動をコントロールできないという問題に過ぎないからだ。社会の正規の構成員ではない未熟で判断力がない子どもが起こす問題は、彼らが成熟すれば解決する、と説明すればたりる。それに比べて、性教育ができない親の理論的位置づけは厄介だ。自律しているはずの成人市民が、子どもに伝えるべき価値基準を持っていないことをこれは意味するからだ。しかも、それが一部の例外的な親ではなく大多数の親なのである。性教育という極めて私的な特徴的領域を扱う教育だからこそ、メインストリームの自律性の機能不全を拡大してみせた格好である。

　注意しなければならないのは、この自律しない人々の登場が近代化路線を逸脱したところ、つまり近代化が不十分ないし不完全であるから出現したのではないということだ。背景にあるのは、世俗化の進行である。信教の自由の浸透は、宗教を選ぶ自由のみならず宗教から離れる自由として働いていた。教会をバックにした性道徳、時に厳格なその性道徳から離れた人々は、しかしながらそれに代わる価値規範を必ずしも持ったわけではなかった。性教育義務化が取り組むことになった問題というのは、信教の自由を手に入れたものの既成の宗教的価値に代わる確たる価値規範を持たない人々の問題、信教の自由が広く浸透した成熟した近代社会だからこそ登場する問題なのである。つまりは、自由と平等原理をそれまでになく現実のものにしていった成熟近代が、近代社会に宿命的に内在していた問題を不本意ながら顕在化させたということだ。

　もう一つ興味深いのは、この問題への対処の手法である。国家（＝中央政府＆法）が介入するという問題解決手段が、事態への対処が緊急性を帯びた時点では、議会の総意として採用されていることだ。国家の価値領域への不

介入という原則論がここでは無力になっていることにも注目しておかねばならない。

3.　教育行政の地方自治が機能不全を起こした

　アクターの力量問題という意味では、地方自治の領域にも類似の問題がみられる。自律的であるべき地方政府が、自治能力を破綻させる事例である。同じくイギリスの事例だが、破綻した地方政府に中央政府が民間組織を強制投入して行政サービスを再生させる事例が登場した。性教育義務化が、公権力が学校教育を通じて私領域をメンテナンスしようとするものだとすると、こちらの事例は、国家が新自由主義的なツールを駆使して地方政府の自律性を私的セクターにメンテナンスさせた形だ。

　事例は、1990年代から2000年代に展開したロンドンのハックニー自治区（Borough of Hackney）の教育改革である。ハックニー区では、深刻な教育破綻が進行しており、自力での解決が不可能になっていた。それを放置できないとした中央政府は、区から教育行政権限を剥奪して民間組織に移管するという前代未聞のプロジェクトを遂行したのである。麻痺した地方政府の教育業務を再生させたのは、非営利の私企業ハックニー・ラーニング・トラスト（The Hackney Learning Trust：HLT、またはThe Learning Trust：TLT）である。

　この改革手法は、国家が介入することと民間が公的事業に参入することの二重の意味においてその是非が論じられた。しかしながら深刻な機能不全状況を前にして、国家（中央政府）は地方自治に介入すべきでないという原則論は議会のほぼ総意で棚上げされ、しかも中央政府が介入することで動きだした改革それ自体は、民の機動性とそこに集結した専門家集団による高度なガバナンス能力が発揮されて効果をあげた。TLTが業務を担った改革時期は、2002年から2012年までの10年間である。この事例の経緯の詳細は別稿（広瀬 2014、2015、2016、2018／ Wood 2016a、2016b）に譲り、概要のみ確認する。

　ロンドン・ハックニー区は、ロンドンの東部に位置する貧困度の高い地区

180

であり治安の悪さでも知られている。シティと呼ばれるロンドンの金融の中心地域に隣接しており、2012年のロンドンオリンピックはこの周辺地域の大規模な再開発をレガシーとして誘致された。人口は約25万人、エスニシティは多様で、初等学校で話される言語は100種類を越えるといわれる。当時の人口割合は英国系白人36パーセント、他の白人16パーセント、黒人22パーセント、インドアジア系7パーセント、混合6パーセント、中国系その他のアジア系3パーセントなどとなっている（UK Census 2011から計算）。区内の学校数は、2013年現在で、初等学校55校、子どもセンター23箇所、中等学校7校、アカデミー5校、特別支援学校4校、学校外教育施設（Pupil referral Unit）2箇所である。イギリスで貧困の指標として使われる学校の無料給食措置の子どもの率も当然高い。政治的には労働党が強い代表的な地区としても知られている。

　ハックニー区の教育が混乱状態にあったことは、1990年代初期の保守党政権下で認識され始めていた。同区は、ロンドンの貧困、多民族などの諸問題を凝縮して体現し、また政治運動を先鋭化させて政治的混乱を招くなど、複層した困難要因によって身動きが取れなくなっていた。区の行政も混乱を極めて、ゴミ収集業務が機能せずに区内の路上に腐ったゴミが積みあがっている様子を、マスコミは問題の象徴として報道した[6]。教育の指標として使われていた子どもたちの学業成績が全国最低レベルにあったことは知られていたものの、学校の日常的運営それ自体も深刻な状況にあった。勅任視学（Her Majesty's Inspectorate : HMI）の報告書『ハックニーの学校（*Schools in Hackney*)』（DES 1990）はそのあたりを詳細に伝えている。

　校舎は「老朽化し、清掃のレベルも低くみすぼらしさが増」す。移民や「旅行者（Traveler＝ロマたちのこと）」が多く子どもたちの移動性が高いために、カリキュラムの一貫性を維持することが難しくなっていた。教員も入れ替わりが激しく長期のストライキでやる気をなくした教員たちも少なくなかった。教員たちの欠勤率は高く、授業準備もおざなりが多かった。子どもたちの学校での怠慢な行動や授業妨害に教員たちは適切に注意をせず、クラス

6　'The worst run place in Britain?', *The Guardian*, Monday, 13 November, 2000.

　担任は定期集会の時間は契約時間外であると主張するなどして出席せず、集会を代替した教員との引き継ぎもなされない。学校によっては校長不在、また副校長も不在の学校があり、年度内に半数のスタッフが入れ替わる初等学校もあった。教員採用は急務だが、地域の悪評、ロンドンゆえの高い住居費や生活費、公共交通網から外れた不便などが障害となり有能な教師の採用ができず、さらなる教育状況の悪化が教師採用を困難にするという悪循環に陥っていた。緊急措置として海外からの教師に依存したが、適切な事前指導をする余裕もなく困難な学校に投入される状況にあった。報告書は、こうした多くの問題はすでに学校が自力で解決できるような段階ではなくなっているとしている。

　度重なる中央政府による査察と改善勧告を受けて、ハックニー区の行政当局すなわち地方議会（Council）は対応を試みるが、教育行政の責任者である長官が混乱の中で職を去り、その下の職も担当者不在の時期がしばらく続くなど（Boyle and Humphreys 2012）有効な対策を講ずることができないでいた。1997年に政権が保守党から労働党へ移ると、ハックニー区に対する中央政府の対応は本格化した。元々は保守党政府が取りあげた問題であったが、問題の深刻さの次元は政党対立を超えていたからだ。教育雇用大臣に就任したデイビッド・ブランケット（David Blunkett）は、矢継ぎ早にハックニー区への対応策を打ちだす。教育水準局（Ofsted）の監査を派遣し、加えて「改善チーム」を強制投入したのは就任4カ月後のことだ。区の地方議会の側は改善チームを迎え入れたものの、必ずしもその勧告に従わなかった。

　ハックニー区の問題をにらみながら、一方で中央政府は、地方政府への介入を可能にする法的整備を進めていた[7]。公的なサービス運営の失敗に対する不寛容の姿勢は、白書『学校教育の卓越性（*Excellence in Schools*）』（1997. 7）において明言され、白書の方針を具体化した「学校教育の水準と枠組みに関する1998年法（School Standards and Framework Act 1998）」（以下、「枠組み法」と記す）と、翌年の「1999年地方自治体法（1999 Local Government

7　ウェールズ担当政務次官ジョーンズ（The Parliamentary Under-Secretary of State for Wales, Mr. Jon Owen Jones）は、審議の18カ月前から介入権限の導入が議論されてきたと発言している（HC Deb 12 January 1999, col.201.）。

Act)」の制定という二段階の立法措置で、地方教育当局（Local Education Authority：LEA）の業務の遂行が十分ではないと国務大臣が判断する場合に国務大臣が地方へ介入することを可能にした。「枠組み法」は、地域の学校の教育水準を向上させることを地方教育行政を司るLEAの責務とし（第5条）、その責務を果たすためにLEAに学校に介入する権限を付与するとともに（第14条）、中央政府、具体的には閣僚大臣である国務大臣（The Secretary of State）にLEAに介する権限を付与した（第8条）。「1999年地方自治体法」は、その第15条で、地方行政の全領域を想定して地方当局（Local Authority：LA）に対する国務大臣の介入権を定めた。

　国務大臣に介入権限を付与する「枠組み法」第8条の制定が議会に提案されたのは、政府がハックニー区に改善チームを強制投入し、しかし区がその勧告に従わなかった頃だ。国務大臣の介入権という、中央政府の権限を格段に強化することになるこの条項は、それまでにない「歴史的に重大な意味を持つ」[8] ものとして注視された。にもかかわらずひとしきりの議論がなされた後に、「大きな反対もなく議会を通過」（Boyle 2014）するのである。ハックニー区という直接のターゲット課題があったからにほかならない。そうした事情は、野党保守党ノーセスク（The Earl of Northesk）の発言、すなわち、自分は第8条についてとやかくいおうとは思わない、なぜならこの条項が想定するケースが実際にあるからだが、しかし、他の条項は別で、云々[9]、という発言がよく表している。中央政府の介入権限を定める第8条は、ハックニー区の教育問題を想定する特殊な立ち位置において構想されていたということだ。

　ハックニー区の教育問題を解決することを直近の目的としたこの第8条は、成立すると即座に同区に適用される。それにより、区の教育事業のうちの学校改革業務とエスニック・マイノリティー支援業務が中央政府により強制的に入札にかけられ、営利私企業ノード・アングリア（Nord Anglia）に3年契約で移管されることになる。さらに、翌年成立する「1999年地方自治体法」

8　*LGC*（*Local Government Chronicle*）, 29 July, 1998.
9　HL Deb 07 April 1998 vol. 588, c692.

第15条が、ノード・アングリアとの3年契約が終了した2002年のハックニー区にやはり第1号として適用される[10]。同条は、行政の構造改革を進めるベスト・バリュー政策の実施母体に指定された各種の「ベスト・バリュー当局」の業務が、求められる水準を満たしていないと国務大臣が判断する場合は、国務大臣は当局に実施計画の変更その他、当局が要件を満たすために必要だと思われるいかなることをも命令できる、とするものである。教育行政を司る地方行政組織もベスト・バリュー当局の一つと規定されている（第1条）。先の「枠組み法」が想定領域を教育に限定していたのに対して、この第15条は地方行政の全業務を対象として国務大臣の介入を可能にするものである。ブランケットに次いで教育雇用大臣に就任していたモリス（Estelle Morris）は、同第15条を使って区の教育事業すべてを移管対象としたのである。これによりハックニー区の地方議会は教育に関する全権限を剥奪され、実質的にLEAが閉鎖されることになる。

　成果を必ずしも十分にあげられなかったノード・アングリアに代わって、区内には、既成の組織ではなく、区の教育業務を請け負うことを目的に新たな組織として件の非営利の私企業ハックニー・ラーニング・トラスト（TLT）が設立された。教育業務はTLTに2002年から10年契約で包括的に移管されることになる。地方議会に信頼を置かないだけでなく営利企業のノード・アングリアとの契約に対しても批判的であった教員組合は、非営利の企業であるTLTとの契約に関しては好意的であった。全国教員組合書記長マッカヴォイ（Doug McAvoy）は、「ハックニーの学校は長期にわたって当局から適切に支援されることなしに放置されていた」のであり、それを改善するためにTLTと契約するという形態がもっと早く採用されていればよか

10　「1999年地方自治体」を適用して公的サービスの運営母体を抜本的に入れ替えてLAから離脱させる手法は、ハックニーで採用されて以来、イングランド全体で合計6カ所の地方当局に使われている。すなわち、次の6カ所である。London Borough of Hackney（2001-2007）、Hull City Council（2003-2006）、Stoke-on-Trent City Council（2008-2010）、Doncaster Metropolitan Borough Council（2010-2014）、London Borough of Tower Hamlets（2014-2017）、Rotherham Metropolitan Borough Council（2015-present）。広瀬（2019）参照。

った、というコメントを発している[11]。教員組合に限らず、TLTによる教育業務の包括的なテイク・オーバーは、左派からも右派からも一定程度肯定的に受け入れられた（Boyle and Humphreys 2012：13）。

　TLTの発足に先立ち、2001年には、空席になっていた区の教育長官に、ロンドンの他区の業務改善の経験を持つウッド（Alan Wood）が就任した。ウッドは、LEAからTLTへ教育事業を移管させる業務に取り組み、それが終了すると自らTLTの最高経営責任者（Chief Executive：CE）となり、その後安定したリーダーシップを発揮してTLTを率いた。TLTの初代議長にはトムリンソン（Mike Tomlinson）が就任した。20年以上にわたって勅任監査官およびOfstedの監査官を務め、2000年からは勅任主席監査官を務めるという抜群の経歴と経験の持ち主であり、失敗認定による権限剥奪を屈辱としていた地方議会にとっても、この人事は歓迎すべきものであったという[12]。TLTの経営戦略を立てたのは、TLT内に設置された取締役会（The Learning Trust Board of Directors）だ。取締役会はTLT代表者、ハックニー区長、地方議会内担当閣僚（Cabinet Lead Member）、区内の学校の校長、学校理事会メンバー、企業関係者など約15名で構成され、TLTの最終的決定権限と責任を持った。地域との繋がりは常に密であったといわれる。ちなみに、地域行政から独立して公費によって運営されるアカデミーというタイプの学校の全国展開にあたっても、一般的には学校が地域から切り離されることを懸念する声が強くあるが、ハックニー区ではアカデミーのスポンサーを選定する段階で地域との継続的な繋がりを条件と課し、地域から遊離しない形でのアカデミー導入を行った。

　教育事業の再生がTLTの下で進む一方で、地方行政機構すなわち地方議会そのものの業務改革も進められていた。教育事業を切り離した地方議会は、事業再生という観点からすれば、教育という重荷を降ろして身軽になり、住宅事業などコミュニティ全体の事業改善に集中することができた。折からの2012年ロンドンオリンピックのこの地への誘致とそれに伴う環境整備事業

11　'New trust to run education service', *BBC News*, 17 October, 2001.
12　地方議会内子ども行政担当閣僚クリシュナ（Rita Krishna）に対する筆者によるインタビュー。2013年9月12日。

は、ハックニー区の再生事業と連携して行われた（広瀬 2018）。

　10年の契約期間の間にTLTは顕著な成果を上げ、2012年7月31日の契約満了とともにTLTは閉鎖された。TLTによって再生された教育は、イングランドの中でも良質だと評価される教育となってLEAに戻された。契約が終了した2012年の時点で、行政主体である地方議会の方も教育事業を運営しうる体力を回復するに至っていた。

　ハックニー区で成果をあげた中央政府が民間に業務を奪取させるという政策は、ハックニー改革に特化して周到にカスタム・メードされた政府の鳴り物入りである。その特殊性ゆえに確保できた資金もあれば、確保できた有能な人材もいた。そうした有事的な状況が可能とした要素が無関係ではないにしても、従来は是とされなかった中央政府による地方政府への介入が、泥沼化した教育を正常化し、地方行政の自律性を回復させるための緊急対策ツールとして機能した事実は見逃すべきでない。

　ハックニー区改革を性格づけるならば、機能不全を起こした行政機構（＝公的組織）が制度内の経常的修復機能が作動しないほど麻痺を重篤化させた場合に非経常的な手法によって修復された事例、すなわち有事における教育ガバナンス改革である（広瀬 2014）。組織に組み込まれた修復機能が機能しないのであるから、不全を再起させるには非経常的再生的ツールが導入されなければならず、そのツールは従って不全の状況に応じてカスタム・メードされる必要がある。ハックニー区のケースでは、中央政府の強力な介入と私的組織による公的サービスの包括的奪取がそのツールであった。補足するならば、ハックニー改革が一定の成果を収めたことを受けて、中央政府が強制的に改革支援を行うこの手法は、改革ツールを分節化して他要素を加味したマトリックスに再構成されたうえで、他の困難地域にも応用されるようになっている（広瀬 2019）。

4.　国家介入によって自律性を修復する事例の理論問題

　一種の非「常態」的な文脈で顕在化した自律性の機能不全を、国家が修復した事例を二つみてきた。アクターの自律性が機能不全を起こした場合に、

国家がメンテナンスをした事例である。価値領域への国家の関与や地方自治
への中央政府の介入は、たしかに自由と自律を蔑ろにする国家の横暴を想起
させる。しかし、ここでみた二つのケースにあっては、経緯をみる限りは、
アクターから自由を剥奪することは手段であって目的ではない。目的は自律
性の修復であって、国家介入という手段を導入することによって子どもの自
律性確保の道筋が用意され、地方政府の自治能力は回復している。国家の介
入対応がなかったならば、子どもに自律性を付与する方途の確保はなお一層
困難であったし、地方政府が自治能力を回復することはできなかったのだと
いってもよい。

　アクターの自律性が国家に修復されたこうした出来事を、内面の自由を軸
とする近代原則との位置関係でどのように理解すればよいのか。国家介入に
よって主体の自律性がメンテナンスされた複数の事例がすでに登場している
ことを確認した現段階にあっては、つまり単なる例外として捨て置くことが
適当でないという意味だが、そういう事例と、国家の介入を牽制する原則論
との関係を包摂的整合的に把握することは考えてみなければならないだろう。
少なくとも近代教育における国家の位置づけを再考し、近代教育制度を構成
する諸アクターの自律性の性格を再検討することは避けては通れない。

　そのための手掛かりがないわけではない。この種のテーマが精力的に論じ
られた時代が戦後日本にはあるからだ。国民の教育権論に集約していく堀尾
輝久の理論や逆に国民の教育権論を正面から批判した持田栄一の理論などは、
共通に国家と教育の関係をテーマとしていた。そこには近代理解に関する知
見と理論のエッセンスが蓄積されている。

　以下、堀尾輝久が「古典近代」として整理した近代教育の原則を確認した
うえで、持田栄一による近代公教育の基調把握を媒介して、この理論問題に
アプローチしてみる。加えて中山道子のジョン・ロック解釈および滝村隆一
の国家論を参考にして近代原則の性格を確認する。

　結論を先取りしていえば、堀尾が確認した「古典近代」の原則は、持田が
近代化事例の類型から導いたように歴史的に並行する法治国家としての近代
国家の成立とセットで存在するものであり、「古典近代」の原則と国家の関
係についていえば「古典近代」の原則それ自体を国家が保障する位置関係に

あることを確認することになる。国家が自律的であるべき私的領域をメンテナンスすることは、一定の蓋然性をもってありえるということだ。しかもアクターが自律しない状況は近代原則の変質あるいは修正によって出現するのでないことは、中山がロック解釈によって示すように、公私二元論がそもそも当初から想定していた要素が展開した結果であり、近代社会が成熟したことに伴って現象したのだということ、また、滝村が詳細に解釈してみせるように、国家が持つ社会を安定させる調整的作用はそれに諸個人を従わせるよそよそしい強制力を合わせ持つことによって維持される宿命にあることに鑑みると、問題なのは国家が介入することの暴力性の部分なのではなく、服従が求められる調整的合意内容の当否にあるのだということを確認することになる。

（1）堀尾輝久が抽出した古典近代──世俗主義を原則とする学校

　近代教育の原則を端的に整理したのは堀尾輝久である。堀尾（1971）が、「古典近代」と堀尾が名付けるところの近代教育原則を、近代の代表的思想家たちから丹念に抽出したことは周知だ。近代教育思想の「本質的な部分」を堀尾は次の八つのエレメントとして整理している（堀尾 1971：8）。

1．人権思想の系としての子どもの権利の確認と、その教育的表現としての学習権ないし教育を受ける権利の主張。
2．近代的親権観の成立により、親は、子どもの権利を実現させるための現実的配慮の義務を負い、この子どもに対する義務を第一次的に履行する権利を持つものであること、そして、この権利は、親の自然権に属するとされる。
3．近代における人間（l'homme）と公民（citoyen）の範疇的区別に対応して、教育の目的は、公民の育成ではなく、とりわけ人間の形成に置かれた。教育（l'education）という言葉は、人間の内面形成、とりわけ徳性の涵養を意味し、知育（l'instruction）とは区別されて、より重要なカテゴリーであった。
4．人間の内面形成に関わる問題は、国家権力の干渉してはならない

188

「私事」とされた。

5．以上の原則から必然的に、国家が教育を主催し、指導することは、自己の任務の限界をおかすものとして否定された。
6．その結果、絶対主義下の公教育はもとより、古代共和国における公教育も、国家が全面教育を引き受け、人間の内面にまで立ち入ることになる限り否定された。
7．教育方法としては、子どもの学習の権利の確認と並行して、子どもの自発性が尊重され、詰め込み主義が否定された（消極教育）。
8．これらの諸原則を生かすための教育形態としては、家庭で、親または家庭教師による個人指導が理想とされた。

すなわち、親が人権の系としての子どもの権利を第一次的に保障する義務を負い、この義務は親の自然権に属し、そして、親が子どもに対して行う内面形成とりわけ徳性の涵養は、私事であって国家権力は干渉してはならない、ということである。

このように親による私事としての教育を近代教育の基本と押さえたうえで、堀尾は、学校が大きな役割を果たさざるをえない公教育を射程に入れた場合には、学校は家庭の延長にあるものと理解されるとして次のように解釈する（堀尾 1971：14）。

1．学校は家庭の延長であり、その機能の代替であり、別の側面でいえば私事の組織化であり、親義務の共同化（集団化）であった。
2．公立学校は、「権利としての教育」の思想を、普遍的に現実化するための最も有効な手段であった。そして、近代教育原則が、公立学校教育の視点を導入することによって、
3．教育（徳育）と知育の区別の視点が提出され、
4．それはさらに教育と学校教育を範疇的に区別する考えを成立させた。
5．それと同じ根拠から、公立学校教育における世俗主義の原則が提示され、それら、権利としての公費観は、
6．無償教育と修学非強制の原則を生み出したのである。

　すなわち、学校は、私事としての教育の組織化、つまり親義務が共同化されたものとして家庭の延長にあり、それゆえ学校は世俗主義を原則とすることになる。子どもの教育を受ける権利を実現させる義務を第一次的に履行する権利は親が持っており、その権利は親の自然権に属すものである。親義務は共同化する必要があるとしても、学校はあくまでも世俗主義、すなわち価値領域は基本的に親に属し、したがって学校は価値領域に関与しないことを原則とすべきだということである。

　このような形で近代の公教育原則をおさえるとすると、先にみた自律性の機能不全を国家が修復した二つの事例は、原則論に悖る、順当ではない場所にあることになる。性教育義務化の事例などは端的である。極めて私的な領域にある性の教育を公権力が管轄する公教育の中におくことを法定化した事例であって、したがって、世俗主義を原則とする学校に価値教育（性教育）を義務として行わせる形態においても、中央政府が介入してそれを決定したプロセスにおいても、学校教育の世俗主義に抵触する出来事だということになるからだ。国家が自律性の機能不全を修復した政策の肯定的意義と効果は、近代原則では説明することができないということになるのである。

(2)　持田栄一の近代公教育把握──私事化された教育の国家による保障

　この問題を突破する足掛かりは持田栄一の近代公教育論にある。持田が近代教育を把握する枠組みは、基本的には堀尾が「古典近代」として抽出した枠組みと同じである。堀尾が近代の思想家から古典近代を抽出したのに対し、持田は各国の近代化の歴史的経緯から近代教育の型を抽出した。そのうえで、持田は、教育に関連する国家の位置づけと役割を視野に入れて近代社会の特徴を演繹するのである。持田が国家の位置づけを視野に入れるのは、「近代」市民社会が成立して教育が「私事」化される過程は、歴史的には、法律国家、政治国家として近代国家が成立する過程と並行したからであり、「市民社会における教育制度──「私事」としての教育の秩序のうち、基幹的部分は法定され、国家権力によって保障されることになった」と考えるからである（持田 1979：16）。

　持田は、近代化の歴史的経緯と社会的背景、すなわち、近代化と資本主義の発展の経緯、教育の近代化の主体的勢力と政治的条件、および宗教を中心とした精神的イデオロギー的状況の違いによって近代教育および近代公教育の具体相が異なることに注目して、近代教育を三つの型で把握した。すなわち「イギリス・アメリカ型」、「ドイツ型」、「インドや中国等の植民地ないし半植民地型」である（持田 1979：66-68）。

　第1のイギリス・アメリカ型は、「ブルジョアジーが政治的支配を確立した後に教育の「近代化」がすすめられて近代公教育体制が確立した」場合であり、したがって、「これらの諸国においては、教育の「近代化」は、市民階級の強力なヘゲモニーによって支えられ、「下から」の運動として提起され、近代公教育体制は図式どおりの徹底した形に構成された」という特徴を持つものである。堀尾が古典近代として抽出した近代教育原則の基本形に近い具体相である。

　第2のドイツ型は、「ブルジョアジーが政治的支配を確立する過程と並行して教育の「近代化」が進行し」、「一方そこにおいてはすでに自覚化された労働者階級の運動が見られた」ために「労働者階級と対立拮抗しながら、「近代化」」が進められた特徴を持つ。ちなみに戦前の日本の公教育も基本的にはドイツ型に分類されるとしている。

　第3のインドや中国等の植民地ないし半植民地型は、その国における「絶対主義権力はドイツや日本におけるように近代的なものではなく、独力で「教育の近代化」を進める力量に欠けて」おり、したがって、外国の帝国主義権力との同盟によって「教育の近代化」を進めることになり、その結果、「教育の近代化」は、外国の植民地政策の「下請け人」として必要な、一部エリート層の教育に限られ、大衆教育は「近代化」されないままに放棄され、「また、外国への修学や外国系の私立学校が、教育の近代化の重要な一翼を担う」と特徴づける。

　第2、第3の型に国家の関与が組み込まれているだろうことは容易に推測されるが、持田が類型化によって明らかにするのは、国家関与が第2と第3の型の特徴だということではなく、第1と第2と第3でそれぞれ異なった国家の関与の仕方が観察されるということなのである。「古典近代」の基本形

に近い第1の型にあっても、教育制度は単なる「社会的」制度として存在するだけでなく、「国家的」制度としても存在するのであり、その基幹的部分は法定され、国家権力によって保障されているという意味での近代公教育（持田 1979：6-16）なのだということこそが、持田が強調する点でもある。第1の型の国家関与の特徴を明らかにすることによって、教育の「近代化」すなわち「私事」化と「個人主義」化の過程は、教育が絶対主義的国家権力から解放される過程であったと同時に教育が「近代国家」すなわち法律国家、政治国家、さらには文化国家、社会経済国家、福祉国家としての「近代国家」に包摂される過程に他ならなかったのだということ、教育の「私事」化・「個人主義」化と「国家統括」は表裏した形で現存していることを、持田は再確認するのである。

　近代公教育をこのように抑える持田の認識枠組みは、国家による自律性修復の理論的吟味に展開の道筋を付与するものである。持田が確認するように、私事化された教育制度を国家権力が保障するという位置関係が近代公教育の特徴だと抑えるならば、その制度の基本枠が維持できなくなるような危機的状況、すなわち自律性が機能不全を起こした場合などはそれにあたるわけだが、そうした状況に対して国家がなんらかの措置を講ずることは順当に想定されることになるからである。性教育ができない親、これはメインストリームを構成する正規の構成員が確たる内面を持てないということであったが、そういう親に代わって国家権力を背景とした学校で性教育をすることは、持田がいうところの「私事」としての教育の秩序を国家が「保障」する一形態として順当にありうることになり、また、地方自治のオートノミーの制度枠組みを維持し続けるために、重篤に機能不全を起こした自治体を中央政府（国家）が修復することは順当にありうることになる（持田の近代公教育論については本書第9章も参照されたい。）。

　とすると、次に二つのことが問題になる。第1は、では堀尾が「古典近代」として抽出した近代原則は現実を表出しない虚構だったのかという問題、自律的な主体を普遍的に想定して公的領域と私的領域をイレラバントとして論ずる公私二元論は、主体が機能不全を起こすような事態を想定しえない空疎な理念にすぎなかったのかという問題、いいかえれば自律的な主体を想定

192

する近代原則と現実に出現する自律性の機能不全の齟齬をどのように整合的に把握するかという理論問題である。第2は、国家の教育への関与が順当に想定されるものなのだとしても、古典近代の原則が危惧した国家の横暴は杞憂であるとしてよいのかという問題である。第1については中山道子（2000）のジョン・ロック（John Locke）の公私二元論解釈が参考になり、第2については滝村隆一（1974）のマルクス主義国家論の解釈が参考になる。

中山（2000）は、公的（政治）領域と私的（家族）領域が実際のところ「レラバント」であるがゆえに、ロックは両者を「イレラバント」なものとして戦略的に論じたこと、いいかえれば、自律的でありえない人々の存在を公私二元論は当初から念頭に置いていたことを確認し、また滝村（1974）は、国家の暴力装置としての特徴に注目したマルクス主義の国家論にあっても国家が蹂躙的な性格だけでなく助長的性格を併せ持つことを確認する。そして、国家が持つ作用のうちの暴力的作用は組織体であるがゆえの宿命であるとすれば、国家の強制的介入それ自体の当否を論ずることは不毛であり、検証すべきなのは服従を強いる内容の当否の方なのだということが確認されるのである。

(3) 中山道子のロック分析――公私二元論は自律しない人を想定していた

憲法学者中山道子は「家族は憲法論的にどうしてこれまで全く位置づけられてこなかったのか」という問いを立てて、公私二元論の代表的論者であるジョン・ロック（John Locke）に立ち戻って公私二元論の再解釈を行った。それによって、公私二元論は、自然的な差異に基づく力関係の不均衡を家族の中に位置づけた形で、それを政治領域から分離させて政治領域に影響させないようにするレトリックだったということを明らかにしている（中山2000）。

憲法学の領域で中山道子が発した問いは、公私二元論すなわち堀尾が抽出した「古典近代」に依拠する憲法学の土台枠そのものを問うものである。1991年度の日本公法学会第一部会で憲法学と家族について学会初の報告がなされて以来、日本の憲法学の領域で、家族をどのように位置づけるかということが新たな論点として提示されることとなった（中山 2000：9-10）。この

問題提起を共有した中山は、しかし、「家族を憲法論的にどのように位置づけたらよいのか」というレベルに問いをとどめず、「家族は憲法論的にどうしてこれまで全く位置づけられてこなかったのか」という、憲法学の出自にまで立ち戻って問いを立て直したのである。

　すなわち中山曰く、「近代憲法学が、家族関係を対象としないということは、公法学としての定義上当然に導かれるものであった」（中山 2000：11）が、「家族を憲法論的にどのように位置づけたらよいのか」（中山2000：10）という課題はたしかに重要であるが、その課題以前に、そもそも「公法学がどうしてそう定義されるか」（中山 2000：10）、つまり、「家族は憲法論的にどうしてこれまで全く位置づけられてこなかったのか」（中山 2000：10）という課題が先行すべきだ、というのである。公権力を扱う法になぜ私的領域が言及されないかという、公法の定義に関するトートロジーのようなこの問いは、決して言葉の遊戯ではなく、現代的諸課題[13]に憲法学が直面した時に避けて通れない問いである。近代憲法が、さらには近代社会科学が大前提として疑わなかった公私二元論そのものが、今日批判的に問われているはずであるというところに中山は理論作業の出発点を据えた。

　この課題を解くために中山が行ったのは、「戦後日本立憲主義理念の思想的源流」であるジョン・ロックに立ち戻ってその出発点の意味を読み解こうという、極めて正攻法のかつ高度に緻密な理論作業である。そしてこの古典ロックの特徴を浮き彫りにするために比較検討の材料としたのは、ロックに並ぶ古典であるところのロバート・フィルマー（Sir Robert Filmer）と、トマス・ホッブズ（Thomas Hobbes）である。すなわち、近代憲法学がルーツ

13　1990年代以後、以下のような新しい問題が認識されるに至っている。従来、公権力が介入しないことを原則としていた家庭内の暴力は、ドメスティックバイオレンスという新しい概念を付与されて社会的にも不当なこととされるようになってきた。また、私人間のトラブル、恋愛のもつれなどといってこれも公的な問題だとはまったく考えられていなかった問題が、セクシュアル・ハラスメントという概念を付与され、今日では不法行為となるばかりか、その防止は私人当人にではなく企業、学校、役所などの管理者の義務として課されるにいたっている。少子化問題対策のための諸策は、いうまでもなく人々のプラベート領域とされる生殖行為に影響することを目的としているものである。

194

としたのが家父長制論に依拠して王権神授説を唱えるフィルマーではありえないとしても、巨大な権力を持つにいたるリヴァイアサンを提唱し、徹底した個人主義に基づく契約論を展開したホッブスでもなく、やはり公私二元論を採ったロックでなければならなかったということを中山は確認することになる。

　中山の「発見」は衝撃的なものである。中山は、政治領域と家族領域を分断する公私二元論の枠組みをロックが採用したのは、現実において両者の関係が分離していたからではなく、むしろ実際の政治においては政治領域が家族領域に論理的連関を求めるものであって、だからこそ両者を分断するという逆説的な戦略が必要であったことを見出すのである。中山はこれを、家族領域が政治領域にとってレラバントであったがゆえに、家族の理論を政治理論にイレラバントとするレトリック、つまり、幼児等を含む家族の理論を政治領域に影響させないように政治領域から論理的に分断するというレトリックであったとして描いてみせた。個々のアクターを例外なく自律的な個人として描く契約説（＝政治領域）を断念しないための方便として、自律的でいられない人々の存在を家族領域の内に「配当」された存在と見立てて、政治領域と切り離して論じることで、政治領域に影響しないようにするという戦略的レトリックであった、ということである。そして、当時現実に優勢になっていた家族形態が、生殺与奪権を家長が持つような王権神授説に親和するローマ法的家族ではなく、家族のメンバーが個々に情愛的につながって互いを尊重するような、契約説に親和するコモンロー的家族（＝近代家族）であったので、家族領域を政治領域から論理的に切り離して「放置」しておいても、現実社会では「放置」された家族領域が契約説にとっての不協和音にはならないと予想されたがゆえに、両領域を切り離す公私二元論がロックにおいては一貫性を持ちえたのだと中山はいうのである。

　中山のロック再解釈の手続きとそこからえられた成果は次の二つに集約される。第1に、フィルマーの「個人」理解とロックの「個人」理解を対比することによって、ロックが家長個人主義と今日称されることになる彼自身の「個人」理解を論理整合的に論じるために採用したのが公私二元論だということを導く。第2に、さらに徹底した個人主義をとったホッブスとロックを

対比することによって、ロックが採用した公私二元論は当時の現実的な家族
形態を背景にしてこそ成り立つことを導く。

　第1の解釈・成果における論敵フィルマーのロックの契約説に対する指摘
は明瞭である。すなわち、もし、契約説が政治的服従（political obligation）
を自然的自由（natural liberty）と自発的合意（voluntary consent）によって
説明しようとすると、その論理的な帰結は、“アナーキー”になってしま
うというものである。契約説が子どもなども含めてすべての人を想定して出
発するのであれば、論理的に導きだされる帰結は、「そこではすべての幼児
が生まれた時から世界で一番偉大で賢い男と同じ権益をもっている」ことに
なり、統治（government）に「幼児」や「未婚女性」までをも巻き込む際限
のない“アナーキー”になり、政治的服従（political obligation）を説明する
ことはできなくなる、というのだ（中山 2000：35）。つまり、ロックの契約
説はすべての人々を普遍的に契約主体にするとしているが、もしそうだとす
れば自律的でいられないはずの人々までも例外なく契約主体にしなければな
らず、そうなると社会は混乱してしまうという指摘だ。フィルマーによるこ
の指摘を中山は、ロックの「契約説の逃げ道を塞ぐ」（中山 2000：33）決定
的なものであったと押さえている[14]。

　中山によると、ロックは、フィルマーが提示したこの問題に明示的に反論
していない。中山はこれを回答の回避であると理解する（中山 2000：45）。回
答する代わりに提示したのが公私二元論のレトリックなのである。公私を分
けるこの論理によって、ロックは、フィルマーの批判にみられるデッドロッ
クから「政治理論」を救いだしたというのである。つまり、ロックは家父長
制的な様相を“単なる”事実としてのみ叙述し政治的な服従の正当性の根
拠にしないことによって、権力の「歴史的な起源は、現在の政治的服従をど
う説明するかとはそもそものところ、かかわりがない、という論理的な断絶、

14　今日的な感覚からいえば、当然「未婚女性」が政治主体として想定されても
　問題はないのだが、ここでの趣旨は、むしろ、ごく幼い「幼児」を政治主体す
　ることによって想定されるアナーキーとみればよい。今日においても年齢制限
　や代理者の設定なく子どもを政治主体とすることに関しては、フィルマーが示
　した問題関心はほぼそのまま共有されるはずである。

パラダイム・シフトを貫徹した」（中山 2000：57. 傍点中山）のであって、そ
こにこそロックの思想家としての独創性があったとするのである。すなわち、
ロックは、すべての人が平等に参加する契約はアナーキーをもたらすのでは
ないかというフィルマーの懸念を否定することができず、そこで、自然的な
差異に基づく力関係の不均衡は家庭の中にのみ配当し、政治領域から分離さ
せて政治領域に影響させないようにする公私二元論のレトリックによってデッ
ドロックを突破したということである。

　無能力者アイコンの処理にロックが戦略的レトリックを弄さなければなら
なかったということは、政治領域を構成するべき主体が自律的でありえない
状況がありうることをロックも認知していたからに他ならない。堀尾が的確
に抽出した古典近代を構成する理論的モチーフは、論理形成の初発から自律
しない人々の存在を想定するものであったということをここに確認しておき
たいと思う。

　第2の解釈・成果は、ロックに課されたもう一つの課題に関するものであ
る。すなわち、公私領域を“不連続”として分離させる論理によっても政
治理論としての一貫性と有効性は確保しえるのかという課題である。たとえ
ば同じく契約説をとるホッブスが、父のみならず母の支配権をも想定し、さ
らに父権は、明示された、あるいは何か他にまぎれのない証拠に基づく子ど
もの同意によってえられるものであるとして、未成熟であると考えられてい
る子どもをも契約主体とする徹底した方法で一貫性を取ろうとしていたのと
違い、「無能力」者を政治領域から切り離すロックはいったいどのように一
貫性を確保するのか。

　ロックの一貫性を理解するうえでの鍵は家族観だと中山は指摘する。中山
は、イングランドにおいて観察される家族像を二つにタイプ分けした。すな
わち、1. 統率者の権力が政治権力同様に絶対的で、しかも世代を越えて及
ぶ「ローマ法的な家族像」と、2. 統率者の権力が政治的権力より弱く、か
つ一世代間に及ぶにとどまる「コモン・ロー的な家族像」である。そして中
山は、ホッブスとフィルマーの家族論は第1の「ローマ法的な家族像」であ
り、ロックの家族像は第2の「コモン・ロー的な家族像」であったとした。
このように分類したうえで中山は、家族史が明らかにするところによれば、

17世紀イングランドにおいてみられたのは「ローマ法的な家族像」ではなく「コモン・ロー的な家族像」であったとする。

　　つまり、フィルマーやホッブスの主張にもかかわらず、実際にはイングランドにおいては、13世紀以来、コモン・ロー上は、「最初の親が子供たちの子供たちを末代まで彼の人民の父祖として支配」（フィルマー）するような、あるいは「子にたいして支配権を持つものは、その子の子どもたちにたいして、さらに、その子どもたちの子どもたちにたいしても支配権を持つ」（ホッブス）ような、世代を越えた家族の観念は、受け入れられてなどいなかったのである（中山 2000：81）。

　17世紀のイングランドではロックが想定した近代的な核家族が最も現実の家族の形に近かったということをこうして確認したうえで、中山はロックの公私二元論を次のように意味づける。

　　家族関係が権威主義的な構成原理を維持し続ける限り、「政治」の近代化のためには、権威／自然主義的原理によって構成されている家族は、自発的原理に導かれるべき「政治」にとってイレラバントとされるべきことが確認されなければならないのだが、それは同時に、その理論的前提として、家族理論が、政治理論にとってレラバントであることを意味するはずである。それが家族理論自体に突きつける要請は、フィルマーやホッブス流の「ローマ法的家族」と対比される、「コモン・ロー的家族」論をとるロックにおいて、はじめて満たされるという状況を、ここで強調したい（中山 2000：90）。

　つまり、家族領域を政治の領域からは切り離して政治領域にとってイレラバントとするこの分離の手法をとったとしても、ロックの家族像が最も現実を反映していたがゆえに、ロックの政治理論に整合する家族が現実に確保できるのであって、家族領域を「手放す」ことにはならないということである。これは裏を返せば、公私二元論は、理論が想定する家族像が現実の家族像と

198

異なっていたフィルマーやホッブスにおいては採用することのできない方法であったということでもある。

　こうした中山の考察から導きだせるのは、再度確認するならば、公私二元論は、家族の領域が必ずしも個人主義が通用する領域ではないということに直面したとき、両者を切り離して政治領域の論理を守ったレトリックであり、なおかつ絶対的な権力が存在しない家族形態が現実社会に優勢であった状況を背景にして、政治領域に「理想的」な家族を確保しうるレトリックだったということである。政治領域が家族領域を分離してイレラバントとするのは、家族領域が政治領域に関係しないからなのではなく、家族領域が政治領域にとって無関心でいられないレラバントであることを意味しているという逆説こそ、公私二元論の公私二元論たる所以である。

　堀尾が近代原則として抽出した「古典近代」は、自律しない人々を理論的に処理（排除）するレトリックを伴って初めて成立するものであったことを確認しておかなければならない。「古典近代」は、何らかの戦略的レトリックによる処理なしには成立しないということでもある。持田がいうところの「私事」としての教育の秩序が「国家」によって保障されるという時の、この国家による保障はその「処理」の具体相であると理解することができよう。

（4）滝村隆一の国家論における概念整理──暴力的作用と調整的作用

　第2の国家権力の暴力性の問題に移ろう。国家の暴力性は好ましいものではないとしても、国家の横暴に関する理論問題は暴力性の有無にではなくその処理方法にあることを確認することになる。参考にするのは、近代国家の性格をその暴力性にも注目して整理した滝村隆一の仕事である。滝村は、マルクス（Karl Marx）とその共同研究者であるエンゲルス（Friedlich Engels）が国家の作用を考察する際に使用する「Kraft」、「Macht」そして「Gewalt」という用語を整理しながら、国家を暴力装置とみたマルクス主義の国家論が、国家を暴力的作用にとどまらない複数の作用を持つ組織体として把握していたこと、そして、むしろ国家作用の基本を「権力 Macht」すなわち調整的作用にみていたことに注目している。

　ちなみに滝村は、「Kraft」、「Macht」そして「Gewalt」にそれぞれ「力」、

「権力」、「強力」という用語をあて、次のように説明している（滝村 1974：26）。すなわち、「即時的な状態におかれた人間集団、それに自然の諸力などといった物理的に作用する諸力は、すべてKraft」であり、「これらの諸力が、意思関係の創造を媒介にして、諸個人との有機的な関連において組織され構成され、社会的な力として（対自的な力として）押し出された」ものがMachtである。そしてGewaltは、「人間が創り出した社会的諸力であれ、雷などの自然諸力であれ、人間に対して暴力あるいは強力として作用する状態におかれたすべての諸力（Kräfte）」のことである。

　注目したいのは、「権力 Macht」と「強力 Gewalt」という用語で対置把握されている二つの作用である。滝村の用語の定義を咀嚼するならば、「権力 Macht」の作用は対立した利害の調整を経た合意の作用であり、「強力 Gewalt」の作用はよそよそしく立ち現れた強制力としての作用ということになる。国家の性格は利害を調整する「第三の権力 Macht」とそれに諸個人を服従させる「強力 Gewalt」のコンビネーションとして把握されている。諸「権力 Macht」を調整する延長上に登場する「第三の権力 Macht」としての性格が国家のコアとしての性格であり、それを支える場所にあるのが「強力 Gewalt」だという把握である。

　マルクス主義国家論は「権力 Macht」作用に注目することによって、国家を関係性において捉えようとしていたと理解する滝村は、従来のマルクス主義者が、公的権力としての国家権力を社会との有機的な関連において考察することなくもっぱら機械的機能的に論じる傾向があった（滝村 1974：19）として、強く批判的である。

　滝村においても、その関心は国家の止揚を掲げる独特のマルクス主義の文脈に置かれているが、国家の廃止によって国家の暴力性は排除できたとしても、国家が持つ他の作用については別途考察しなければならないというのが、滝村が強く訴えるところである。国家の止揚というマルクス主義独特の課題意識を今日のわれわれが共有するのではないとしても、滝村がマルクス主義国家論から抽出したこのアプローチに汎用的な意義を汲みとってよい。

　「権力 Macht」と「強力 Gewalt」を使って滝村が描きだす国家論の骨子は、先にも述べたように、国家の作用の基盤を諸々の「権力 Macht」を調

200

整するイデオロギー装置としての「第三の権力 Macht」に置き、その「第三の権力 Macht」を支えるものとして「公的強力」(öffentliche Gewalt) を位置づけるというものである。エンゲルスの『家族・私有財産および国家の起源』を引きながら「第三の権力 Macht」の成立関係について滝村は次のようにいう。

　　異なる「権力 Macht」間の「不断の公然たる闘争によって、彼ら自身と社会を滅ぼしてしまわないために、外見上相抗争する二つの階級の「権力 Macht」の上に立って、彼らの公然たる衝突を抑圧し、緩和して階級闘争をせいぜい〈経済的〉な分野で闘わせ、それを一定の「秩序」の枠の中に保つべき使命をもって出現した第三の Macht（第三の権力）としての国家である（滝村 1974：63、傍点滝村）。

　すなわち、歴史的経緯をみるならば、国家は、「権力 Macht」間の不断の抗争を緩和するために第三の権力（dritte Macht）として登場したのであり、この第三の権力が、支配階級及び被支配階級の Macht とは相対的に独立した Macht として立てられていることは「分かり切った常識」(滝村 1974：64) なのだと滝村はいう。絶え間のない対立を生んだ氏族制度が寿命を終えて国家がそれに取って代わった史実に目を向けるならばそれは説明を要しないとして、それができずに国家と社会的権力の関係を論じることができなかった従来のマルクス主義者を喝破するのである。
　さて、このような調整的意図によって成立した第三の権力は、一般的意志として提示されるという意味ではイデオロギーである。そのイデオロギーに諸個人を服従させるために発動されるのが、服従を獲得するための Gewalt である。滝村は次のようにいう。

　　国家権力の本質的側面は、イデオロギー（公的イデオロギーとしての国家意志）による社会全体の秩序の画策を目指しているところにある。すなわちそれは、支配階級と被支配階級の対立・抗争を基軸にした、経済的利害を異にして不断に相抗争する諸階級・階層の soziale Macht 間の

闘争を緩和し、抑圧し、それを一定の秩序のもとに制御するために、これらのMachtの全てに対して（別の言葉で言えばMachtの総体としての社会全体に対して）、国家意志への服従を迫り、社会全体を直接支配し統制し統御するところの〈イデオロギー的な権力〉に他ならない。そしてこの国家意志への服従の獲得が、公的強力（öffentliche Gewalt）による「実践的な干渉と制御」によって強力に支えられかつ実現されていることは、今更いうまでもない（滝村 1974：70-71）。

　普遍かつ一般的な意志として示された第三の権力（dritte Macht）は、社会的権力（soziale Macht）の特定の利害を代表するのではない形で提示されるという意味でイデオロギー的な権力である。社会の統制のためには、このイデオロギーとしての国家意志に諸個人が従うことが求められるが、服従を獲得するために時には公的強力（öffentliche Gewalt）が発動される。意志調整を媒介にして登場した「権力 Macht」と強制力を伴う「強力 Gewalt」を対比させるとすると、「権力 Macht」に好ましさを、「強力 Gewalt」に冷淡さを感じるのはありえることではある。しかし、不断の抗争を緩和するために立ち現れた第三の権力への服従を確保するところにあるのが「強力 Gewalt」だとすると、両者は同じベクトルの上にあることになる。そういう意味ではどちらが善でどちらが悪というものではなく、どちらが望ましくどちらが望ましくないというものでもないことになる。
　「強力 Gewalt」の性格についてむしろ注目すべきなのは、Gewaltが組織に宿命的に付随するものだという側面である。国家権力の「強力 Gewalt」のよそよそしさについて、滝村の次のようにいう。

　　〈国家意志〉は、社会の全成員（すなわちMachtをもった諸個人、Machtのなかの諸個人のすべて）が自己の意志を服従させるべき普遍的＝一般的な意志として、すなわち憲法・法律・政策などとなってたちあらわれてくるが、国家権力はこの意志の支配＝服従の関係を創出することによって、社会を敵対的な矛盾を内包しつつも、それを一つの有機体として一定の秩序のもとに統御し、外に向かっては民族あるいは民族国家とし

て自己を強力に押し出しうるのである。

　しかしながら国家権力といえども、それ自体一つの Macht として、実体的には何よりも一つの組織すなわち機関（Gewalt）として登場してくるのであって、その独自の組織を維持するために soziale Macht と同様に、〈内部的な規律〉をも持っている（滝村 1974 : 71. 傍点滝村）。

　一つの組織すなわち機関（Gewalt）として立ち現れる国家は、諸個人の外に立つよそよそしい組織であるという意味において Gewalt であらざるをえないということである。Gewalt につきまとう暴力的なよそよそしさが、組織すなわち機関（Gewalt）に宿命のものだとすると、よそよそしさを排除するための唯一の方法は組織そのものを拒否することでしかありえないことになる。その先にあるのは、もちろんアナーキーである。アナーキー状態を想定することは妥当ではないだろう。

　ゆえに問題は、Gewalt がよそよそしいかどうかではないということになる。問題になるのは、Gewalt が服従を強要している国家意志が、そのイデオロギー性は確認したうえで、服従するのに妥当なものであるかどうかということ、Gewalt が諸個人に服従を求めている憲法・法律・政策などとしてたち表れてくる国家意志の内容が、服従するのに納得しうるものかどうかの検証に立ち帰るのである。イギリスの性教育義務化の事例にしても、ハックニー区の教育改革の事例にしても、そういう意味では、重篤な機能不全問題を前にして、中央政府による修復を究極的かつ唯一の対応手法だと判断した「国家意志」は、Gewalt を発動してでも服従するべき妥当なものだと考えられたのだということになろう。

おわりに

　2016年に起きたグローバル化社会がもたらした二つの番狂わせ劇があぶりだした主体の力量問題を足掛かりにして、自律性の機能不全問題に注目した。本章が扱った二つの事例においては、それぞれに、深刻な機能不全問題を修復する最終的な作業を国家が担っていた。機能不全に陥った自律性を国

家介入によって修復する構図は、公権力の価値領域不介入を軸とする公私二元論的な近代原則に齟齬する理論問題を発生させる。

　この理論問題にアプローチするために、本章では、教育と国家の関係を主要テーマとして議論した時期の蓄積に、足掛かりとすべき有用な知見が見出せるという理解のもとに、堀尾輝久が「古典近代」として整理した近代教育の原則を確認したうえで、教育行政の理論を近代公教育行政として論じた持田栄一による近代公教育の基調把握を土台として展開の方途を探った。加えて中山道子のジョン・ロック解釈および滝村隆一の国家論を参考にして近代原則の再解釈を行った。

　繰り返して確認するならば、堀尾が整理した「古典近代」の原則は、持田が近代化事例の類型から導くように、並行して成立する法治国家としての近代国家とセットで存在するものであり、公私二元論を内実とした「古典近代」の原則と国家の関係についていえば、原則の文字通りのロジックとは別に、国家の保障作用によって維持される位置関係にあることを確認した。国家がアクターの自律性をメンテナンスすることは、したがって一定の蓋然性をもってありえるということになる。しかもアクターが自律しない状況は近代原則の変質あるいは修正によって出現したのではなく、中山がロック解釈によって示すように、公私二元論がそもそも当初から想定していた要素でありそれが顕在化したものであること、あるいは近代社会が成熟したことに伴ってより大きな規模において現象したに"すぎない"のだということを確認した。加えて、滝村が詳細に解釈してみせるように、国家が持つ調整的作用はそれに諸個人を従わせるよそよそしい強制力を合わせ持つことによって維持される宿命にあること、したがって問題なのは、国家が介入することの暴力性の部分ではなく、服従が求められる調整的合意内容の当否にあるのだということを確認した。

　成熟を経験した近代社会が出現させた自律性の機能不全問題に、グローバル化社会の先に出現した2016年の番狂わせ劇は強力にスポットライトをあてたのであった。

〈参考文献〉

滝村隆一（1974）『増補マルクス主義国家論』三一書房。

中山道子（2000）『近代個人主義と憲法学』東京大学出版会。

広瀬裕子（2009）『イギリスの性教育政策史：自由化の影と国家「介入」』勁草書房。

広瀬裕子（2014）「教育ガバナンス改革の有事形態：ロンドン・ハックニー区に見られた私企業によるテイク・オーバー（乗っ取り）型教育改革」『教育ガバナンスの形態』日本教育政策学会年報第21号。

広瀬裕子（2015）「政治主導改革の可能性――イギリスにおける『学校教育の水準と枠組みに関する1998年法』導入を題材に――」『日本教育行政学会年報』No.41。

広瀬裕子（2016）「イギリスの教育改革における学力向上政策と地方教育行政による改革実践――ハックニー改革を率いたアラン・ウッド講演をもとに」専修大学社会科学研究所月報、No.633。

広瀬裕子（2018）「教育再生を軸にした地域再生――ロンドン・オリンピックのホスト地ハックニー区の改革――」専修大学社会科学研究所月報、657。

広瀬裕子（2019）「自律的地方教育行政を維持するための強制的介入支援政策――ロンドン・ハックニーの教育改革手法の子ども福祉領域への汎用化――」専修大学社会科学研究所年報、第53号。

堀尾輝久（1971）『現代教育の思想と構造』岩波書店。

持田栄一（1979）『持田栄一著作集6　教育行政学序説――近代公教育批判――（遺稿）』明治図書。

　　　＊

Allen, Isobel（1987）*Education in sex and personal relationship*, Policy Studies Institute.

Boyle, Alan（2014）*Big-City School Reforms : Lessons from New York, Toronto and London*, Teachers College Press.

Boyle, Alan and Humphreys, Salli（2012）*A REVOLUTION IN A DECADE. ten out of ten*, Leannta Publishing.

DES（1990）*Schools in Hackney : Some issues, Hackney Local Education Authority A report by HMI*.

DfES（2006）*Teenage Pregnancy : Accelerating the Strategy to 2010*.

Farrell, Christine（1978）*My mother said ... The way young people learned about sex and birth controle*, Routledge and Kegan Paul.

Jones, Sarah（2016）'J.D. Vance, the False Prophet of Blue America', *New Republic*, 2016.11.17.

Mcdermott, Nancy（2016）'On Hillbilly Elegy（Review）', *Spiked* 2016.8.

Murray, Charles（2012）*Coming Apart : The State of White America, 1960-2010*, Crown Forum.

Potts, Monica（2017）'A Hillbilly Left?（Book reviews）', *Democracy Journal*, Winter 2017, No. 43.

Putnam, Robert（2016）*Our Kids : The American Dream in Crisis*, Simon & Schuster.

Senior, Jennifer（2016）'Review : In "Hillbilly Elegy" a Tough Love Analysis of the Poor Who Back Trump', *The New York Times*, 2016.8.10.

Social Exclusion Unit（1999）*Teenage Pregnancy*, Presented to Parliament by the Prime Minister by Command of Her Majesty.

Vance, J. D.（2016）*Hillbilly Elegy A Memoir of a Family and Culture in Crisis*, AN Imprint of HarperCollins Publishers.

Vance and Murray（2016）White Working-Class Americans, a Bradley Lecture event at the American Enterprise Institute, October 11, 2016, 〈https : // www.c-span.org/video/?416759-1/jd-vance-charles-murray-discuss-white-working-class〉.

Wilson, William Julius（2012）*The Truly Disadvantaged : The Inner City, the Underclass, and Public Policy*, Univ of Chicago Press.

Wood, Alan（2016a）'The Learning Trust –A Model for School Improvement' 日英教育学会『日英教育研究フォーラム』No.20。

Wood, Alan（2016b）'Return from Collapse –How The Learning Trust Succeeded in Improving Education in Hackney-'. 日英教育学会『日英教育研究フォーラム』No.20。

（本章は、科研費基盤研究（C）15K04314および（C）19K02569の研究成果の一部をなす。）

9章 近代公教育の統治形態を論じるための論理枠の構築について
——宗像誠也を持田栄一で展開する黒崎勲の設計図

広瀬裕子 ◀

はじめに

　グローバル化が、自律するはずのアクターが自律しないという、主体の力量問題とでもいうべき新しいタイプの教育問題をあぶりだしたことは別稿（本書第8章）でみた。そうした問題のあぶりだしをうけて、機能不全を起こした主体アクターの自律性を、国家が強制的に介入支援することによって回復させる、公私二元論的な近代原則に照らすと逸脱としかいいようのない対応政策も登場した。こうした対応政策の登場が理論的にも蓋然性を持つことも前章で確認した。しかし、こうした異彩事例を含めた教育の統治に関する諸事象を、包括的整合的に把握するための教育行政学のグランド・セオリーがないのである。

　教育行政が何をすべきで何をすべきでないかについて、原則論と現実がアンビバレントな状況にある。とりわけ日本の教育行政学理論の状況を鑑みるとその傾向は強い。理論で現実を整合的にマッピングできないのは、想定していなかった多様な事例が登場したからだけではなく、そもそもそれらを包括的に理解しうるグランド・セオリーが存在していないからなのだ。一旦確立したかにみえたグランド・セオリーは行き詰まり、しかし新たなものが獲得されていないのが日本の教育行政学の理論状況である。

　戦後日本の教育行政学理論の主流を為したのがアンチ教育行政学とも称された国民の教育権論であることは周知だ。国民の教育権論は、戦後日本の教育行政学の出発点に位置づく宗像誠也が提唱した内的事項外的事項区分論を基調とする理論であり、教育の内的事項は教育行政が立ち入るべきではないオフ・リミッツだとして、行政の不介入を主張した理論である。個別教育政

策の是非を焦点にして、たとえば家永教科書裁判や「学テ（全国一斉学力調査）」裁判」など、いくつもの裁判が提起されていた1950年代から1970年代にかけては、この理論は政策の不当性を主張するための論理を提供する有力な根拠という役回りを果たした。裁判闘争を背景にして活性化した理論でもある。

　「不当処分」の多発とそれにまつわる裁判闘争が日常的でなくなった時期に、この理論が持つ教育行政・政策の分析力は限定的だ。限定的どころか、行政関与の消極性を是とするこの理論は教育行政学理論の自殺行為であるとすら黒崎勲は評した（黒崎 1994 : 42）。オフ・リミッツ論の視角からは、現に出現する新しいタイプの政策諸事例の分析そのものすら不可能になるからだ。黒崎は、たとえば、国民の教育権論の代表的な論者である兼子仁の教育法学が、「能力主義の問題という今日の教育制度の原理問題の根幹をなす部分に対して、十分なリアリティを持ってこれを解明できないでいる」と、この理論の現実的な効力における限界性を指摘した（黒崎 1990）。分析できないのはもちろん能力主義の問題に限らないだろう。とはいうものの、行政の対応にネガティブな評価を想定する国民の教育権論に特有の立論は、返上されないまま断片的な影響力を持ち続けている状況でもある。国民の教育権論に代わるグランド・セオリーの構築は急務なのだ。

　日本の現状において教育の諸現象を把握しうるグランド・セオリーが存在しないといっても、しかし、それにつながる試みがなかったわけではない。行き詰まりをみせたグランド・セオリー、すなわち国民の教育権論の出発点を築いた宗像誠也が当初想定していたのは国民の教育権論とは異なる内容のものであったはずだとして、黒崎勲は宗像の初期に立ち戻り、宗像の志を再生しようという試みを行った。黒崎が描いたのは、宗像の初期の企図を展開すべく、国民の教育権論に批判的立場をとっていた持田栄一の教育管理論を媒介させながら、新たな教育行政研究を展望するという設計図である。本章では、その方向性と有効性を振り返り検証、整理しながら、新しいグランド・セオリー構想の足掛かりとしたい。

1. 教育行政学に関する理論軸の変動
——「アンチ教育行政学」の無効

　教育行政学の理論のデフォルト軸の再定置作業は実のところ1990年代に明らかに動き始めている。口火を切ったのは1990年代に出版された『教育学年報』（世織書房）のシリーズである。その中で黒崎勲は、常に必然的に教育行政活動の排除をもって結論とするアンチ教育行政学の枠組みを自明とすることは、教育行政についての理論的活動の活発さを奪うことになる自殺行為であると主張した。問題を生みだす教育行政に対抗しようとしたアンチ「教育行政」学が、今日では教育行政学自身の意義を失わせるアンチ「教育行政学」となってしまった、と問題提起をしたのである。この時期以降軸が動いた実感を、黒崎は、2000年代後半に振り返っている。以下は、その回想である。

　　筆者（黒崎のこと：広瀬）にとって感慨深いのは、（2007年の時点で：広瀬）高橋のような新進の世代の研究者が近年の教育行政研究の動向を概観して「多くの場合、（国民の教育権論に対しては）否定的であったことが窺える」と状況を把握していることである。筆者はかつて1990年代の初頭に教育学の再構築を試みる共同作業として始めた『教育学年報』（世織書房）の創刊号において、法解釈の方法に依拠する国民の教育権論を基本的な枠組みとする教育行政研究の不毛を衝き、新しい教育行政＝制度の研究のモチーフは「教育権の論理から教育制度の理論へ」と展開するものでなければならないと提唱したが、その際には、教育行政研究者としては一人荒野に在るような思いがあった。国民の教育権論の有効性をめぐる理論状況には劇的な変化があったといえるのだろう（黒崎2009：129）。

　この一節は、高橋哲（2007）が、黒崎が国民の教育権論に代わって提起している「教育学としての教育行政研究」に対する批判的見解をまとめた論稿

210

に、黒崎が応答した部分である。単に新進の世代であるだけでなく国民の教育権論を擁護する論者（＝高橋）ですら、国民の教育権論がすでに教育行政学理論の主流ではなくなっていると認識していることを、黒崎は感慨深いとしたのである。約10年で教育行政学のデフォルトの軸は変化したということだ[1]。この回想の中で黒崎が述べているような、国民の教育権論の批判を始めた1990年代に黒崎が「一人荒野」の思いをしたのは、国民の教育権論の批判が他に存在しなかったからではない。なぜなら黒崎が1990年代に国民の教育権論批判を明確にする遥か以前から、たとえば教育行政学を近代公教育行政として体系化しようとしていた持田栄一は、1960年代にはすでに明確に、内的事項外的事項区分論を軸とする国民の教育権論の不備を批判してきているからだ。

　奇妙なことに、持田に近く自身も国民の教育権論には一貫して批判的であった岡村達雄は、黒崎による国民の教育権論批判を素直に評価していない。岡村は、黒崎が国民の教育権論を批判的に論じた『教育学研究』誌上の論稿「アンチ教育行政学の神話と教育行政理論の課題」（黒崎 1996）を、「学的誠実性を疑わしめるものであり残念だ」と評するのである。アンチ教育行政学の神話性を批判的に論じた黒崎に、同じくアンチ教育行政学に批判的な理論スタンスをとる岡村が素直にエールを送らないところに、国民の教育権論をめぐる論理構成と論陣関係の複層的交錯を確認しておくべきであろう。　岡村は、次のように「残念」な思いを述べる。

　この点で教育行政理論の「学説史検討の作業」を掲げたその論考「ア

1　1990年代には、ここに登場する『教育学年報』の出版のほか、日本教育学会が1995年大会で「教育学の最前線　戦後教育学に対する反省」をテーマとし、1996年大会は「教育学の再検討　教育学はどこへ」をテーマにするなど、戦後教育学の問い直しが一つの中心的な課題として浮上している。また、国民の教育権論の理論的拠点を担っていた日本教育法学会においても、戸波江二はシンポジウムにおける発言をまとめた論文（戸波 2001）で、「国民の教育権論は教育法学の理論・実践の表舞台に登場せず、あえていえば、国民教育権論は停滞している」と述べるようになっている。

ンチ教育行政学の神話と教育行政理論の課題」において黒崎勲氏が持田
公教育論への言及と評価を回避するか無視しているのは、その「作業」
の恣意性及び学的誠実性を疑わしめるものであり残念というしかない
（岡村 1998：6）。

　すなわち、黒崎が宗像のアンチ教育行政学批判をするのであれば、真っ先
に、あるいは少なくとも持田栄一にふれるべきであろうが、黒崎はそれをし
ていないといって問題にしている。持田にふれずにアンチ教育行政学批判を
宣言するのは、持田など先人の仕事を無視したもので誠実でなく恣意的であ
る、黒崎は素直に持田を肯定的に評価する立場へと宗旨替えをしたというべ
きだ、というのがここにおける岡村の黒崎に対する批判だ。
　岡村が黒崎を批判した論稿は、「教育基本法と戦後責任の問題」（岡村 1998）
と題するもので、必ずしも国民の教育権論や宗像提唱のアンチ教育行政学を
正面から考察対象とするものではない。黒崎に対する言及も、したがって本
文中ではなく「公の支配」と「不当な支配」の関係について書かれた文末注
においてなされたものである。黒崎が国民の教育権論に対する批判的な姿勢
を鮮明にしたこの時期に、何かしらの形をとってでも、持田にふれない形で
国民の教育権論批判に名乗りをあげた黒崎を放置しておくことはできないと
いう意志が岡村にはあったのであろう。国民の教育権論批判の論陣が広がっ
たという岡村にとっては歓迎すべき部分と、国民の教育権論批判をするなら
ば持田に言及すべきであるのにそれをしていないという認めがたい部分の、
この二つを学界に対してアピールする趣旨においてである。ただし、黒崎は
持田に言及していたのであり、それに関しては後述する。
　黒崎による国民の教育権論批判に岡村が情動的要素を含めて反応したのは、
黒崎の立論の立ち位置の移動そのものにインパクトがあったからに他ならな
い。単に理論的にだけでなく、教育行政学理論の論陣関係に波紋を呼ぶもの
でもあったからだ。宗像誠也を継承する東京大学教育学部教育行政学科（当
時）が、アンチ教育行政学の理論的拠点を成していたのは周知である。そこ
においては、体制批判の論理として当時としては定番理論であったマルクス
主義に親和する立論が顕著に主流であったことについても多言を要しない。

212

同じくマルクス主義に親和しながらも、同学科の中で持田栄一は、内的事項外的事項区分論に立脚するアンチ教育行政学には批判的な論陣を張り、学科内は論陣構成によって人間関係においても二分されるようになっていく。持田が国民の教育権論に対する批判をより強めた1970年代には、当学科の二本立て構造は極めて顕著となっていた。

　教育行政学科で長らく助手を務めた黒崎は、持田周辺ではない一方、すなわち内的事項外的事項区分論＝アンチ教育行政学＝国民の教育権論の陣営に属すると認知されていた。持田によるアンチ教育行政学批判が論陣的にはアンチ教育行政学にとってはいわば「外部」からなされる批判であったのに対し、黒崎による批判は陣営の内部しかもその中でもコアにいたはずの人物からなされた批判ということになる。黒崎がいう「一人荒野」は、内的事項外的事項区分論を批判する論者が学界の少数派であったがゆえの孤立だけでなく、同じ論陣内でいわば内部批判をする格好になったゆえの孤立をもっぱら形容するものであったと理解しうるのである。内からも外からも支持されなかった、という二重の意味での「一人荒野」であっということであろう。

　ということは、黒崎に心情的な反応を示したのは岡村だけではないはずである。「内部陣営」を支持する場所からの黒崎に対する批判も、岡村とは異なるベクトルにおいて登場している。たとえば久富善之から、黒崎の「転向」とも見なされた立論に類似の反応が向けられた。それに対して黒崎は次のようにふれている。

　　　同誌上（『教育学研究』誌上：広瀬）では、先に別の著者（久富のこと：広瀬）から別の拙著（黒崎『現代日本の教育と能力主義』1995のこと：広瀬）に対して「〔清水義弘の果たした役割についての〕事実をそうやっていまさら隠蔽し、美化してまで「能力主義批判者側の無力」の材料に動員する本書の展開に、率直に言って著者のある強すぎる「こだわり」を感じた」などとの論難に接したことがある（黒崎1999a.〔　〕は黒崎）。

　清水義弘の美化というのは、国民の教育権論と対立する場にあった清水が国の政策に親和的な立ち位置をとっていたことを美化するということである。

黒崎が、清水の理論を、1960年代の教育と社会の新しい関係を能力主義に注目して（黒崎 1995：29）作ろうとした「教育の社会的機能を見据える」ものだと再評価した（黒崎 1994：54）ことをさしている。岡村からも久富からも背反する方向からなされたこうした批判に対して、黒崎は、「学術研究誌における特定の学説についての論述をめぐって、「誠実性の疑い」やら「隠蔽」やらの言辞を用いた論難に対しては、筆者には対応の仕様がない」（黒崎 1999a：346）のだと不満と皮肉を込めて述べるのである。

　何れにしても1990年代に黒崎が開始したアンチ教育行政学批判は、黒崎の批判の論旨そのものへの論評に止まらずに、学界内部における精神的乱気流を醸す作用があったのだということに注目すべきである。

2.　黒崎の発見——宗像の挫折と理論の転換

　黒崎の国民の教育権論に対する批判が乱気流を招く性格のものであることは、黒崎も自覚していた。だからこそ、そのインパクトに耐えるために、黒崎も自分自身がアンチ教育行政学のパラダイムの「呪縛」（黒崎 2004）から解放されることが必要であった。黒崎が「呪縛」から解放されたのは、黒崎が、宗像が提唱したアンチ教育行政学は宗像がめざしたものではないことを発見し、宗像の志を維持しながらもアンチ教育行政学を批判する立論を確保したからだ。黒崎は、東京都立大学（当時）を離れる際の退職記念講義においてそのことを語っている（黒崎 2004）。

　戦後の教育行政の出発点を示すのにふさわしいと黒崎が評する（黒崎 1992：35）『教育行政学序説』（宗像 1954）を書いた宗像が、そもそもその中で掲げた教育行政の社会学をその後展開していない事実に黒崎は注目している。黒崎がその限界を指摘した内的事項外的事項区分論を中核とする国民の教育権論の土台を提示した宗像は、初期には内的事項外的事項区分論とはまったく異なった理論作業を志していたというのが、黒崎が見出しまた重視する点である。初期に志していたのは、教育委員会による教育民主化のための研究と黒崎が把握するところの教育委員会論である。宗像の教育行政学説は、その後、教育委員会論を内実とする「教育行政の社会学」からアンチ教育行政

214

学が特徴とする「教育規範の解釈論」へと主要な理論的活動の場を移していき、「教育行政研究のその後の発展を教育法規の解釈学というジャンルに限定させ、法学の枠組みに従属させるという問題点を生み出」（黒崎 2006：19）したと黒崎は把握する。

宗像自らが「アンチ教育行政学」と命名した内的事項外的事項区分論を軸とする教育行政理論のパラダイムは、「決して宗像誠也の研究の本来の展開として生まれたものではなく、むしろ、極めて偶然的に派生したもの」（黒崎 2004）だというのが、黒崎が明らかにするポイントである。巷間知られているように、宗像自身は、教育行政の社会学を展開していない理由について、予想もしなかったようなことが起こったからだと次のように述べている。通説的見解の根拠となされる発言である。

　　最も顕著な事実は、私が教育裁判の法廷に出なければならなくなったことである。しかも一度や二度のことではない。（略）昭和35年まで、私は実は法廷というものを見たこともなかったのだが、その年以後、裁判が私に殺到してくることになる。（略）私の精力は教育裁判のために多く割かれざるを得ないことになった（宗像 1969：2）。

すなわち、宗像自身がいうところによると、宗像が教育行政の社会学を展開できなかったのは教育裁判に関わらなければならなくなったからだということになっている。しかし、事実は通説とは異なっている、と黒崎はいうのである。宗像が教育行政の社会学を展開しなかったのは、宗像の内在的な研究課題意識の転換によって、教育行政の社会学が中断したからだったというのだ。黒崎は、その経緯を次のようにいう。

　　教育行政学序説の後、そこで予定されていた教育行政の社会学が発展せず、序説においては周辺的な意義しか与えられていなかった教育行政の法規解釈学が宗像誠也の研究活動の主たるジャンルとなったのは、教育行政の社会学の骨格をなしていた「教育を職業とするものの手によって教育が統治されてはならない」とする宗像誠也氏の教育委員会論が、

地方教育委員会の実態によって挫折を余儀なくされたという内発的な事情によるものであった。(略)教育裁判と教育権の理論はそうした挫折の後に見出し得た教育行政の新しい現場であったのだと思う（黒崎 2004 : 6）。

　宗像の教育行政の社会学が発展せず、「序説（『教育行政学序説』のこと：広瀬）においては周辺的な意義しか与えられていなかった教育行政の法規解釈学が宗像誠也の研究活動の主たるジャンルとなった」のは、通説でいわれるように、また宗像自身がいうように、教育に関する裁判が勃興するという周辺的状況的変化に宗像が対応せざるをえなかったからなのではなく、宗像が、宗像自身が明らかにしてしまった「地方教育委員会の実態によって挫折を余儀なくされたという内発的な事情」によって起こったからだとしている。保守党政府が教育委員の公選制度を廃止するなどしたために教育行政学はアンチ教育行政学に向かうことになった、というような通説的な理解とは違っていたのだと黒崎はいうのである（黒崎 2004 : 5）。
　すなわち、宗像の教育行政の社会学は、「明らかに教育委員会による、教育民主化のための研究」であり、「教育委員会制度による教育の民主化という展望と結びついて、はじめてその意義を持ちえる」ものであり、しかしながらその教育委員会制度の実態が旧態的な人々のメンタリティを発現する装置となって、「実際、少なからぬ地方教育委員会の支持する教育観の封建性・保守性・反動性はおおうべくもない」（宗像 1955）ことを確認してしまった宗像は、教育委員会制度に発展的な展望をみる可能性を失ったのであり（黒崎 1992 : 43）、ここに宗像が構想した教育行政の社会学が頓挫したということだ。そればかりではない。当時の社会が教育委員会の理念に耐えなかったことに直面した宗像が、そのことをまとめた有名な論稿（宗像・持田1953）が教科研の現場教師から強い批判をあびたことで挫折を決定的にしたと黒崎はいう。宗像はこの時期を自身の失脚であると自認して、教育科学研究会の代表の座を勝田守一に譲っていることを黒崎は指摘する。黒崎は、宗像が自分の挫折をやや冗談交じりに勝田の葬儀で追悼の辞を述べた際に「失脚」ということばで語ったことを想起している（黒崎 2004 : 5）。この挫折を

216

機に、宗像はアンチ教育行政学、すなわち国民の教育権論の構想、新しい現場として裁判と教育権の理論へと旋回していくというのが黒崎の見立てである。

　国民の教育権論の出発点を作りその方向性を提示したのは宗像誠也であることはその通りだとしても、黒崎が国民の教育権論の限界性が指摘されるべきだという場合、批判されるべきなのは、挫折後の宗像が提唱したアンチ教育行政論の系譜のそれであり、堀尾輝久や兼子仁が精緻化したそれなのだ、というのが黒崎の主張するところである。戦後の教育行政学の土台となるはずであった宗像の教育行政の社会学は中断したままなのであり、教育行政の社会学こそが宗像が志した発展されるべきものなのだというのが黒崎の宗像理論の意味づけである。宗像が落とした教育行政の社会学の旗を黒崎が拾いあげようという形だ。戦後の教育行政学を出発させた宗像の正統な継承者の場所に自分がいることを宣言したのだといってもよい。

3．グランド・セオリー組み直しの設計図
——宗像を持田で展開する

　初期の宗像に立ち戻った黒時は、「新たな主題による教育行政研究」への展望開拓に取り組むことになる。黒崎が「新たな主題による教育行政研究」と呼ぶものは、「教育委員会制度の変革という課題を含みながら、教育全体を動かす民衆の教育意志の組織化の方法と、そうした教育意志の具体的表現である教育計画の内容とを、相互に関連した有機的なものとして明らかにするようなもの」（黒崎 1992：50）、すなわち教育委員会を展開するにとどまらずにその変革をも展望しうる理論であり、具体的な教育計画をつくることができる理論である。この教育計画として黒崎が学校選択制度を想定していたことはよく知られているところだが、この具体策の適否についてはここではふれない。

　初期宗像に立ち戻って「新たな主題による教育行政研究」の展望開拓にあたった黒崎は、しかし土台として継承するのは宗像の理論的エレメントではなかった。継承対象が宗像のエレメントではないことを弁明するように、黒

崎は、次のようにいう。すなわち、初期宗像に示唆を受けるべきことは自然だとしても、「新たな主題による教育行政研究」は教育委員会制度の変革という課題をも想定しなければならならず、初期宗像を単純に再開してすすむものではない（黒崎 1992 : 50）からである、と。戦後直後の教育委員会発足時に構想された宗像理論は、戦後日本の新しい教育行政制度として教育委員会を展開させるための理論ではあったが、教育委員会の変革という課題までをも射程に入れたものではなかったという趣旨だ。教育委員会変革という課題がすでに現実的な課題として提起されるようになっている今日の、今後展望しなければならない理論としては宗像理論のエレメントは耐ええないというのが理由である。

　教育委員会の変革と具体的教育計画という課題を射程に入れた黒崎が、「きわめて豊かな可能性がある」（黒崎 1992 : 51）として注目したのは、意外にも黒崎および宗像の対立サイドにいると思われていた持田栄一の理論、とりわけ持田が提示した、教育を教育の「技術過程」と「組織過程」という二重性において把握するシェマなのであった。宗像のアンチ教育行政学を批判する文脈で持田に注目することは、その限りでは不合理ではない。なぜならば、先にもふれたように、持田は内的事項外的事項区分論に基づく国民の教育権論を批判した代表的な論者だからだ。持田理論の採用は、そういう観点からいうならば、内的事項外的事項区分論を批判する場合の一種の定式だといってもよい選択である。

　たとえば藤田英典も、区分論批判について論じる際に、区分論に対しては「当初から種々の批判が行われてきた」として区分論に対する批判パターンを三つあげて持田に言及している（藤田 2005 : 72）。第1は、内的事項・外的事項の境界区分の曖昧さに関わるもので、教育の諸事項はそのどちらかに容易に区分できるようなものではないとする批判（持田 1972）、第2は、教育内容決定権についての主として国家・行政と教師・保護者との権限関係に関わるもので、憲法の採用する国民主権原理・議会制民主主義のルールに基づいている限り、内的事項への国家・行政の関与は適法だと主張するもの（安達 1960）、第3は、教育の内的事項の決定権についての教師と保護者との権限関係に関わって、保護者の権利・意志を尊重・反映するためにも国家・教

218

育行政の関与・介入は必要であり、重要なことは、その関与・介入を適切な
ものにしていくことだという議論（持田 1974）である。藤田は、このように
区分論批判を整理したうえで、「国家・行政の関与・介入の是非が問われる、
その分水嶺」は、外的事項内的事項を区分することではなく、第三の批判
（持田）がいうように、その両者を通じて、国家・行政の関与・介入の適切
性を高めていくこと、すなわち関与・介入の「範囲と方法」なのだと論を進
めている。そして、「不当な支配」の可能性のある関与・介入を抑止するた
めに内外区分論には未だ相応の「有用性」があるとして、安全弁としての役
割を期待して区分論の廃棄を保留する。

　藤田のこのような区分論批判の理解に、しかし黒崎は批判的である。黒崎
は、藤田の区分論に関するこうした論考を、「平板」な意味内容の叙述であ
って「教育行政論理論のこれまでの蓄積に対してほとんど何も寄与するもの
がない」と厳しく評している（黒崎 2006）。黒崎が、ここで「平板」という
言葉でどのような事を意味しようとしたかの詳細は前後の文脈から読み取る
しかないのだが、黒崎は、ここにおける区分論に関する藤田の議論は「最高
裁学テ判決にそのまま依拠したものに過ぎない」もので、にも拘わらず最高
裁学テ判決では「内的事項外的事項区分論の意義は否定されているというこ
とについて、藤田論文には言及」がないことを問題として指摘する。そして
黒崎は、引き続く箇所で兼子仁（1978：124-125）の「内的・外的事項の区分
は教育法の固有の法論理の中核」にあるという言葉を引いて、藤田の理解の
「平板」さを説明するのである。

　すなわちおそらく、最高裁においてまで議論された区分論は、汎時代的に
便宜的に切り取って使用するべき類の概念ではなく、区分論をコアとしなが
ら緻密に体系化されたその体系を伴って初めて戦後の教育行政学理論のグラ
ンド・セオリーとしての意味を持ったのであり、そうした体系から区分アイ
デアのみ切り離して利用しようという藤田の発想はグランド・セオリーとし
て整えられた区分論を「平板」な性格のものに貶めてしまうことにもなると
いうことであろう。区分論が想定する教育の自由の消極的規定は、藤田が有
用性ゆえに区分論の廃棄を留保しようとする趣旨のような、「「その時点にお
けるやむをえざる緊急的法理」つまり暫定的な問題への対処」のためのもの

としてあったのではなく、「教育法学の、教育活動に対する基本的な態度として、方法的に積極的に意義づけられている」ものなのであり、それと同時に、「しかし、そのことによって、教育法学は、（略）今日の教育問題の全体に対していちじるしく問題解決の有効性を失うことになっていた」（黒崎1992：49）というスケールでみるべき概念であることを忘れてはならないという趣旨だ。

　黒崎が藤田の区分論批判に関する論述に同意しないのは藤田の区分論に対するスタンスだけではない。持田の理解に関しても同様である。黒崎は、「藤田によって言及された内的事項外的事項区分論に対する持田栄一の批判には藤田が平板に把握した以上の意味内容が込められていた」と藤田の持田把握の「平板」さをやはり批判している（黒崎2006：8）。藤田が第3として言及した持田の批判論点は、持田がそのような批判を構成した理論の全体像をもって理解すれば、持田の指摘は単に国家関与・介入の「範囲と方法」を問題にするものではなく、権利としての教育の保障と整備はパラドキシカルな性格を持ちながらも国家に課せられた責任領域だとみたものである点を見逃すべきではない、という趣旨であると思われる。

　黒崎が新しい教育行政研究の設計図とする宗像と持田の接合展開構想は、アンチ教育行政学のアドホック的な切り取りでも、それを批判した持田理論の「平板」な適用でもない。そうではなく、持田が体系化しようとしていた近代公教育論の手法をもって宗像の教育行政の社会学を展開させる挑戦的な試みなのだということになろう。

　ところで、宗像のアンチ教育行政学理論と、それを正面から批判する対立陣営の急先鋒だった持田の双方を肯定的に評価して接合しようという黒崎の設計図は、必ずしも容易に教育行政学界に浸透するものでなかった。このことは、次のエピソードにも示されている。

　この構想を黒崎が初めて提示した時点、たとえば黒崎が持田の明確な援用を始めた「教育権の理論から教育制度の理論へ」（黒崎1992）からは約14年後、あるいは持田に体系的言及をした『教育行政学』（黒崎1999b）からは約7年後の2006年に、黒崎は、日本教育行政学会の創立40周年記念誌『教育行政学の回顧と展望』に改めて宗像を持田で展開させるロジックを書いてい

220

る（黒崎 2006）。その文末注において、黒崎は、同稿投稿の査読過程で「宗像の所説を厳しく批判した持田の論考と宗像の所説がともに肯定的に引用されていることは、相互の所説の位置関係が十分明確ではないことを示す」との批判的コメントを受けたことを紹介している。黒崎が提示した宗像を持田で展開させるロジックが、提示からしばらく経った後でも、その意図と趣旨には解説を要したということだ。査読者からの批判コメントに対して黒崎は、そうした疑問が提示されるのは、査読者が「おそらく宗像の教育行政学説のこうしたパラダイム転換（教育委員会論から教育権論への転換のこと：広瀬）の意義を見落とし」からであろうと応じている。

　宗像と持田の両立接合のロジックが初見にてはわかりにくいのは、宗像の学説に、黒崎が発見したパラダイム転換があったからだけではない。持田の理論も一枚岩なものではないからである。相対立する理論として認知されていた宗像と持田の両理論を接合するためには、宗像の理論にパラダイム転換があったことを示すだけではなく、一枚岩でない持田理論の全体を齟齬なく把握する作業もされなければならないのである。黒崎による宗像・持田接合ロジックが学界に浸透しないのは、査読者の「見落とし」だけが理由ではなく、黒崎の接合作業に持田再解釈の作業が不在だったことも一因だといわなければならないだろう。

4. 持田理論のグランド・セオリーとしてのエレメント

（1）持田理論継承の手続き

　新しい教育行政学理論を持田理論のエレメントで展開しようという黒崎の設計図は、教育行政学のグランド・セオリーを構築するという本章の課題にとっても有用である。黒崎の設計図に不在のままになっている持出の継承手続きについては、本章の課題としなければならないだろう。

　宗像誠也を戦後教育行政学の第1世代だとすると、持田栄一は戦後の第2世代に位置づく。持田栄一の仕事は大規模なものである。カバーする関心領域は時期とともに拡大し、理論の重点の置き方も変わっていく。国民の教育権論が限界をみせる中で、黒崎に限らず持田栄一に再注目する動きは静かに

広がっている（榊原禎宏 1986／北上正行 1993／児美川孝一郎 1995／石井託児 2002／佐藤晋平 2007／吉田直哉 2011／小国善弘 2012／稲井智義 2016など）。し かし、一部を除き大方が持田への言及やレビューにとどまっているのは、持 田理論が持田の逝去によって未完だからというよりは、持田理論の全体像の 把握の難しさに起因するのではないかと思われる。

　持田の理論の特徴は、教育行政を近代公教育行政と捉えたところにある。 持田は、各国の近代化の歴史的経緯から近代教育の型を抽出し（第8章参照）、 近代公教育の特徴を教育の「私事」化・「個人主義」化と教育の「国家統括」 が表裏する制度として押さえた。教育の「近代化」すなわち「私事」化と 「個人主義」化の過程は、教育が絶対主義的国家権力から解放される過程で あったと同時に、教育が「近代国家」すなわち法律国家、政治国家、さらに は文化国家、社会経済国家、福祉国家としての「近代国家」に包摂される過 程に他ならなかったからだ。近代公教育における「私事」化された教育のシ ステムは、したがって、その基幹的部分が法定され、国家権力によって保障 されることになる（持田 1979：16）。近代公教育制度は単なる「社会的」制 度としてだけでなく「国家的」制度としても存在するのであり、教育制度の 組織化にあたっては国家の積極的助長作用が想定される。あるいはまた、教 育の「私事」化・「個人主義」化の出自である内面の自由を根幹とする近代 原則は、その原則単体として存在するのではなく「近代国家」の成立とセッ トで意味を持ち、教育を権利としてとらえる近代の教育原則は、近代国家に おいて制度化されて初めて具体化するということでもある。

　このような理解は、区分論者がいうような内的事項と外的事項を区分して 内的事項に対する国家の関与を許容しない発想とは根本的に異なっている。 区分論に対して持田が批判的であるのは、内的事項と外的事項を区分する境 界が明確に設定できないという理由からだけではなく、国家権力が近代公教 育として保障の対象としている教育は、内的事項と外的事項の双方を含めた ものであらざるをえないからである。

　ところで、持田理論が一枚岩にみえないのは、持田理論の要である教育と 国家の関係認識のトーンが、理論形成の初期と後期では異なるからだ。そも そも持田の理論には二つの顔がある。一つは体系的な教育行政学理論として

の顔であり、もう一つは、近代公教育に対する批判理論としての顔である。前者は持田の教育管理論としてもっぱら初期に体系化され（持田 1961、1965など）、後者は批判教育計画というプロジェクトとしてもっぱら後期に理論化された（持田 1969、1972、1973など）。そして、後期の批判教育計画は前期の教育管理論の否定の上にあるとすらみえるほど、両者のトーンは異なっているのである。初期には教育の組織化に関する国家の非権力的助長作用が強調されるのと打って変わって、後期には国家の「改良的措置の階級支配的性格、改良的措置の安全弁的な側面」が格段に強調されることになる。前期と後期の間に持田の自己批判があったことはよく知られている。持田理論を評価するスタンスの妥当性を確保するためには、教育管理論と批判教育計画の間のこの異質性を整合的に解釈することが避けて通れないのである。

　持田ゼミを母体にしたいわゆる持田シューレの年長格にあった清原正義は、持田の著作集の解題で持田理論の全体像を振り返り整理しつつ、持田の研究活動を3つの時期に分けている（清原 1980）。すなわち、第1期1950年代、第2期1960年代大学闘争以前、第3期1969年以降1970年代であり、清原は、第1期は持田理論形成期、第2期は持田理論発展期、そして第3期は持田理論転換期としている。

　清原の整理をもとにそれぞれの時期の特徴を記すと次のようになる。第1期に、持田は、教育行政における「管理」と「経営」との関係構造に着目した独自の制度類型論を構想して、それを分析基軸として戦後日本の教育行政を論じるとともに教育行政改革の方向を提示した。第2期には、教育権理論を中軸に据えた公教育制度論の理論的深化を図ると共に、戦後日本公教育の歴史的分析に裏付けられた改革の方向を「近代化」と「現代化」の統一的遂行というテーゼによって提起し、公教育制度の諸側面において具体的にそれを論じた。第3期には、この時期は大学闘争を契機に持田が「自己批判」した後の時期だが、近代公教育に対する批判が徹底化し、公教育制度の階級的側面がより強調されるに至る。批判教育計画は第3期の中心的モチーフであり、国民の教育権論に対する批判が前面に出るのもこの時期である。

　この時期区分に従っていうならば、黒崎が評価したのは持田の第2期のモチーフだ。黒崎が、国民の教育権論の限界を論じながら「新たな主題による

教育行政研究」への展望作業に豊かな可能性を持つとみたのは、持田の第1
期と第2期の集大成である第2期の主著『教育管理の基本問題』（持田 1965）
であり、同書において持田が提示する分析シェマ、すなわち、教育を教育の
「技術過程」（「教授＝生活形成過程」）と、「組織過程」（「教育管理＝経営過程」）
という二重性において把握するシェマである。黒崎はこのシェマの意義を次
のようにいう。

　　　この（新たな主題による教育行政研究：広瀬）場合、かつて持田栄一が
　　提唱したような、教育を技術過程と組織過程という二重性において把握
　　するというシェマからは、多くの示唆を受けることができるように思え
　　る。持田は、教育を教授＝学習過程と、管理＝経営過程の交錯のうちに
　　存在するものであることを指摘して、教育権論を初めとする多くの教育
　　行政論に鋭い批判を行っていた。（略）持田のこの提唱は、現代社会を
　　計画の時代ととらえ、現代公教育の課題を社会主義公教育の課題と意識
　　的に重ねようとする社会改革論とともに主張されており、（略）教育行政
　　研究の方法としてみる限り、そこにはきわめて豊かな可能性があると感
　　じられる（黒崎 1992：50-51；持田 1965：41）。

　このシェマは、公教育は、「国民の教育権をいっそう充実した形で保障し、
国民の教育機会を質量両面において、拡充するために、近代公教育を再構成
し変革することを課題とするもの」であって、公教育に関する理論を実践的
で組織的なものでなければならないと考える持田理論の肝である。国民の教
育権論のように「教育行政を教育の論理によって否定するのでなく、現代教
育の論理にみあうように教育行政の構造を改良してい」（持田 1965：221）か
なければならないと考える持田理論の肝である。
　黒崎が注目した持田のこのシェマが、現実の生きた教育制度の事実を分析
する教育の科学（黒崎 1992：52）へと向かうことを可能とする実践性と汎用
性を持つものであるとしても、このシェマが、持田が自己批判する以前の体
系から抽出されたものであることについては別途説明を要するといわなけれ
ばならない。持田が自己批判をした後の第3期は、第2期の構想を理論的袋

224

小路に追い込むロジックを含んでいるからである。黒崎は、意図的に持田第3期を黙殺したのかどうか。あるいは持田から気の利いたシェマの「平板」な切り取りをしたのかどうか。そうでないとするならば、黒崎はそのことを説明しなければならなかったはずなのである。

　黒崎は、持田前期と後期の間にある国家認識の異質性については認識していた。持田理論の第2期を評価しながら持田理論の全体像との関係について次のように言及している。

　　　持田のこの提唱（教育を技術過程と組織過程の二重性において把握するシェマの提唱：広瀬）は、現代社会を計画の時代ととらえ、現代公教育の課題を社会主義公教育の課題と意識的に重ねようとする社会改革論とともに主張されており、持田自身にとってその後、必ずしも一貫して保持されたとは言えないが、教育行政研究の方法としてみる限り、そこにはきわめて豊かな可能性があると感じられる（黒崎 1992：51）。

　黒崎は、「必ずしも一貫して保持されたとは言えないが」というような言い方で、持田の二重シェマにみられる社会改革論的な関心が後の時期には保持されなくなることを認めて持田理論の採用にはなにがしかの留保があるという趣旨を表明しているといってよい[2]。しかしながら黒崎は、この留保については詳細を語っていない。

　持田第3期において提起された「改良的措置の階級支配的性格、改良的措置の安全弁的な側面」に注目する国家認識は、そこにみられるペシミスティクな要素（小澤 1979：143）ゆえ、体系的制度構想である教育管理論の総体を停止させうる代物でもある。内的事項と外的事項の両領域を区別する発想をとらない持田の理解は、一旦国家権力への警戒感度が増強された場合には、区分論者の内的事項のような無菌的安全地帯を持たず、内的事項のみならず外的事項をも含めた教育全体への国家関与を徹底して批判する論理に反転するからである。

　事実、この反転メカニズムが起動して第3期の理論形成となるわけだが、それを起動させたのは大学闘争という持田の具体的経験であった。1969年

の大学闘争の「矛盾」を身を以て経験（池田1980：235）した持田は、公教育制度に関わる改良的措置の階級支配的性格と安全弁的な側面に対する認識がそれまで自分の理論には十分ではなかったと次のように自己批判を行っている。

　　1960年代当初における私の公教育論は、（略）近代公教育の矛盾が領域として実体化されて理解されていたという意味で不十分であった。その結果、近代公教育における「改良」的側面がそれ自体基本的には「体制」安定の安全弁であることが正しくとらえられず、勤労人民の要求を保障するものとして、全面肯定されたことが反省されるのである（持田1973：62）。

あるいはまた、次のようにいう。

　　そこ（教育における「構造改革論」：広瀬）においては、「国家」を抑制装置としてだけ捉える従来の国家論に代わって、それを「幻想共同体」としてとらえ、そこに、共同社会性と階級制の矛盾を指摘する問題提起

2　黒崎は、持田の継承にあたってもう一つ留保をつけている。次のようにいう。「持田の理論的発想はマルクス主義についての独特の理解に基づくものである。この当否は別として、持田の教育行政学説から今日我々が学ぶべきものは、こうした教育行政の活動に関わるパラドクシカルな関係を積極的に理論化の対象とし、パラドクシカルな関係を解き明かすメカニズムを教育行政の原理として探求しようとする方法的な態度である」（黒崎 2006：9）。黒崎は「独特の理解」という形容の意味について詳細を語っていないが、当時の体制批判のための理論のデフォルトであったマルクス主義理論を持田も採用していたものの（持田1969）、持田の国家理解が主流的なマルクス主義の理解とは異なっていたことをさしていると思われる。持田のマルクス主義理解は、生涯在野を貫いた滝村隆一のそれと近かった。滝村は、マルクス主義国家論における「力 Kraft」、「権力 Macht」そして「強力 Gewalt」の違いを精緻に整理して、弁証法的な国家理解を論じている（滝村 1974）。特に国家の作用を把握するには「権力 Macht」と「強力 Gewalt」を明確に区別する必要を滝村は強調する（本書8章参照）。これは、持田の国家の助長作用と階級的性格の両者を視野においた理解と重なるものである。

はみられたが、当時（1950年代後半から1960年代年代：広瀬）においては、このような「国家」認識を国家と市民社会の関係をトータルな形で捉える点できわめて不十分であった。このようなところから、上記のようなせっかくの問題提起が、結局、民主・国民教育論の地平に落ちこむか、そうでなければ、ラディカルな変革性を喪い、「改良主義」の陥穽に陥ちこむこととなったことが反省されるのである（持田 1973：60）。

　ここでいわれる「民主・国民教育論」とは、「戦後公教育批判の論拠に憲法・教育基本法の理念をすえ、その実現をもって矛盾の克服を説く」（清原他 1979：446）手法を採用した国民の教育論権をさして、もっぱら持田シューレで使われていたタームである。国家が矛盾的なものであることは認識していたものの、構造改革論的手法における改良的手法が「改良主義」の陥穽に陥ち込む危険性を持つことを十分自覚できていなかったことを自己反省した持田は、しかしながら、理念は国家から分離しては機能せず具体的な制度化組織化によらなければ権利としての教育は実現しない、という従来の基本的認識はそのまま維持している。いささかもそれを変更する必要を認めないことも次のように述べられている。

　　　いわゆる教育における「構造改革論」は、近代公教育を、教育・法・国家の総体においてトータルにとらえようとした点で、またそのような近代公教育を矛盾として措定し、それを変革し止揚することに国民教育論の課題をもとめたという点で、今日、なお、継承し発展させるに足る正当な理論視座を現代公教育変革を志向する者に提示したと言ってよい。以上の点に関する限り、私は、現在においても、いささかもそれを変更する必要を認めない（持田 1973：59-60）。

「改良主義」の陥穽に陥ちこむのではない形で構造改革論的な改良的手法を活用することは、今後も「継承し発展させるに足る正当な理論視座」としうるということだ。とはいうものの、国家の「改良的措置の階級支配的性格、改良的措置の安全弁的な側面」を強調するようになる第3期の持田は、従来

のように国家の計画による権利としての教育の組織化を積極的に論ずることができなくなる。国家による計画と組織化には、助長的なものであってもことごとくにそれが併せ持つ階級的性格と安全弁的側面をみることになるからで、国家が関与する限り、問題なしとしうる具体的組織化の方途は想定しえなくなくなるからだ。持田は理論的袋小路に入り込むことになった。

　国民の教育権論のように国家権力の「外的事項」への関与を是とするような部分肯定の論理は許容せず徹底した近代公教育批判を前提にしつつも、しかし権利としての教育を具体化するための制度化組織化を確保しなければならないという理論的な板挟みにあって、持田が提案したのが批判教育計画である。すなわち、行政に依存するのでない「下から」の教育の社会化のプログラムとして構想するロジックである。策の具体化の主体を行政ではなく「下から」に置くという論理的戦略をとることによって、この時期、持田は、国家権力、行政権力への警戒感を最大化させながら同時に制度を積極的に構想するという二律背反をかろうじて統御しうる方途を確保した格好である。この「下から」というロジックは、そういう意味では教育運動ないし在野の教育活動に公共的意義を付与し、担い手たちのモラールを高めるものであった。しかし持田がもともと構想していたはずの近代公教育全体を俯瞰する教育のガバナンスという観点からすれば、このロジックのもとで「下から」の諸活動と行政役割の関係が必ずしも明瞭にされたわけではない。批判教育計画は持田の逝去で未完成である。

　持田理論の第3期とそれ以前の関係検討に戻ろう。教育における構造改革論が持つ理論視座が持田第3期においても維持されていたのだとすると、第3期の批判教育計画は、第1期、第2期と断絶したところに登場したのではなく、持田の一貫した近代公教育理解のうえに出現したものだということになる。この時期が、第1期および第2期とは異なった闘争的性格を強く打ちだしたのは、持田の理論の軸が変更されたからではなく、理論の軸が維持されたからに他ならない。持田の理論が、近代公教育をパラドクシカルなものとして読もうとした理論であるがゆえに内包していたチェック・アンド・バランスの作用が稼働したことによって出現した、警戒モードを最大化した形が第3期である。パラドクシカルな性格把握ゆえ稼働せざるをえなかった警

228

戒のモードは、しかし、同じ理由で、変幻する社会情勢に合わせてオン、オフを繰り返す類のものでもある。警戒モードのオン、オフのダイナミズムに注目するならば、持田理論の一見一枚岩でない要素は持田理論の一貫性を損なうどころか、一貫性を保持したがゆえに表出したものなのだということになる。近代国家が内包している階級性の矛盾[3]を警戒モードのダイナミズムと連動させたうえで再言語化し、「近代公教育を教育・法・国家の総体においてトータルにとらえ」（持田 1973：59）直す作業は、しかしながら、その警戒モードをマックスにしたまま未完となったのであった[4]。

　いずれにしても、第3期も含めた持田理論の公教育行政の理論としての骨格は、第1期および第2期に体系化された教育管理理論でほぼ完成しているとみてよく、黒崎は、そこに依拠したということだ。

(2)「私事」としての教育秩序の国家保障という枠組み

　黒崎が持田の理論、とりわけ教育を教育の「技術過程」（「教授＝生活形成過程」）と、「組織過程」（「教育管理＝経営過程」）という二重性において把握する持田の実践的シェマに注目したのは、黒崎の教育委員会変革および学校選択制の提案という課題にとって直接的に有用だと判断したからだ。しかし、持田を土台に構想する教育行政学の理論枠は、黒崎の個人的な理論関心の範囲を超える汎用的な力を持つものだといってよい。従来の公私二元論や国民の教育権論では把握することのできなかった、件の、自律性の機能不全問題や、アクターの自律性を国家が修復する政策の登場も、持田の理論枠組みで無理なく説明することができたことを想起したい。これらの異彩事例も、近代公教育を、「私事」としての教育秩序の国家保障（持田 1979：23）と抑え

3　階級的矛盾という概念で持田は階級対立に回収されない近代社会の諸矛盾を想定されていたはずであるが、その内実について1970年代という時期に適切に言語化していたわけではない。

4　持田の仕事には、清原が整理した三つの時期に入らない遺稿（持田 1979）がある。第3期の末に執筆された大部なこの遺稿は、本章が解読した警戒モードの軸でいうならば、マックスが解除された後を想定しているとみることができる内容のものである。しかし、死の直前まで執筆を続けたこの論考も未完である。

る持田の理論枠でみるならば、私事としての教育の秩序を維持保障するという近代公教育において期待されている国家の役割を、行政が手段をつくして実直に果たした政策だったということになるのだ。

　持田理論の汎用力の源泉は、黒崎が注目した持田理論の上記シェマのみならず、教育行政を近代教育行政と理解した持田理論の枠組みそのものが近代公教育の特徴を的確に把握しているところにある[5]。われわれが考えるべき教育を近代公教育、すなわち「私事」としての教育の国家保障と把握した持田は、近代私教育の特徴と対比させながら、近代公教育における教育と国家の関係を次のように整理している。

　　近代私教育とは、近代社会における私事としての教育の秩序が法によって消極的に秩序される体制である。したがって、近代私教育と呼ばれる体制も国家と全く無関係な存在ではなく、市民社会における私事としての教育の秩序が法定化され、国家権力によって保障されているのである。
　　これに対し、近代公教育とは、市民社会における私事としての教育の秩序が法によって消極的に秩序維持される体制であるにとどまらず、指導、助言、公費補助、基準の設定、公立学校の設置・運営、義務無償教育の実施等々による国家の助長的措置によって積極的に発展させられる体制をいう（持田 1979：56）。

　歴史的モデルとしては、持田は、私教育には近代教育成立期が、そして公教育には資本主義が高度化した福祉国家段階が対応すると想定している。資本主義が高度化してそれに伴う諸問題が顕在化した近代公教育段階は、国民の「教育を受ける権利」をより実質的に保障し教育の機会均等を具体化するために教育を国民の共同利益として特徴づける方向で改良が加えられている段階だというのが、持田が歴史経緯から導くところである。それゆえ現代は、

5　本章においては、持田理論にグランド・セオリーとしての可能性を確認するところにとどめ、持田理論の詳細について検討は割愛している。

国家保障の実質が問われる「管理」の時代であり、「組織」の時代であり、教育の管理＝経営すなわち教育の組織化機能がどの時代にもまして重要になると考えるのである（持田 1965：18-19）。

　持田が具体像を福祉国家段階に求めた近代公教育枠組みが、ポスト福祉国家段階においても近代教育の特徴把握としては有効であり続けていることは第8章にみた通りである。近代公教育を、私的で自律性的な教育活動が教育行政の積極的活動によって担保されるというパラドクシカルな構造において抑え、しかも教育の質をミクロな教育のプロセスとマクロな制度的政策的プロセスの交錯したところに読む持田の近代公教育理論は、状況把握と設計力において高度に現実的な分析力を発揮するツールである。

おわりに

　本章では、国民の教育権論が現実分析の力を失って以後、それに代わるグランド・セオリーが不在であるという認識を背景にして、今日的な教育の統治の諸形態を把握しうるグランド・セオリーの構築をめざした。近代公教育の現状と統治の形態を把握するために本章が理論作業の足掛かりにしたのは、国民の教育権論の限界を指摘しながら新しい教育行政学を展望しようとした黒崎勲のロードマップである。

　黒崎の計画は、戦後の教育行政の出発点をなした宗像誠也の構想を、第二世代であり宗像の理論の対立理論とみなされてきた持田栄一の教育管理論によって展開しようという型破りなものだ。相対立する陣営にいたと理解されている宗像と持田を接合する黒崎のアイデアそのものの妥当性と有効性が吟味を要することはもちろんのこと、それに先立ってこのロードマップを成り立たせるには二つの予備作業が欠かせない。　つは、国民の教育権論のイデオローグでもあった宗像の構想を今日改めてグランド・セオリーの要素として採用することの妥当性の検証であり、もう一つは、教育と国家の関係把握に関して時期的に明らかに異なった方向性をみせている持田理論の一枚岩でない要素の整合的な把握作業である。

　第1の宗像論に関する予備作業については、黒崎自身が行っている。アン

チ教育行政学、すなわち国民の教育権論の方向性を提示した宗像は、それに
よって自身の初発の志を中断させることになったことを黒崎は明らかにして
いる。継承すべきは中断されたままになっている初期宗像の「教育行政の社
会学」の構想なのだ、というのが黒崎の見立てである。

　第2の持田論に関する予備作業については、黒崎はその必要を認識しなが
らも、十分には行っていない。行わずに、国民の教育権論のみならず近代公
教育に対する批判を最大化させた持田第3期ではなく、構造改革論的な要素
を強く持つ第1期と第2期の持田理論に「可能性」をみようとしている。そ
の時期の持田に「可能性」をみることの意義は否定するものでないとしても、
第1期と第2期を自己批判したところに登場する第3期の位置づけの理論処
理なしに第1期と第2期を採用するとするならば、それは第3期の持田らし
さ（＝鋭い批判的視角）を無視した恣意的な切り取りだという批判は免れま
い。この検証作業は本章が引き受けた[6]。そして、持田の構造改革論的な理
論視座は第3期においても維持されていることを確認した。第3期は、近代
公教育をパラドクシカルなものとして読もうとした持田理論がもともと内包
していたチェック・アンド・バランスの作用が大学闘争という国家の横暴を
感知させる出来事によって稼働し、国家に対する警戒感を最大化させた性格
の時期だと把握した。

　宗像の構想を持田によって展開する黒崎の設計図が近代公教育を把握する
グランド・セオリー設計として有効なのは、黒崎が依拠した持田理論の近代
公教育把握の有効性に負うところが大きい。黒崎が、現実的な公教育運営を
想定した場合に「きわめて豊かな可能性がある」と注目した、持田の、教育
を教育の「技術過程」と「組織過程」という二重性において把握するシェマ
の卓越性にとどまらず、近代化の経緯と近代国家の性格にパラドクシカルな
要素を読み取り、近代公教育制度を「私事」としての教育秩序を国家が保障
する制度であると定義づけた持田の理論枠組みそれ自体が、極めて高度に汎
用的な現状把握力とガバナンス構想力を持つからである。近代社会の公私二

6　この検証作業は、かつて持田理論の袋小路を超えられなかった筆者自身（小
　澤 1979）の懸案の課題でもあった。

元論原則でも国民の教育権論でも把握しえない事象として本章が念頭に置いた、自律性の機能不全問題やアクターの自律性を国家がメンテナンスするという従来にはみられなかった政策の異彩事例なども、近代公教育を「私事」としての教育秩序の国家保障と抑える持田の理論枠組みは無理なく把握しえている。

ところで、持田が分析対象にしたのは、国家段階でいえば福祉国家段階である。オイルショック以後の緊縮財政のもとで、各国で福祉国家は終焉を迎えることとなった。大きな政府を特徴とする福祉国家に代わり、小さな政府段階に見合う国家形態として浮上してきたのは評価国家（Neave 1998）と呼ばれる国家形態だ。政策実施のプロセスにではなく、結果に関心を持つ形の国家形態である。この新しいタイプの国家形態は、評価制度を通じた統治にとどまらずに、アウトプットすべき行政サービスの質そのものを保証するメカニズムをも備えて、品質保証国家（大田 2010）と称される統治形態へと進化してきている[7]。

ここでわれわれが確認しなければならないのは、こうした国家段階の変化を想定しても持田理論をベースとするグランド・セオリーの理論枠は現状を有効に説明し理解しうるかどうかということだ。いうまでもなく、有効である。本章が異彩事例として注目した、自律性の機能不全を国家が修復したイギリスの政策を、持田理論が問題なく把握しえていることを再度想起すればよい。これらの政策は、国家の評価制度によってあぶりだされた重篤な困難事例を国家自らが修復する、いわば品質保証国家の典型的な政策に他ならないからだ。

持田の公教育論をベースにした近代公教育把握の詳細な理論枠組みの整備

---

7 「品質保証国家」について精力的に論じた大田直子の論考を詳細に分析した谷川至孝は、大田は肝心の「品質保証国家」についてはほとんど内実を論じていないと指摘している（谷川 2018：29）。たしかに大田は具体的事例を明確に示す論じ方をしていない。本章（第9章）および第8章が注目したハックニー区の教育改革、すなわち機能不全を起こした行政サービスを国家（＝中央政府）が強制的に修復する政策は品質保証国家のわかりやすい政策事例であると筆者は考えている。

とさらなる事例検証、および国家形態との整合関係分析については別稿を期したい。

〈参考文献〉

安達健二（1960）「教育基本法第10条の解釈」兼子仁編『教育権と教育行政』学陽書房。

池田祥子（1980）「『持田栄一著作集』（第4巻解題」持田栄一『持田栄一著作集4』明治図書。

石井託児（2002）「持田栄一「教育管理」論における学校組織の運営原理」『名古屋大学大学院教育発達科学研究科紀要』49-1。

稲井智義（2016）「持田栄一の幼児教育制度論──ルンビニー学園における実践の「共有化」との関わりに着目して」『幼児教育史研究』幼児教育史学会、第11号。

大田直子（2010）『現代イギリス「品質保証国家」の教育改革』世織書房。

岡村達雄（1998）「教育基本法と戦後責任の問題」『教育学研究』65-4。

小澤裕子（広瀬裕子）（1979）「持田幼保一元化論の検討」『持田栄一先生追悼論文集』東京大学教育学部教育行政学科。

兼子仁（1978）『教育法〔新版〕』有斐閣。

北神正行（1993）「持田栄一『教育管理』（1961年）の検討：持田教育管理論の特徴と意義」『学校経営研究』第1巻、筑波大学。

清原正義（1980）「『持田栄一著作集』全6巻解題」持田栄一『持田栄一著作集1』明治図書。

清原正義、秦和彦、斎藤寛（1979）「『持田栄一著作集』第6巻（遺稿）解題」『持田栄一著作集6（遺稿）教育行政学序説』明治図書。

黒崎勲（1990）「能力主義教育批判の反省」牧柾名編『公教育の史的形成』梓書房。

黒崎勲（1992）「教育権の理論から教育制度の理論へ」森田尚人、藤田英典、黒崎勲、片桐芳雄、佐藤学編『教育学年報1　教育研究の現在』世織書房。

黒崎勲（1994）「教育と教育行政」森田尚人、藤田英典、黒崎勲、片桐芳雄、佐藤学編『教育学年報3　教育の中の政治』世織書房。

黒崎勲（1995）『現代日本の教育と能力主義』岩波書店。

黒崎勲（1996）「アンチ教育行政学の神話と教育行政理論の課題」『教育学研究』63-3。

黒崎勲（1999a）「教育行政＝制度論への招待」藤田英典、黒崎勲、片桐芳雄、佐藤学編『教育学年報7　ジェンダーと教育』世織書房。

黒崎勲（1999b）『教育行政学』岩波書店。

234

黒崎勲（2004）『退職記念講義要旨　新しいタイプの公立学校と新しい教育行政学
　　──イーストハーレム・湘南・品川──』（2004年3月27日）。

黒崎勲（2006）「教育行政理論についての反省：教育学としての教育行政研究」日
　　本教育行政学会『教育行政学の回顧と展望』教育開発研究所。

黒崎勲（2009）『教育学としての教育行政＝制度研究』同時代社。

小国喜弘（2012）「学校をめぐる共同と国民の教育権論（シンポジウム　共同性／
　　協働性／協同性 報告論文）」Forum of Modern Education No.21。

児美川孝一郎（1995）「戦後学校論の到達点と課題　〈制度としての学校〉認識を
　　中心に」堀尾輝久・奥平康照他編『講座　学校1　学校とはなにか』柏書房。

榊原禎宏（1986）「福祉国家教育構想」への視座──持田栄一における重畳構造を
　　めぐって──」『現代学校研究論』集4巻、京都教育大学教育経営研究会、
　　1986年1月。

佐藤晋平（2007）「教育行政学をめぐる環境変動と理論転換」『東京大学教育学研
　　究科紀要』47。

高橋哲（2007）「教育行政学研究における教育法学説の位置」『日本教育行政学会
　　年報』33。

滝村隆一（1974）『増補マルクス主義国家論』三一書房。

谷川至孝（2018）『英国労働党の教育政策「第三の道」──教育と福祉の連携』世
　　織書房。

戸波江二（2001）「国民教育権論の現況と展望」『日本教育法学会年報』第30号、
　　有斐閣。

中山道子（2000）『近代個人主義と憲法学』東京大学出版会。

藤田英典（2005）『義務教育を問い直す』筑摩書房。

持田栄一（1961）『教育管理』国土社、『持田栄一著作集2＆2　教育管理（上
　　下）』明治図書1980に再録。引用ページは1980年版。

持田栄一（1965）『教育管理の基本問題』東京大学出版会。

持田栄一編（1969）『講座マルクス主義6　教育』日本評論社。

持田栄一（1972）「教育権の理論」『季刊教育法』6、エイデル研究所。

持田栄一（1973）「教育の現代的位相」『教育変革への視座』田畑書店。

持田栄（1974）「批判教育計画論（下）」『季刊教育法』11、エイデル研究所。

持田栄一（1979）『持田栄一著作集6　教育行政学序説──近代公教育批判──
　　（遺稿）』明治図書。

宗像誠也（1954）『教育行政学序説』有斐閣。

宗像誠也（1955）「教育行政の「民主化」と「独立性」──教育委員会制度をめぐ
　　って」『都市問題』1995年5月、東京市政調査会（『宗像誠也教育学著作集
　　第3巻』青木書店、1975年所収）。

宗像誠也（1969）『教育行政学序説（増補版）』有斐閣。

宗像誠也・持田栄一（1953）「占領教育政策と民主化のよじれ：教育委員選挙を中心に」『思想』1953.7。

堀尾輝久（1971）『現代教育の思想と構造』岩波書店。

吉田直哉（2011）「持田栄一の「幼保一元化」批判論おける公共性認識『東京大学大学院教育学研究科基礎教育学研究室研究室紀要』第37号。

＊

Neave, Guy（1998）'Evaluation state reconsidered', *European Journal of Education*, Vol. 33, No. 3.

（本章は、科研費基盤研究（C）15K04314および（C）19K02569の研究成果の一部をなす。）

執筆者紹介 （五十音順）

石井英真 （いしい・てるまさ）
京都大学大学院教育学研究科准教授、博士（教育学）
〈専門領域〉教育方法学、学力論
〈主な著書・論文〉
「教育方法学──『教育の学習化』を越えて教育的価値の探究へ」『教育学年報第
　　11号教育研究の新章』世織書房、2019年。
『授業づくりの深め方』ミネルヴァ書房、2020年。
『再増補版現代アメリカにおける学力形成論の展開』東信堂、2020年。

大桃敏行 （おおもも・としゆき）
学習院女子大学国際文化交流学部教授、博士（教育学）
〈専門領域〉教育行政学、教育制度論
〈主な著書・論文〉
*Education in Japan : A Comprehensive Analysis of Education Reforms and
　　Practices* （co-edited with Toshiyuki Omomo and Masaaki Katsuno）.
　　Singapore : Springer, 2019.
ジャック・ジェニングズ著（共訳）『アメリカ教育改革のポリティクス──公正を
　　求めた50年の闘い──』東京大学出版会、2018年。
「学力格差是正に向けたアメリカ合衆国の取り組み──連邦教育政策の展開とチャ
　　ーター・スクールの挑戦──」日本比較教育学会『比較教育学研究』第54号、
　　2017年。

苅谷剛彦 （かりや・たけひこ）
オックスフォード大学社会学科およびニッサン現代日本研究所教授、Ph.D.（社会
　　学）
〈専門領域〉社会学、現代日本社会論
〈主な著書・論文〉
『追いついた近代 消えた近代』岩波書店、2019年。

Education, Equality, and Meritocracy in a Global Age（Teachers College Press, forthcoming, Jeremy Rappleyeと共著）, *Education Reform and Social Class in Japan*（Routledge, 2013）.

北村友人（きたむら・ゆうと）
東京大学大学院教育学研究科准教授、博士（教育学）
〈専門領域〉比較教育学、国際教育開発論
〈主な著書・論文〉
『国際教育開発の研究射程――「持続可能な社会」の実現へ向けた比較教育学の最前線――』東信堂、2015。
『〈岩波講座・教育〉変革への展望7　グローバル時代の市民形成』（編著）岩波書店、2016。
Education in Japan : A Comprehensive Analysis of Education Reforms and Practices（co-edited with Toshiyuki Omomo and Masaaki Katsuno）. Singapore : Springer, 2019.

小玉重夫（こだま・しげお）
東京大学大学院教育学研究科教授、博士（教育学）
〈専門領域〉教育哲学、教育思想学、教育政治学
〈主な著書・論文〉
『学力幻想』筑摩書房、2016年。
『難民と市民の間で――ハンナ・アレント『人間の条件』を読み直す』現代書館、2013年。
『教育政治学を拓く――18歳選挙権の時代を見すえて』勁草書房、2016年。

清田夏代（せいだ・なつよ）
実践女子大学教職センター教授、博士（教育学）
〈専門領域〉教育行政学、教育制度学
〈主な著書・論文〉
『現代イギリスの教育行政改革』勁草書房、2005年。
「英国の学校ガバナンスにおけるリーダーシップ像の変容に関する一考察」『実践女子大学教職課程年報』第2号、2019年3月。
「英国における自律的な学校ガバナンスと地方教育行政をめぐる改革の動向――地方当局の役割と意義に関する一考察――」『日英教育フォーラム』No.2、2017年8月。

長嶺宏作（ながみね・こうさく）
帝京科学大学講師、博士（教育学）
〈専門領域〉教育行政学、比較教育学、教育政策分析
〈主な著書・論文〉
「第5章テネシー州におけるテスト政策の展開」北野秋男・吉良直・大桃敏行編
　　『アメリカ教育改革の最前線：頂点への競争』学術図書、2012年、pp. 91〜106。
「アメリカ・ケンタッキー州における教育制度改革」『比較教育学研究』日本比較
　　教育学会、第51号、2015年、pp. 85〜105。
「アメリカのホームスクール運動のインパクト」永田佳之編『変容する世界と日本
　　のオルタナティブ教育──生を優先する多様性への方へ』世織書房、2019年、
　　pp. 444〜460。

広瀬裕子（ひろせ・ひろこ）
専修大学人間科学部教授、博士（教育学）
〈専門領域〉教育行政学、教育政策分析
〈主な著書・論文〉
『イギリスの性教育政策史：自由化の影と国家「介入」』勁草書房、2009年。
「教育ガバナンス改革の有事形態：ロンドン・ハックニー区に見られた私企業によ
　　るテイク・オーバー（乗っ取り）型教育改革」『日本教育政策学会年報』第21
　　号、2014年。
「地方教育行政改革の政治学（2）イギリスの事例から」小玉重雄編『教育変革へ
　　の展望第6巻　学校のポリティスク』岩波書店、2016年。　　　　　【編者】

あとがき——————広瀬裕子

　長い時間がかかってしまった。著者の方々には、大事な原稿をなかなか活字にできなかったことをお詫びしなければならない。

　思い返せば本書企画の出発は、日本教育行政学会の国際シンポジウム（「検証 教育のガバナンス改革 英米日韓4カ国の事例からトレンドを探る」2013年10月実施）を主催した委員会に集ったメンバー数人が、委員会の任期が終了した後に何度か私的な研究会を続けて出版を企画したところに始まる。本書のキーワードが「グローバル化」であるのはそういう経緯からだ。しかし、本書はその国際シンポジウムからは離れて企画した。教育学の広い領域で「グローバル化」を論じてみることをめざしたからだ。執筆者も教育学の幅広い領域の方々に関わっていただいた。各領域で顕著な仕事をされている方々である。

　教育学で広く「グローバル化」を論じるといっても、しかし始めてみると焦点化は簡単ではなかった。「グローバル化」はすでに、現実においてもアカデミックな考察テーマにとしても新規なものではなく、単に物事が国境を越える事象にとどまるものではないからだ。「その先」をどう論じるかを課題としなければならない。本書では、たとえばA. ギデンズが、近代社会が経験するインパクトを「グローバリゼーション」というキーワードで捉えたように、「グローバル化」を近代社会（近代教育）の動向（変容の質）全体を映しだす概念として捉えた。

　執筆者が大体固まった時点で2度ほどキックオフのミーティングを行った。その場で以下5点を例示的に言語化して意見交換を行った。すなわち、1.世界各国で教育の構造改革が進んでいる、2. 改革が想定するマクロな課題や構図がある、3. 教育課題が例えば量的拡大から質保証へと変容している、

242

4．NPM手法が広く導入されるようになっている、5．福祉国家の後の社会の形が作られてきている、という5つである。そこでだされた意見やアイデアをゆるやかな共通理解として、各執筆者には自由にテーマの設定を行って執筆していただいた。それぞれにユニークな題材を扱った論考が集まった。近代社会の教育が矛盾的な要素を抱えながら再帰的に変容増殖しつづけている様子が、理論問題としてもカバーできたと思っている。

   *

　本書の執筆は、自身にとっては長年懸案にしていたテーマに正面から取り組む機会となった。やや個人的なことを述べるならば、私が教育行政学の院生生活をスタートさせたのは持田栄一の下においてである。学部時代から持田先生の院の授業に参加させてもらうなどしていたが、ようやく修士課程に入学したその年に先生は亡くなられた。持田栄一の直接の門下という意味では最後の学年になる。以後、私は、いわゆる持田シューレという独特なコミュニティ環境の中で学び続けることになった。第9章でも多少ふれたが、極めて明示的にポリティカルな時代であり、持田栄一亡き後の持田シューレのメンバーは、それこそ「荒野」の中で生き延びることにただただ精一杯であった。持田理論の継承あるいは総括は、年長者たちが中心になって編んだ『持田栄一著作集』刊行の後は休止して、忘却されつつあったというのが私個人の体感するところである。暗黙に封印したようなものでもある。

　封印を解こうかと思ったのはそれから20年以上を経過した時期だ。2004年から2005年にかけて私は本務校から1年間の国内研究の機会をえた。古巣の東京大学大学院の教育行政学の研究室に籍を置いて院生たちに交じって勉強させてもらったのだが、時代も変わりまったく様変わりした研究室の修士課程に入ったばかりの若い院生たちが持田理論について語っているのが意外で新鮮だった。封印は解くべきなのかもしれないと思ったのは、このような場においてだった。肯定的に継承するにしてもそうでないにしても、そしてあの時期はなんだったのかも含めて、持田理論は総括されなければならないと思うようになった。

　封印は解いたものの以後の作業には難儀した。関所がなかなか越えられなかったのだ。持田シューレは、いわゆる持田第3期の理論に集結した、極め

て明確なポジショニングをしていたシューレだ。国民の教育権論批判にとどまらずに近代公教育批判を中心的な論点とした場合に持田理論は卓越している、という認識を軸にした場だ。同時にそこでは、持田が自己批判をする以前の第1期あるいは第2期については時として批判的に言及されてもいた。否定肯定のどちらに方向付けるにしても、持田理論の検証という課題には、持田理論の構造改革論的なアイデアと第3期の妥協のない近代公教育批判の論理が共存しうるかどうかの検討は避けては通れないのだ。1990年代にいち早く持田の肯定的継承に軸を置こうとした黒崎勲は、第3期を捨てて第2期に依拠する方法をとった。持田シューレとは異なった場所にいた黒崎には第3期に意味づけをするインセンティブがなかったからそれでよかったのかもしれない。ただ、私からすれば、関所が迂回された印象だった。

　その関所を今回なんとか正面から越えられたと思っている（第9章）。二つの要素の関係についていえば、両者は共存するのだとようやく自分でも腑に落ちた。持田が近代社会のパラドクシカルな性格を正面から把握したがゆえに、稼働せざるをえなかった警戒モードを最大化させたのが第3期なのだ、とマクロに理解ができたのだ。

　関所を越えて改めてみえてきたのは、「私事」としての教育秩序の国家保障という持田の近代公教育把握が、優れて汎用的な分析力を持っているということだ。20余年に亘って持田理論から離れたところで追い続けた、イギリスの性教育（＝価値教育）政策やハックニー区の破綻した教育を再生した政策など（第8章）、近代社会の原則論では説明しにくい難解事例が、その登場のみならず性格までもが持田理論で無理なく説明できることに、改めてその汎用的分析力をみた思いがした。構造改革論的分析手法そのものにある程度汎用的な分析力はあるとしても、それを近代公教育分析に有効な枠組みにしえているのはこの「私事」としての教育秩序の国家保障という公教育把握なのである。確かに「私事」性には長短と功罪がある。しかし、現実に近代社会はこの原理を軸としつづけているのであって、対象を把握するにはこの概念は有効だということだ。近代社会は、持田が繰り返していうように、パラドクシカルなのである。

　　　＊

　1990年代以後、とりわけ教育行政研究においては、くびきから解かれたようにそれまでにない研究手法や対研究対象が溢れるように登場している。先行する諸研究に対する自らのポジショニングを明確にすることを必ずしも問わなくなったカルチャーが、自由と活気をもたらしたことは否定できない。けれども教育学の体系的な蓄積に資することを考えるならば、そろそろ戦後の教育と教育学の全体を包括的にマッピングするための手法を考えるべき時期なのではないか。新しいタイプの研究も含めて相互に連関するポジショニングを、それぞれが意識するべき段階なのではないか。そういう意味でも、マッピングをイメージできるグランド・セオリーの再構築は急務だと考えるのだ。

　　　2021年2月28日

カリキュラム・学校・統治の理論
——ポストグローバル化時代の教育の枠組み

2021 年 5 月 31 日　第 1 刷発行 ©
2023 年 8 月 15 日　第 2 刷発行

編　　者	広瀬裕子
装幀者	M. 冠着
発行者	伊藤晶宣
発行所	（株）世織書房
印刷所	新灯印刷（株）
製本所	協栄製本（株）

〒220-0042　神奈川県横浜市西区戸部町7丁目240番地　文教堂ビル
電話 045-317-3176　振替 00250-2-18694

落丁本・乱丁本はお取替えいたします　Printed in Japan
ISBN978-4-86686-016-9

〈価格は税別〉

世織書房